# 北海道
# 公路藍調

從九州南部到北海道宗谷岬，
一路搭便車追尋日本櫻花前線之旅

Will Ferguson
威爾·弗格森 著
廖素珊 譯

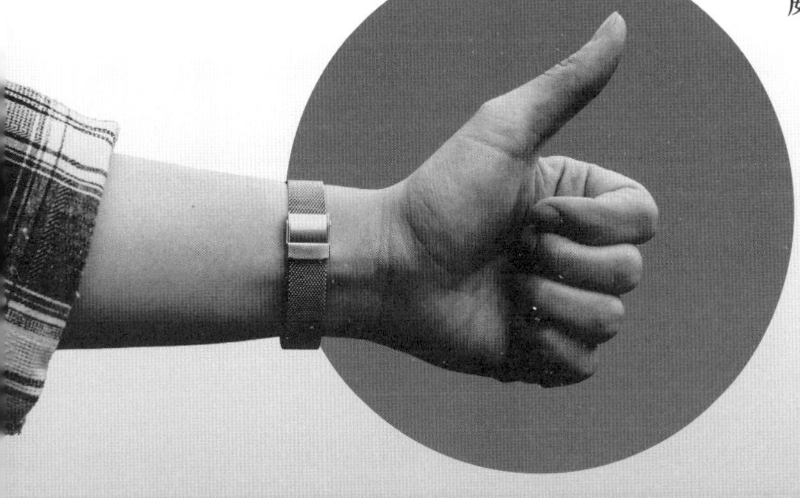

*Hokkaido Highway Blues*

*Hitchhiking Japan*

「考慮所有的事情之後，世界上只有兩種男人：待在家裡的男人和出門遠遊的男人。後者比較有趣。」

——吉卜林（Rudyard Kipling），引自《尊貴的訪客》（*The Honorable Visitors*）

# 目次

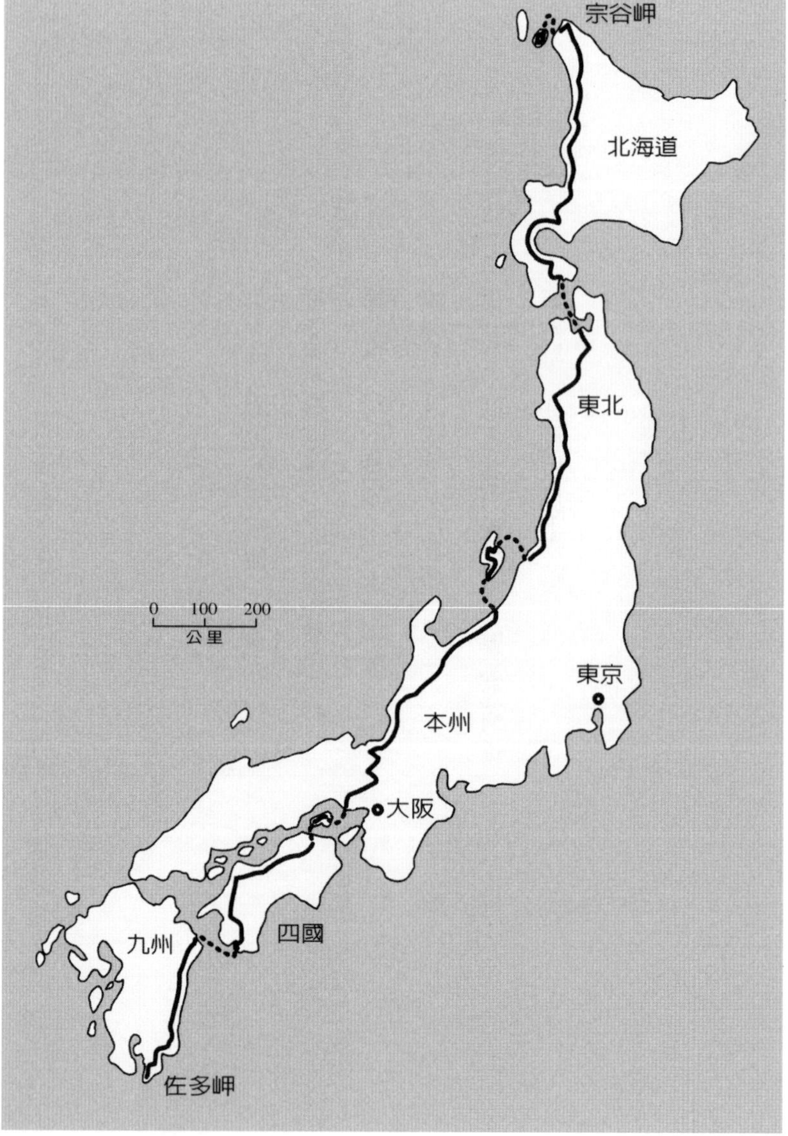
宗谷岬
北海道
東北
0 100 200
公里
東京
本州
大阪
四國
九州
佐多岬

# 第一章

## 魔鬼的洗衣板

——南九州

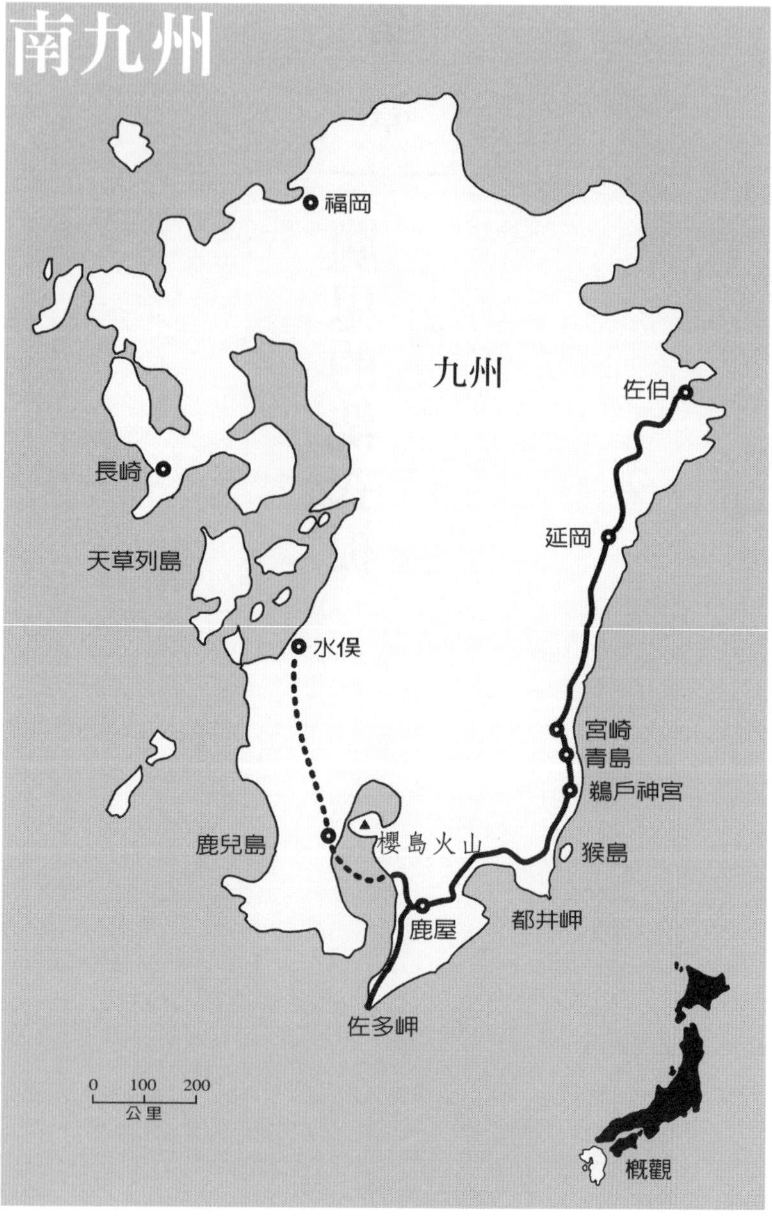
南九州
福岡
九州
佐伯
長崎
延岡
天草列島
水俣
宮崎
青島
鵜戶神宮
鹿兒島
櫻島火山
猴島
鹿屋
都井岬
佐多岬
0 100 200
公里
概觀

# 1

佐多岬（Cape Sata）是日本的終點。

當你背對海洋往北方看時，日本的本土四平八穩、形狀如把劍般地展現在你前頭。它是個幅員狹長、火山聚集的國家：一個與鄰國保持若干距離，但從來不怎麼親密的島國。它是塊隱喻叢生的土地：有人把它比喻成洋蔥：一層又一層的外皮包著……空無一物；有人把它形容成迷宮、堡壘和花園；一座監獄；一所天堂。但對某些人來說，上述事物都不是日本。對某些人來說，日本是條公路；而佐多岬是它的終點。

一條沿著下坡、蜿蜒曲折地朝向海洋的公路，路旁是形狀憔悴的棕櫚樹和雜草叢生的藤蔓。村莊飛快地刷過窗口。公路蜿蜒上坡進入山嶺，轉個彎，突然在西洋杉和松樹的森林之間終止。隧道消失在山邊。

你從這裡開始步行，經過意外地令人感覺寒冷潮濕的隧道，走過必定會有的紀念品商店，然後進入經過森林的一條小徑。你在路上會經過一座森林神社。你搖搖鈴，喚醒眾神，然後繼續走入蔥茂森林的深處。

一座西洋杉建築棲坐在懸崖的邊緣，靠在最後一塊堅固的土地上，外觀已然褪色。一個滿臉倦容的女人在裡面賣烏賊。烏賊插在竹籤上，並塗滿了厚厚黏稠的醬油。你最終拒絕了這項誘惑。你反而決定爬著樓梯，順路走上觀望台，從沾滿塵土和畫得到處是鼻痕的窗口，凝望佐多岬的雄偉海景。

幾個觀光客在看過海景後，東走西走，不確定接下來該做什麼。他們買了烤烏賊，從投幣式望遠鏡裡觀看，皺著眉頭沉思，「這就是佐多。」他們說。世界的盡頭。

佐多的感覺像是個盡頭。

在這裡，九州與海洋銜接，海岸轉成塊塊的圓石，松樹在懸崖上探出身影。驚濤拍岸，在遠處幾乎聽不到聲音。崎嶇的巖石和突兀的島嶼從海中紛紛冒出，像鯊魚的魚鰭。狂風從寬闊的海洋永恆地吹向佐多，自懸崖邊呼嘯而上。

「看，」右田（Migita）先生說，讓他的小孩走在他的前頭。「來看那邊。」

他向後指著山嶺上，常青樹間一抹淡淡的粉紅色彩。

「櫻花。」他說。然後心跳加速。

櫻花已然抵達。現在旅行已經開始，比賽已經起跑，著手挑戰。「櫻花，你真的這樣認為嗎？」

他再看了看。「也許不是。你想吃點烏賊嗎？」

## 2

每年春天，花朵的浪潮沖刷過日本。它從沖繩登陸，滾過一座又一座的島嶼，直抵本土。它沖擊佐多岬，並向北走，越往北浪峰越大，直到遙遠北海道的頂端，在此處浪花散盡，落入一片北方大海。

他們稱它為「櫻花前線」（Sakura Zensen），它的前進路線被嚴肅以待，彷彿追蹤行進中的軍隊。新聞每晚報導它的前進路線，鉅細靡遺的地圖顯示前線、後線和任何地區開花的百分比程度。「今天的島原（Shimabara）告知櫻花已經開了百分之三十七。」

沒有哪裡的春天像日本的春天如此戲劇性地抵達。當櫻花抵達時，它就像一場颶風。幾乎終年被忽視的櫻樹，粗糙多節，在此時像突然打開的噴泉般開滿櫻花。

櫻花的抵達標示著冬天的結束。它也標示著學年的開始和貿易循環的結束。它是個混亂的時節，充斥著期終考和生產力報告。預算得完結，帳戶清算，工作完成。過勞死的尖峰是在三月；期限、學校的畢業典禮、政府政權的轉移全在此時。然後，乘著四月的春風，櫻花來報到。日本的生活似乎充斥著極端的轉變，而在這個轉變中，整個國家從極端工作轉為極端逸樂。群眾在櫻花下聚集，毫無顧忌地喝著清酒，扯開領帶，即興做著狂野的俳句[1]並不斷背誦。

櫻花派對稱之為「花見」（hanami），是個前瞻未來和反省過往的機會，以酒澆去過去的憂傷或慶祝另一個成功的一年。人們紛紛向同事、不在場的朋友、遠親和櫻花敬酒。然後，像它們抵達的快速般，櫻花凋零。它們像糖粉般紛紛凋落，留在後面的是墨綠色初夏的炙熱，雨季的潮濕沉悶，以及八月末期的颱風。

1 haiku，俳句只有十七個音節，以五—七—五的形式構成——譯注。

在櫻花短暫的開放中，它們被視為代表一種沉痛而轉瞬即逝的美學觀：在凋零時曇花一現而精緻美麗。而慶祝這種沉重感受的方式自然是猛灌清酒，唱著刺耳嘶啞的歌曲，直到你爛醉如泥為止。這是非常迅速而美麗的時節。

它的組成形式也非常奇怪。在哪個國家你會在員工自助餐廳的布告板上發現如此這般的公告：保持此地的清潔；最後報告的期限是禮拜五；還有，別忘了，我們今天下班後要去賞櫻花。

賞花通常在公園和城堡內進行，但有時墓地也被選擇為適合花見的地點——它是慶典的相反，並提醒大家這種美麗和快樂會像所有的事物一般消逝。我們住在一個轉瞬即逝的世界裡，一個行色匆匆而幻影重重的世界，一個滿載著悲傷的世界，因此我們有權利生氣和好好享受一番。（或者，至少，這是我所了解的佛教神學。）

除了賞花之外，你還有賞月、賞雪、賞野花、秋天的賞楓和夏天的觀望星象。所有的慶典都強調正式的參與，依循一定的程序和季節來進行。為了服務讀者，我將每件慶典、它的季節和觀賞的正確態度列了一份清單：

| **事件** | **季節** | **正確態度** |
| --- | --- | --- |
| 花見 | 春天 | 喝清酒喝到醉 |
| 賞野花 | 夏天 | 喝清酒喝到醉 |
| 賞月 | 秋天 | 喝清酒喝到醉 |

賞楓　　　秋天　喝清酒喝到醉
在古寺賞雪　冬天　喝清酒喝到醉

十九世紀末期，有位英國學者指出，如果能夠在日本理想的清高和日本人的俗世限制之間取得一種妥協，人們便能了解這個謎樣的國家。毫不令人驚訝的是，他充滿怨憤和挫折地離開日本。我呢，我根本尚未開始了解日本那無數的矛盾，但當櫻花每年春天來報到時，我總是讚嘆它的淒美。

＊＊＊

我在日本的頭兩年，是在偏遠的天草列島（Amakusa Island）的高中教授英文。那是份很棒的工作，我領著高得荒謬的薪水，並和其他老師相處得相當融洽。說到學生呢，則是另外一回事。他們研讀英文——或者我應該說，我在他們面前教授英文。他們似乎沒有辦法學到任何東西。即使學了好幾年的英文和考過無數次的考試，他們仍然沒有辦法掌握一句簡單的「How are you?」的複雜性。每當我試著用最基本的英文和他們對話時，他們只是面無表情地看著我，聳聳肩膀，說「聽不懂」。我相信，他們這樣做只是想惹火我。可別誤會我的意思，這些是很有禮貌又用功有禮的青少年。但他們仍然是青少年，而你走到哪都會發現青少年令人難以忍受。

下課後我則好好享受我的人生。在日本，老師、神職人員和警察是傳統上喝酒喝得最凶的社會階層，而和我共事的老師自然也不例外。每年的高潮就是員工花見派對。我們會在一群櫻樹下擠成一堆，表面上是要賞花和深思人生的短暫，實際上則是宣洩過剩的精力、散播惡意的八卦、大口灌酒和厚臉皮地彼此調情的藉口。至少，這是我去的原因。

派對總是很有趣——或直到你第二天酒醒後，發現自己昨晚花了兩百美元坐計程車回家。（那筆荒謬的大筆薪水總是就在身邊。）最好的派對總是在晚上舉行，櫻花被打上燈光，數十個團體也在樹下攤開，相互較勁。我被周遭的狂歡和瘋狂所影響，在櫻花和啤酒的靈感簇擁之下，甚至坐著寫下了一首俳句。當我背誦我的詩歌時，我的日本同事相當感動：

初春——
櫻花紛紛如雨而下。
再給我另一瓶啤酒，好嗎？

一位交換老師叫做比爾・羅賓遜，他就住在附近的城鎮，他也寫了一首有關學校派對的俳句。他的俳句如此微妙、複雜和深沉，它甚至還得有注解。狗屁，它甚至還押韻：

學校宴會[2]
你會歡笑，你會哭（cry）——
跟一萬日幣吻別說拜拜（good-bye）。

有一年，我喝得比平常還醉，我對著我的日本老師同事宣布，我將要追尋櫻花前線一路到日本的北端，北海道。或者說，他們是這麼告訴我的。我對這個誓言毫無印象，但我的同事卻不厭其煩地反覆提醒我。我的主任就老是拿我的計畫來大作文章。

「如果你要追尋櫻花的話，那將會花上一個月。你最好買一張周遊券。」

「啊，是的。有關我的計畫。但當我說我要追尋櫻花的時候，我只是用一種比喻。我真正的意思是——」

「校長對你的決心印象深刻。他說你了解日本的真心（the True Heart of Japan）。」

這類讚美當然毫無意義。日本人對西方人總有說不完的讚美。如果一位西方人非常會用筷子，他高超的手眼協調技巧便會得到稱讚；如果他在左外野方向抓到一隻懶惰的蒼蠅，他的運動能力便會得到稱讚；如果他學會說日文的哈囉，他便會被稱讚為流利，等等，等等。在這類情況下，最常被用到的讚美就是「好棒呀！（jōzu desu ne）」，它的意思是「老天，你真是天賦異稟！」但較為正確的翻譯大概是，「對一個傻瓜來說還不錯。」

「好棒呀！」此語最好的闡明是我隔壁鄰居教她五歲兒子騎腳踏車的方式。她跳過扶著他騎的階段，直接將他放在一台腳踏車上，然後將他推到馬路上。想當然耳，他總是翻車，要不就是撞到一棵樹，要不就是腳踏車橫衝直撞，最後以臉部著地。在數場課程之後，那孩子被搞得鼻青臉腫：他的膝蓋磨傷，手肘淤青。但他總是騎回腳踏車上，一試再試，邊騎邊擦掉他的

---

2 enkai，公司派對——原注。

眼淚。這段插曲的娛樂性很高，我總是在廚房的桌子旁坐上幾個小時欣賞，喝著咖啡，盤算著小太郎的進度。他的空中飛人特技總是使我讚嘆不已。他每次出發要嘗試另外一次時，他的母親總會在他暫時得到控制的那幾秒鐘裡叫道「好棒呀！」然後他便會翻車。一次又一次。

每當有人在日本用「好棒呀！」來稱讚我的第二外語能力時，我總是想到騎著腳踏車的小太郎：他根本沒辦法控制情況，而且總往災難衝去。這想法讓我保持謙卑之心。

無論如何，我逃不掉發現日本的真心之旅。「威爾要一路追尋櫻花到北海道。」主任會心血來潮地這樣告訴別人，我會扮張鬼臉，可是都被人誤會成微笑。我拖了三年。

當我最後出發朝北去追尋櫻花前線時，我只帶著幾樣在日旅行的基本配件：一張地圖、好幾把鈔票、破破爛爛的日語。我的日語大概只可應付喝酒或天氣。（「今天很熱。我們喝個啤酒吧。」）

不管日本人自己是怎麼想的，日本並不是一個小國家。本州島就大於整個英國。如果日本在歐洲，它足以傲視整個大陸。日本比義大利大，比挪威大，比德國大。從佐多岬到北端的宗谷岬（Cape Sōya）之旅長達三千公里[3]。在北美，這旅程可從邁阿密走到蒙特婁，而且差不多是在相同的緯度。

那麼，為什麼人們老覺得日本是個小地方？一個原因來自於地圖製作時的視覺幻覺。日本在地圖上看起來小，是因為它被世界上幾個最大的國家所環繞：中國、蘇俄、加拿大、美國和澳洲。但原因不僅於此。日本會小是因為日本喜歡自己小。它符合日本對它自己的形象：被圍攻的受害者，小巧但有力，萬能的小引擎。如果你告訴一般的日本人，他們的國家人口比英國人多，土地比英國大，他們不是對此感到忿忿不平，便是拒絕相信你。

奇怪的是，雖然他們堅信他們是住在一個小國家裡，我的日本朋友都覺得日本北部相當遙遠。對他們而言，北海道是另外一個世界。當我們討論我的旅行計畫時，他們總顯得非常悲觀。「它很遠，」他們警告說，「非常遠。」

更糟糕的是，我決定搭便車。我用壯士斷腕的精神，宣布我將要成為第一個搭便車縱貫日本全國，從終點至終點，峽岬至峽岬，海至海的人。這句話沒照我所希望地讓我的日本朋友印象深刻。

「你為什麼想這麼做？」他們問，真的無法了解。「你沒有理由搭便車。這是我們開發子彈列車的原因。」

其他人則擔心我的安危。「但是，」我爭論道，「日本是個非常安全的國家，不是嗎？」

「喔，是的，非常安全。全世界最安全的國家。」

「那為什麼我不能搭便車？」

「因為日本很危險。」

諸如此類的話。

現在，我承認搭便車縱貫日本並不是什麼了不起的成就——我的意思是說，我又不是在亞馬遜划獨木舟或發現腴島素之類的大事——但我是到目前為止，第一個和唯一這麼做的人，所

3 這個距離只有二千公里，如果從沖繩南端起算，則有三千公里——譯注。

以請諒解我的傲慢。

當我離開我位於水俁（Minamata）的家，坐上一列往南的火車時，我對我的背包和雄偉的大拇指感到驕傲不已。

「我要搭便車縱貫日本。」我告訴坐在我旁邊的男人。

他微笑著點頭。

「我要追尋櫻花前線。」

他點點頭。

「一路到蘇俄。」

他再度微笑，很快地換了位子。

# 3

鹿兒島市（Kagoshima City）是日本的那不勒斯[4]。所有的旅遊指南都這樣說。我從來沒去過那不勒斯，所以我無法告訴你這句話的真偽。這兩座城市是姊妹市，它比較像是一種自殺協定，因為那不勒斯和鹿兒島都以面臨人民立即遭消滅的危險而聞名。你瞧，兩座城市都坐落在火山群的陰影之下。

越過鹿兒島市，從海灣中挺拔而起並占據整片景觀的是陰鬱的櫻島（Sakurajima）。櫻島的潛在爆發力遠遠大於維蘇威火山（Vesuvius）。超過一百萬人住在櫻島的半徑六哩之內，就在爆發中心。火山本身非常醜陋，它彷彿浮在水面上，像是一大塊燒焦或悶燒的蠟燭。它原本是座小島，但一九一四年的爆發猛烈得令它冒出足夠的熔岩，將它與遙遠的海灣銜接起來。

不可思議的是，人們繼續住在櫻島，即使一座東邊的村莊曾在爆發中，被火山灰和熔岩掩埋起來。現在那個村莊只剩下神社鳥居的頂端，它從地底冒出頭來。鳥居曾有兩層樓高，現在只看得到頂端的兩呎半。火山停止爆發後，逃離的居民立即回返，毫不畏懼。他們在令人喪膽的地標，也就是半埋在土中的鳥居周圍，再度建立起城鎮。而生活依舊如昔。村民在櫻島豐富的土壤中，種植西瓜大小的巨大蘿蔔。他們膽顫心驚地在神社裡祈禱，並屏息以待下次的大爆發。

鹿兒島市就在海灣的對岸。當櫻島下次爆發時，它將被海嘯和燃燒的熔岩所掩蓋。由此可以想像，這添加了這個城市的宿命論色彩。火山的砂石和火山灰靜靜躺著，像掩蓋過所有事物的喪布。車子看起來老舊。園丁定期從花朵上撢掉灰塵。

有年夏天，我在鹿兒島灣的海灘上，剛好碰到對岸的整座火山，嗯，顫抖起來。如果你像我一樣的話，你可能從沒見過一座山顫抖。情況後來變得更糟糕。不祥的烏雲在天空中滾動，像潑灑一桶桶髒水，一個沉悶的咆哮聲劃過海灣又刷回來。「趕快逃命吧！」我冷靜地說。其他人只是聳聳肩膀。「何必麻煩呢？你又跑不過火山。」（這當然沒有阻止我嘗試逃離現場。）

日文的火山是「火山」（kazan），但鹿兒島市的市民沒用火或雷電來為他們的火山命名，

4 Naples，義大利西南部坎帕尼亞區那不勒斯省省會和海港——譯注。

反而是選擇了在春天綻放一時的花朵：櫻島。一個隆隆呼嘯的火山以一種精緻的花朵命名，象徵了人生的虛無縹緲。我以前覺得這名字非常詩意，但那天當我站在海灣上看著櫻島時，我才意識到轉瞬即逝的人生就是在指著我的人生。火山再度顫抖，像個脾氣暴躁的老頭在睡眠中轉身，然後慢慢地安靜下來。但回聲過了很久才消逝。我那時才敢開始吐氣。

南九州分成兩個半島，抵達佐多岬的最快方式是從薩摩半島搭乘渡輪前往大隅半島，然後再往南前進。我便是這樣做。渡輪以響亮的海鷗叫聲離開海岸，我站在上層甲板，吹著風，凝視著櫻島緩緩脫離我的視線。（我正在思索「會叫的水壺不會沸騰」的理論。）

一個老頭向我走來。他個頭很小，穿著整齊，皮膚皺得像我泡過澡後的拇指。即使在我們說話的時候，他好像都在往回縮。

「美國人，」他說。那不是一個問句。

「不是。」

「美國的哪裡？波士頓？」

我嘆了口氣。「我不是美國人。」

「紐約？芝加哥？舊金山？底特律？」他顯然要將美國的城市一一背出來，我因此死咬住他吐出的下一個城市，採納它作為我的新家。

「所以，」他說，「巴爾的摩冷不冷？」

「很冷。」

「在日本，」他說，「我們有四季。」

「恭喜。」

「謝謝。你結婚了嗎？」

「還沒。」

「你能吃日本食物嗎？」

這是不符合三段論辯論法的對話，而我現在已經非常習慣了。訣竅就在你以同樣模稜兩可的字眼回答，直到這場談話像是兩個間諜用密碼在交談的對話。

「是的，我能吃日本食物。巴爾的摩非常大。」

「你會在日本待多久？」

「直到明天，永遠。巴爾的摩很冷。」

他和我握手。我們對彼此微笑，態度溫和，這顯然是個國民外交時刻。然後他指指火山。

「你正在凝視櫻島，」他說，「它很美麗，對不對？你對櫻島有什麼感覺？」

它是一座火山。它以櫻花為名。它是山，是海，又是火。「它就像日本一樣。」我說。

他深思地點點頭。「你了解我的國家的真心。」然後——我可不是在吹牛——他向我保證，說到我的日文，我非常地棒。

＊＊＊

我原本計畫先搭巴士前往南部半島，然後再在佐多岬開始搭便車，但這條路線沒有巴士。至少，我想是沒有。我檢視高速公路旁張貼的巴士時刻表，不管我瞇著眼睛看得多用力，我就是看不出個所以然來。

日文以三種字母組合而成，我只認得兩個半。字音符號（假名，kana）相當簡單，但中國象形文字（漢字，kanji）對我來說，嗯，就有若無字天書。如果上帝要讓我學會漢字，祂會賜予我一個較大的大腦。因此我沒有搭巴士，而是比預定計畫還早了一步開始搭便車。馬路延伸開來，兩旁是加油站和電器行。車輛以穩健的速度奔馳而去，我的感覺挺好。一切都在控制中。

我哼著我自己的主題曲（〈不可能的任務〉），伸出大拇指，像個天使般地微笑。我試著看起來天真無邪，而且和善可親。在日本，西方人總被視為攻擊性強，並略具威脅性，我正努力打破這種印象。我在離開前便把鬍子刮乾淨，並將頭髮剪成日本流行的時髦摩門教風格；我甚至還打了領帶。在日本，摩門教的風格的確很吃香，那些被指派到日本的男性傳教士總是乾淨有禮又如此的亞利安（Aryan），日本人覺得他們性感且溫文儒雅。這是真的。我這會兒不是在讚美我自己看起來像摩門傳教士一樣性感，但說起來，我真的看起來很乾淨俐落。（我追求的比較是「耶和華的見證人」[5]效果。）

幾分鐘內，一輛車子停了下來。

當我說「幾分鐘內」，我當然是意味著「十四分鐘內」，而且當我說「車子」時，我當然是意味著「白色本田喜美」。我突然想到我可以把每次等車停下來的時間記下來。我身上甚至有一本小筆記本和方便的筆可以將這項資訊記錄下來，以後我在雞尾酒派對就不怕沒有話題可說。「嗯，我曾經提過在日本搭便車的平均等待時間是十七點二分鐘嗎？」

乘客座位的門唰地打開，一個女人有著絲般的黑髮，她傾身過來，對著我微笑。「美國人。」她說。那不是一個問句。

## 4

山口香緒里是小野（Ono）初中的英文教師。那是位於山裡的一所小學校。校內只有十四名學生，因此她就是英文系。在西方，我們如此沉迷於擁擠的日本地下鐵和無名的上班族的刻板印象，以致我們忘記了日本有許多地方仍然十分鄉野和傳統。即便如此，大部分的鄉野已不是蠻荒之地——剩下的邊陲地帶非常稀少——但農田和村莊仍是日本社會的一大部分。而日本的主要色彩，瀰漫在地形和提供無數景觀背景的色彩，是綠色的——一種深沉、潮濕和熱帶的綠色。的確，大部分日本都市缺乏綠色景觀。但你在大部分的日本都市也只能找到少許日本。那些都市核心刺激、擁擠、令人疲憊不堪，它們也是日本最標準西方化的所在。而另一個日本存在於僅半步之遙，位於都市外圍的邊緣，沿著偏僻馬路的縣市裡。

香緒里和我開車經過的馬路銜接鹿兒島灣海岸和內陸起伏不定的山丘。看不到一條地下鐵或任何上班族。

「你要去哪裡？」她問。

「佐多岬。」

---

5 Jehovah's Witness，基督教團體名稱，創立於一八八四年，一九三一年才改為現在的名稱——譯注。

「我以前住得離佐多岬很近，」她說，「那裡什麼都沒有，而且地處偏遠。它大概在三個小時的車程外。」你可以看見責任感開始壓向她。「我很抱歉，但我不能一路載你去佐多。我很忙。抱歉。」

一個殘忍的念頭閃過我的腦袋，有那麼幾分鐘，我想只要我開口要求，她就會載我到佐多。就是這麼簡單。但我沒有開口。也許是因為領帶或髮型的關係；我奇怪地心存善念。「妳不用載我去佐多。真的。到這條路口前方就行。」

她此時已經擔心得快生病了。「但沒有人會停下車來。日本人不載搭便車的人。」

「但妳是日本人，妳停下來了。」

她忽略我強而有力的西方邏輯。「有巴士，」她說，「你該換乘巴士。到佐多以後，你要上哪去？」

「北海道。」

我說這話時她笑了起來，用一隻手遮住嘴巴，我發覺日本女人的這個習慣非常令人厭惡，但又奇怪地讓人感到窩心。然後，在她發現我不是在開玩笑之後，她的表情就變了。她不再沿著海邊開車，反而轉頭往內陸開去。我們停在一片平原上，抵達鹿屋（Kanoya）。

「這是，啊，往佐多的路嗎？」我問。

她微笑著回答，「你能吃日本食物嗎？」

香緒里直接載我回城鎮的中心，在揮手和幾聲叫喊之後，她便棄我而去。現在我真的迷路了。想在市中心搭便車，就像閉著眼睛找出口，而被旋轉門連撞三次一樣。我臨時想出一個聰明的計策，我四處走動，像豎起神棒般地豎著我的大拇指。這方法有用。我「在數分鐘內」便得到解救。

＊＊＊

他的名字是右田先生，開著一輛閃閃發光的黑色大轎車，裡面塞滿了小孩。他的女兒坐在前座，這名初中學生看到我目瞪口呆，兩個兒子坐在後座，大概是七歲和五歲。

右田先生問我要上哪去，當我回答佐多時，他告訴我，我的方向錯誤。他好心地要載我回到海岸邊。我爬進車內，直接面對兩張目瞪口呆的男孩臉孔。你可以看出他們在想什麼：爹地瘋了。他們的父親好像讓一隻大熊爬進後座。

右田先生從後視鏡看看我。「你能說日文嗎？」

「一點點。」我說。（除非注明，此書的對話都是以日文進行。或至少說是一種類似日文的語言。）

弟弟英德對我很不放心。「你是美國人嗎？」不是。「那你是日本人。」不是。「那麼，如果你不是美國人，也不是日本人，那你是什麼？」

被這麼一問，連我都不確定了。「我是一隻狸（tanuki）。」我說，他們大笑起來。

「你不是一隻狸。」

「我當然是。」狸是日本的民間傳說動物：一種有著巨大肚皮和巨大陰囊的貉，在森林裡遊蕩，喝著清酒，並假冒成貴族來勾引年輕女孩。

男孩們拚命地笑，女兒則吃吃傻笑，並用一隻手遮起嘴巴，而右田先生則憂慮地從後視鏡盯著我。然後英德嚴肅又認真地問我：「你真的是一隻狸嗎？」他的哥哥敲一下他的頭。「白痴，他當然不是一隻狸！他是美國人。」大家又哄堂大笑，小男孩揉揉他的頭，羞怯地咧嘴而笑。

「你們知道狸是怎麼製造音樂的嗎？」我問他們。

「當然知道！」他們大叫。「牠們用肚皮來打鼓！」英德不斷地敲擊他自己的肚皮來示範給我看。「很好，」我說，但他還是拚命在敲。

「啊，很好，」我說。「你隨時可以停下來。」但他仍然敲著肚皮，即使他眼眶中已滿是淚水。「好了，」我說，然後我冒出一句英文，「夠了，小鬼。」

他聽到那句英文時**張大眼睛**。「英文！你說英文！說點英文，說點英文。」

「韋恩・紐頓[6]是反基督。」

「哇！那是什麼意思？」

「那是一首詩。有點像俳句。」

當我們抵達海岸邊的公路時，右田先生停下車來，並叫我在車裡等。（他真的很有爸爸的味道；他對我說話的口吻和對他五歲的孩子一樣。）他用投幣式公用電話打了一通電話，回來時說：「我告訴我太太我們會晚到。我們要去佐多。」

孩子們大聲歡呼，我們三個坐在後座的還做了波浪動作。右田先生叫他女兒換位子，我坐到前座去。我的地位一下子提升不少。

高速公路在U形急轉彎道路上彎來彎去，我像大人物一般地坐在前座。我搖著我的腳丫，看著棕櫚樹和村莊迅速離去。佐多沒有路，只有銜接在一起的轉彎路段。一路蜿蜒曲折，我開始覺得反胃。我可以感覺到我的胃正在痙攣——這從來不是一種愉快的感覺——很快地，我就會像火山般，噴吐在右田先生的儀表板上。愚痴如我，也知道吐在主人車裡不是開始一段關係的好方式，因此我盡量將我的午餐（豬肉和飯拌生雞蛋）吞回去。我們及時趕到停車場，我連忙從車裡跳出來並彎下腰，大口吸入新鮮空氣，試圖不要昏倒。最小的男孩過來我這邊，重重捶了我的胃一下。「你不是狸！」

「我殺了你，你這小混蛋（英文）。」

「嘿，」他對著他的爹地叫道：「他又在說詩了！」

等我的內耳停止暈天眩地般的旋轉，我的胃部不再痙攣之後，我遂跟著其他人一起走入隧道。右田先生替我付了過路費，我怎麼講，他都不讓我付。

「你是我的客人。」他說。

不，我是個搭便車又白吃白喝的人。「謝謝。」我說，接受他的慷慨。

雖然右田的女兒一直要我吃最後一條腿，我還是拒絕了烏賊。我站在俯望佐多岬的瞭望台頂端，告訴她跟她的弟弟們一個有關加拿大這遙遠神秘地方的故事。那裡的小孩們禮拜六不用去上學，也不用穿制服，甚至不用學任何東西。我可以理解他們羨慕的嘆息聲。

---

6 Wayne Newton，美國歌手——譯注。

「你有槍嗎？」最小的問我，他的哥哥俊哉馬上加入話題，「是的，你開槍打過任何人嗎？」

「沒有，」我說，「只有邪惡的美國人才會開槍射人。在加拿大，大家都過得很平和跟和諧。」

做加拿大人的確很棒。你可以分享住在美國隔壁的物質優勢，但在同時，又可以擁有道德的高傲感。你就是沒辦法擺脫這種不負責任的態度。

「跟我們多說一些加拿大的事。」孩子們說，我遵循他們的要求。

我們離開佐多時已近黃昏。太陽在公路上投下長型影子。右田先生決定要我跟他們回到鹿屋，一起跟他的家庭享用晚餐。他中途停下車來，買了好多啤酒。他去買啤酒的時候，他的女兒挺起身子，在我的耳邊用英文呢喃，聲音低得我幾乎聽不見，「我的名字是佳世子。我很好。你呢？」

然後她靠回座椅上，顯然對自己感到很得意。她的弟弟們想知道她說什麼想得快瘋了。「告訴我們！告訴我們！」他們要求著，但她驕傲地抬高頭，一個字也沒說。

## 5

右田的家住在鹿屋的郊區，是一棟兩層樓的公寓，前面有一片空曠的田野。右田太太熱烈地歡迎我，並像一位魔術師一般，從稀薄的空氣中變出一道大餐。我們擠在他們低矮的餐桌旁邊，食物不斷地冒出來：生魚片跟削直的山葵、蔬菜天婦羅、麵、更多的魚、沙拉、海帶、湯和迷你香腸。將我餵飽的任務彷彿變成一項挑戰。右田先生一直在我的酒杯裡倒啤酒，拚命催促著我大口吃飯，直到我飽到快要吐出來的邊緣時，我宣布放棄。右田太太清理了整桌的剩菜殘羹，她的先生則和我舒服地往後靠，像一對封建藩主般地吸著牙籤。這聽起來也許含有性別歧視、不夠體貼又政治不正確的含意——它的確有——但我早就學到，如果我提議洗碗，更糟的是，如果我堅持洗碗，我只是侮辱了右田太太。反正，我天生懶惰，當時肚子裡又多了四十磅的食物也讓我動彈不得。

孩子們在電視機前面做功課。也就是說，他們並沒有在做功課，而是在看電視。顯然我的存在使得這家庭的規矩稍微得以放鬆，而每當他們的父親漫不經心地看看他們時，他們就會開始假裝用功地寫寫字。一部科幻動畫緩慢地在螢幕上播放。每個角色都有著藍色的大眼睛和可笑的黃色頭髮，場景變換的速度則慢如蝸牛。老天，我痛恨日本卡通。還是給我一些好看的真實動作片吧：如鹹蛋超人或酷斯拉或摩斯拉。喔，不！一隻巨大的蛾！這些才是經典之作。但你跟今天的小孩說這些，他們才不聽你的。

右田先生最後終於注意到他孩子的把戲，而他們的親子對話是如此的典型，讓我相信這些一定都是靠DNA遺傳而來。對話大概是如此：嘿，小孩們，關掉電視，該睡覺了。再看幾分鐘就好，拜託，爹，拜託。不行，你們明天還得上學。但好看的就要播出來了，拜託，爹，拜託。不行！我說不行，我說不行的時候就是不行，所以不可以。

像平常一般，孩子們贏了。卡通人物炸掉星球，每個人都非常開心。值此之時，右田先生和我已經在喝第六瓶樽生啤酒。他將桌上清理出一片空位，像一位計畫攻擊行動的將軍般將地圖展開。

「你辦得到，」他說，「但我們必須小心檢視你的路線。」

我們熬夜熬到很晚，他和我用紅筆在公路上劃線，我則在一旁寫了很多筆記。

我們最後想出一條複雜的路線，蜿蜒曲折地通過全日本，那時這條路線對我們來說很合理。但等到第二天，離開右田先生的家數哩之外後，當我打開右田先生的地圖時才發現，我們計畫的路線和我信心滿滿寫下的密碼，全部變得無法理解：「這裡好，但不要越過土地——公路在這裡換路，一定要先檢查——**不要**（我在不這個字下面用力劃了好幾道線）穿越公路——在別的地方等——西方嗎？——走時檢查一下。」

右田先生和我完成我們狡猾的計畫時已是凌晨兩點。我們熱烈地恭賀自己，並打開另一瓶樽生啤酒。這時，我們已經成為拜把兄弟，並誓言永遠忠誠的友誼。就像人們喝了太多酒似地，他小心翼翼地緩緩將地圖捲起來，然後我們握手。我們那晚握了很多次手，常常伴隨著語無倫次。

右田先生坐直身體，以突然的決心說道：「你是我的朋友。你不需要搭便車。我會給你坐火車的錢。」

我嚇了一大跳。「我不是因為買不起車票才打算搭便車。」他供我食宿，難道是他以為我身無分文嗎？他也一樣百思不解。如果我不是缺錢，我為什麼要搭便車？我為什麼要有陌生人作伴，一路到北海道去？

我向他保證經濟問題絕對不是原因。然後我告訴他天草的事。我在日本的頭兩年住在天底下最美麗的地方：長崎南部的天草列島。我在遺忘時間的漁村裡教書，朦朧的小海灣內有飽經時間摧殘的寺廟和意想不到的教堂尖塔。天草是葡萄牙耶穌會教士第一次登陸日本的地方[7]，也是在此，我第一次發現大拇指的力量。

那是透過需要而產生的發現。我的工作是在漁村之間通勤，而我沒有車，當地的巴士顯然少得可憐。巴士在天草就像不明飛行物；我常常聽到它們的事，但我一輛也沒有見過。因此我開始在島嶼的學校之間搭便車，這使我的主任相當驚訝。剛開始這只是一種需要，後來它變成另外一件事。它變成進入日本的不二法門。車子是家的延伸，但又沒有充斥日本的正式規矩。在日本，搭便車的人套上一層保護色，成為客人和旅伴。到處遊蕩的便車成為一種報酬，而旅行才是目的。

我以這種精神，準備出發到北海道。

個人旅行在日本擁有長久的歷史，我遵循的是一個驕傲的傳統。托缽詩人松尾芭蕉[8]在十七世紀末期到偏遠的本州東北旅行，並寫了一本經典旅行著作。三百年之後，一位英國女人蕾絲莉．唐娜[9]重新跟隨他的腳步。更別提，在一九七〇年代，亞蘭．布斯[10]從北到南，走過整

---

7 一五四九年——譯注。
8 Matsuo Basho，一六四四——一六九四，俳句詩人，名著有《奧之細道》等——譯注。
9 Lesley Downer，一九一八年赴日旅居十年，著有《失落的日本手札》等書——譯注。
10 Alan Booth，一九四六——一九九三，英國旅遊作家，著有《縱走日本二千哩》等書——譯注。

個日本，並將此經驗寫成一部書。但這些是見識日本的孤獨方式。我不想在日本人之間旅行，我想跟他們一起旅行。我不想像亞蘭・布斯一樣走過全日本，正是因為它是如此孤獨又高傲的旅行方式；而且這種旅行方式真的得走很多路。我個人喜歡坐著有冷氣空調的汽車。更何況整天在公路上蹣跚前進，常讓亞蘭・布斯的心情大壞；但是當你總是遇到陌生人的善意時——就像搭便車的人必須碰到的一樣——那使得你的心情很好。你可稱這是禪宗或搭便車的藝術。搭便車的方式。菊花與大拇指。我喝得醉醺醺和聽著自己的聲音一陣子後，這些金玉格言就不小心冒了出來。

右田先生聽得睡著了。啤酒的玻璃杯空空如也。這是我該鑽進棉被的時候了，它們總是為不期而來的客人和白吃白喝的人準備妥當。

# 6

一大清早，太陽尚未在右田先生的公寓後方照亮山丘，但早晨的溫暖已使得泥土的清香撲鼻而來。

右田先生從車道上倒車出來，孩子們則送我許多餞別禮物：卡通貼紙、形狀稀奇古怪的石頭、紙折的青蛙、美少女戰士的圖片。佳世子送我一張小卡片，裡面用英文寫著，「祝你有個愉快的一天」。他們的母親給我一個便當做為午餐。他們在我們之間的距離不斷加大時一直揮手，直到看不見他們為止。

右田先生和我都還有睡意和宿醉，但鹿屋的綠色田野讓人感到一股清新。「我會載你到城市東邊的二二〇號公路，」他說。「從那你能搭便車直下海岸。」他瞄一眼他的錶，皺著眉頭。他九點得趕去上班。「我們能剛好趕上。」

鹿屋市還在半沉睡狀態；我們可以開過大部分的交通號誌而不用停車。我試著找些令人愉快的清晨話題。「鹿屋很高，」我說，「櫻島爆發時，海嘯會不會到這裡？」

「不會有海嘯。那是個普遍的錯誤觀念。鹿兒島灣太淺了，不會產生海嘯。火山爆發會摧毀鹿屋，而不是海嘯。」

我想，喔，這真令人鬆一口氣。

鹿屋市向開闊的平野開展，高速公路也變寬了。右田先生沒有停車。他決定載我到下一個城鎮，然後我可以從那裡開始搭便車。公路在鹿屋東部像慵懶的河流般蜿蜒進入平地，直通串良町（Kushira）。然後，我們又迅速進入下一個城鎮的郊區，大崎町（Osaki）。右田先生又看看錶，在心裡計算了一下，然後說：「我載你過大崎町。二二〇號公路銜接四四八號公路。你要經過那個叉口才比較好叫車。」

大崎町來了又去，我們經過那個交叉口，但右田先生仍然沒有停車。「我們就要到海岸線了。我會在那讓你下車。」

現在是八點五十五分。「你不會遲到嗎？」

「我會打電話。不用擔心。」

公路越過一道河流，我們眼前是藍色的志布志灣（Shibushi Bay）。棕櫚樹宛如電線杆般地林立。

九點已過。右田先生說：「我會載你到下個城鎮。那裡開始就有鐵路。萬一下雨的話，你就可以搭火車。」

天空湛藍，萬里無雲。「我不覺得會下雨。」我說。

「反正我會載你去。」

房子越來越常出現，稻田變小，後面是一群建築物，然後我們開過城鎮，又回到開闊的鄉野。火車軌道一路跟著公路，忽上忽下地穿越而去。一群旅館出現在眼簾，奇怪的是，在它們旁邊有一座摩天輪。

右田先生在停車場內停好車。「我去去就回來。」

越過停車場，空蕩蕩的摩天輪正以自己的動力，襯著藍天碧海在轉動著。摩天輪的秘訣在於一旦使它開始動，它便能維持旋轉狀態。動力是唯一能打敗靜止不動和地心引力的力量。太空中的衛星並不是繞著地球旋轉。它們一直在隕落，沿著地球軌道以下降的角度飛行。走路本身不就單純是在維持一種傾倒？要讓一個物體動起來需要極大的力量，但你一旦讓它動起來，力量就變得越來越容易維持。你用盡吃奶的力氣推動一輛車子，它一旦動起來，便變得毫不費力：你讓它靠自己的動力前進。旅行就是維持這種動力。抗拒地心引力。越過天際的自由落體；隕落，卻從來不降落。

右田先生回返。「我告訴他們我會遲到。」

「你已經遲到了。」

「我告訴他們我會更晚進去。」

我們離開摩天輪。海浪沖刷過海灣。右田先生還是沒有停車。「再過去一點點，」他說，然後他又對自己說：「再過去一點點。」

有那麼一會兒，我以為他是要離家出走，但我錯了。那不是一種逃避，那只是一種動力罷了。他被困在旅行者的離心力，移動衛星、游牧民族和摩天輪的力量之中。

九州的東南海岸是「鬼之洗濯」（Oni-no-Sentaku），也就是魔鬼的洗衣板的一部分。自然崎嶇的巖石沿著爪狀的海岸延伸而去。它讓整個地區有一種剛完成的感覺，就像剛燒焙好的陶器。或說是沒有經過磨光的木材，上面仍然留有手斧的痕跡。蔥綠的九州雨林沿著海岸揮灑，然後，突然之間，魔鬼的洗衣板的崎嶇巖石開始現身，彷彿神祇們用盡了草皮。

我們沿著洗衣板往北開到鵜戶神宮（Udo Jingu）時，正是退潮時刻。鵜戶神宮蓋在一座俯視大海的洞穴之內。要抵達那邊，你必須離開主要的幹道，改走一條短短的偏僻小徑。右田先生將車子停在神宮的入口。一座大型鳥居將世俗世界與神聖世界區隔開來。右田先生此時終於掙脫動力的束縛，幾乎是道歉地對我說：「我得回去了。家。家庭。你知道的。」

我們握了手，我答應從日本頂端寄一張明信片給他。「當你到北海道時，記得找馬。北海道有馬。」

我們在正午的白色陽光中，站在停車場內。他不想離開。但他也不想繼續下去。一旦被打斷，動作就很難繼續持續。我們道別後，他駕車離開。

# 7

神道（Shinto），神之道，是日本的本土宗教。佛教很晚以後才經由朝鮮傳來[11]，而且在某些方面一直是一種外來信仰。佛教有創辦者、教條和歷史基礎：神道在這些方面則付之闕如。神道的宗源已消失在古早歷史的迷霧中。神道作為一種信仰，產生自人類對周遭世界的恐懼和顫抖，以及對大自然的敬畏：它崇拜子宮和地球的豐饒，大自然的力量和生命的神秘。

在日本，世界充斥著神（kami）的原始神靈。神無所不在。看不見的世界孕育著祂們，豐富生命，並有著充沛的精力。歷史人物被提升為神祇，抽象名詞和動物也是。

你可以在全日本發現神道神社的蹤跡。有些破爛不堪，有些照顧完善。幾座大神社豪華絢爛；但大部分都小而謙卑。崇拜的對象通常是個光滑的銀鏡，一個反映並包容周遭世界的表面。而這些擦亮到發出光芒的鏡子仍然是霧茫茫的，呈現反映和隱諱的兩面——宗教動力的神秘天性的完美象徵。鏡子和地方神祇，宇宙性和部落。

從鳥居走進神社，入口通常有一對石獅子狗守護。就像許多日本事物一樣，這些獅子狗是從中國經朝鮮輾轉傳入。當日本人界定他們自己時，他們傾向於跳過朝鮮這個中介，過度強調並聲稱與中國的直接關係。但在這裡，在神祇充斥的神社中，朝鮮的關聯顯而易見；守衛者被稱為狛犬（koma-inu），也就是朝鮮犬。日本人很少討論朝鮮肖像捍衛著日本神靈——以某種程度而言就是天皇神道——和朝鮮犬受到如此尊崇這兩件事。這些石犬提供了日本皇室可能是古代朝鮮人的蛛絲馬跡。

獅子狗原本是一隻獅子和狗，外表上非常不同，但經過多年後，石雕工人發覺將牠們雕成相同大小比較容易。這兩個雕像變得越來越相似，直到最後牠們的特徵混合為一。一隻獅子狗的嘴巴永遠是張著的，一隻的嘴巴永遠是閉著。張著嘴的獅子狗叫做阿（Ah，啊），另一隻叫做吽（Un，嗯），或更正確地來說是nn。「阿」是你出生時發出的第一個聲音，「吽」則是你死時發出的最後一個聲音。「阿」是開始生命時的吸氣，「吽」則是一種放鬆的呼氣，讓生命消逝的吐氣。在這兩者之間是所有事物的存在，單一的呼吸喚醒整個宇宙。阿也是日本字母的第一個符號，吽則是最後一個。因此，在這兩個獅子狗之間是整個宇宙。在原始的梵文中，啊—吽代表「宇宙的結束和起始，釋放出無限能量。」

在日本，彼此配合良好的人們，如雙人奏的鋼琴師和小提琴手，被稱為呼吸的阿吽（ah/un-no-kokyū）。Kokyū意味著呼吸，而這個片語則有完美的精緻和諧之意：呼吸的阿吽，兩個或更多人呼吸如一。如果西方追求的是自我實現，那麼日本——實際上，也是許多亞洲國家——講究的就是集體和諧。**和諧**這個字在日本就有如西方的**自由**。

在日本，「自由」（jiyu）這個字眼帶有自私或不負責任的行徑等負面意味。團體和諧擁有較高的價值。但這並未使日本人成為更和藹的民族。像任何地方一樣，日本也有小偷、騙子和討人厭的人物。但日本社會的價值與西方的大為不同。如果你想具體表現西方的理想，你聯想

11 約於西元第六世紀正式傳入日本——譯注。

到的是自由女神像，大膽地挺立著，高舉火炬：單一、有力而獨特的存在。但如果你想具體化日本的理想，你不會選擇這類事物。反之，日本的理想呈現在千隻小石守衛狗上，千座散布於日本的大小神社上。狗和獅子的氣質如此接近，以致它們融合為一。呼吸的阿吽。

在一個較為世俗的層面上，阿吽也指涉結婚很久的夫妻（或甚至老朋友），他們彼此相處很久，因此不再需要用整句句子溝通。一個開始說，「啊……」，另一個就會附和著說「嗯……」（日文中的「uh-huh」），意義完全明瞭。

進入神社後，走過獅子狗，就會發現手水屋和杓子。如果你要敬拜神祇的話，必須先洗手和漱口。淨身之後，就可以走上神社的階梯。你丟下一塊銅板，鞠躬，拍一次手，然後搖鈴。它其實是種嘎嘎的響聲，一種將神祇喚醒的枯淡空洞聲響。你再鞠躬，靜靜在心中默唸你的請求，然後拍兩次手離去，記住，不要背對著神社裡在神鏡後方的神祇。

鵜戶神宮的氛圍與其說是神聖，不如說是熱鬧滾滾。表參道兩旁林立著紀念品商店和點心攤販，在在都使要去神社前參拜的人們分心：小販偷拍你的照片，然後試著要賣給你；穿著圍裙的圓臉歐巴桑叫賣著霜淇淋和插在竹籤上的烤烏賊；飄來陣陣油和水的味道；你聞到章魚燒的香味；帶殼的蝸牛在肉湯中燉煮；你的周遭是小型裝飾品、玩具和跳彈射擊的叫聲。卡通人物、超級英雄和神之子瓊瓊杵命（Ninigi-no-Mikoto）都以粉紅色塑膠品製成，前面還放了買賣用的投幣杯子。攤販賣著神籤、護身符和繪馬。它們的旁邊就賣著假狗和大型臀部。整場呈現出一種後現代的無政府狀態。

走近鵜戶神宮則更為喧鬧，你越接近主要祭壇，群眾越多，步調越快。觀光團以密集縱隊方式經過：穿著水手服的學校女童，理著頭髮、戴著帽子的男孩。還有情侶，甜蜜得分不開的新情侶、習慣成自然的情侶、生著悶氣的情侶和對彼此視若無睹的情侶。他們在鳥居前來來去去。你越往裡面走，海潮的聲音和味道就越清晰。在懸崖表面有一座木製步道急轉而下。浪濤拍岸，沖刷上魔鬼的洗衣板。人們接近洞穴時，腳步加快了起來。

太陽炙熱，朦朦朧朧地閃耀著。世界過於暴露，閃爍的鏡面令人刺眼，顏色已然褪去。但在這裡，在洞穴的子宮內，影子潮濕，空氣濕潤。洞穴呼吸著，它的吐氣涼爽地拂過你的肌膚。啊……嗯……

你的眼睛逐漸適應黑暗，洞內的細節逐一浮現。神社像從底片般，從陰鬱轉為清晰。聲音：喃喃低語的聲音、枯淡的嘎嘎聲、水珠落下的撲通聲。

神社的屋頂是銅綠色，成斜角揚起。屋頂的斜坡像個帳棚。這風格令人聯想到蒙古草原和游牧部落的臨時居所。神社的建築本身就傳達一項訊息：世界轉頭成空，人生像場電影，河水靜靜地流動，神祇的家甚至不過是暫時的棲所。有天這些建築也會像帳棚一樣，被折起來收走。

我買了一小包陶石，準備到外面試試我的運氣。洞穴前面有一個木製陽台，就在一大堆圓石和路鹽之上。海水不斷沖刷上懸崖，但神社安全而不受打擾地靜靜位於洞穴之內。

在激烈的海水中，懸崖的底部，有一塊大型而形狀奇怪的巖石，叫做「龜岩」。龜石的背上以注連繩（shimenawa）圍成一個圓圈。注連繩象徵神祇的存在，標示裡面的區域為神聖領域。作為一個西方人和一名男性，當我看到這圈注連繩圍住懸崖底端的一塊大圓石時，我的第一個想法是覺得納悶，「他們究竟是怎麼把繩子弄上去的？」我想這可能是新神官的任務之一。「叫弘治下去，他是新來的。」或者他們是像丟呼拉圈一樣地把它套上去。比起宇宙的奧秘，他們是怎麼將注連繩丟到那塊圓石上的神秘，更為吸引我。

注連繩圍起的神聖領域是射擊場所。記得我早先買的陶石嗎？現在是從神祇那兒贏得好處的時候了。在鵜戶神宮，你傾身向前，對著龜岩丟陶石。如果它們掉在圈子裡，你將被犒賞好運、長壽和健康——諸如此類的事物。人們擠在木製步道邊緣，大笑著丟陶石。陶石在海水上載浮載沉，圓石頂端和巖石岩架滿是陶石，像透了兔子的糞便。注連繩圈內有好幾堆陶石，但大部分的石子都被彈開。許多石子根本離靶心很遠。可不是我。當說到要用陶石丟進繩內時，我可是宇宙中無所不在的大師。我在身旁的人丟不準時，試著不要發出太大的哼聲。我旁邊有個聲音說：「他作弊。」

我連忙往四周看看是誰在作弊。他們指的是我。

「你說什麼？」我說，用「你竟敢！」的表情掃視群眾，但大家的眼睛都躲開我的視線。我繼續丟陶石，眼看著就要得到冠軍。

「真會作弊。」

我忽地轉身，準備面對誹謗我名譽的人。但什麼都沒有，沒有人說一個字。最後，我猜是憐憫我，一對老夫婦往我這邊走來。她穿著整齊的歐巴桑式裙子，頭髮大概是染黑的。跟她在一起的紳士戴著厚重的眼鏡，一條領帶，頭髮中間禿光，旁邊的頭髮技巧性地翻過頭蓋。

男人對我微笑。他拿著一部相機。有那麼一剎那，我以為他會要求為我拍照。這種事有時會發生。日本觀光客除了拍一般的植物和動物生態之外，還喜歡拍具有異國情調的白人。高中的紀念冊裡總是有一堆到奈良或京都旅行的照片，學生們永遠在寺廟的鹿旁和外國觀光客旁擺姿勢。在這兩個例子中，無論他們是在餵鹿或是餵外國人，臉上都帶著緊張的微笑。我個人很痛恨為陌生人擺姿勢，而且我通常會試著在照片中偷偷地伸直中指。但不是，這個男人不想要我的照片。他想糾正我的錯誤。

「你的方法不對，」他說，「男人在丟石頭時，必須使用他們的左手。女人兩隻手都可以用，但用左手會比較好。」

於是我換手。沒有一次丟準。我周遭的群眾開始輕笑，說著「真棒呀，」這一類嘲笑的話語，我決定停手。

那位糾正我的紳士小心翼翼地折好他的手帕，輕輕按了前額幾次。日本人似乎沒有汗腺。我知道這聽起來像是種嚴重的簡化，但這是真的。我像隻豬似地拚命流汗，汗水從我的眉毛流下，我的襯衫黏在背上，恍若貼得很差的壁紙。而這位老先生只需要輕按他的眉毛幾下就行。我像往常一樣忘了帶手帕。他好心地借了我一條，我用力擦我的臉、脖子和前臂，在腋窩前停了下來。我們兩人同意今天很熱。我對現今天氣狀況的敏銳觀察（熱），使得他太太深深點著頭，我知道我已經深得他們的心。我擰乾手帕，跟他們握手。他們似乎有點遲疑。

「我是東京大學的高杉教授，」他說了之後，停頓了一下，看我沒有反應後，又重複他的自我介紹。「東京大學，」他說，我突然了悟到我應該對此印象深刻，所以我說：「啊，是的，東大，很棒的大學。」

他謹慎地微笑，「謝謝。我太太，砂織，她也是我的助理。我們正在九州做調查。我們正在研究野生盤子的社會生活。」

「野生盤子？」

「不是盤子，是猴子。」

「啊，是的，」我說，「這樣合理多了。」

日文的盤子（sara）和猴子（saru）聽起來相當類似，而為了某些原因，我老是搞不清楚。另一個惹麻煩的組合則是人（ningen，漢字做「人間」）和胡蘿蔔（ninjin，漢字做「人參」）。我有次在東京演講國際化的好處時，下面觀眾露出一副莫名其妙的表情，我當時正熱血沸騰地宣布說：「我是個胡蘿蔔，你是個胡蘿蔔，我們都是胡蘿蔔。只要我們記得我們共通的胡蘿蔔性，世界就會大同。」

另外有一次，我把一個小女孩嚇跑，因為我告訴她，我最喜歡的宵夜是生人肉沾醬油。

高杉教授一旦跟我把野生盤子的誤會理清楚之後，便跟我解釋，他和他太太準備往南旅行到都井岬（Cape Toi），去探勘一個野生偏遠的猴子島嶼。他們邀我同行，我雖然原本要往北旅行，但仍然接受了邀約。畢竟，你有多少機會能在盤子的自然棲地觀察牠們？

## 8

教授的車裡散布著學術性的各類物件。我們得移開幾只紙箱，好在後座騰出位子給我坐。

他太太在這段期間不斷點著頭，擠出友善的微笑，就是那種使許多剛到日本的西方人誤會為友誼的笑容。其實那是種非常不自在的表現。

她先生換上教授的姿態。「猴子的社會生活非常發人省思，」他說，以一種終生研究某種事物，以致完全失去其重要性的觀點的男人姿態發話（大學會使你變成這樣），「日本猴子，」他向我保證，「很特殊。」

他將車子開出停車場。我知道日本猴子是全世界最北的猴子嗎？不知道？我曾觀察過野生的猴子嗎？沒有？這趟旅行對我這個外國人來說，將會非常有趣。

我試著要教授學猴子叫給我聽，但他說什麼也不肯。「我研究的是猴子的社會生活，而不是牠們的溝通。」他說。因此我自己叫了起來，並問他像不像。他太太用手遮著嘴部輕笑。

教授顯然是這個領域的專家。他太太給我看一本他寫的書，每當我讚美他時，便深深同意地點著頭，閉上雙眼。她與其說是他的太太，還不如說是他的書迷。不幸的是，我就是沒辦法將禿頭男人當一回事，尤其又在他上了一大堆髮油，將一旁的長頭髮梳過頭蓋的時候。我又剛好坐在後座，這使得情況更糟，因為我眼前就是一顆煮熟的蛋的景觀。我對日本猴子的社會生活狀況置若罔聞，一心只注意著這種梳過頭蓋的策略。這些人真的以為有人會被騙嗎？他們沒有鏡子嗎？或者鏡子才是問題？你如果在浴室的鏡子裡仔細看的話，一定會發現這樣將頭髮梳過來，一點也不自然。即使如此，你多常看見人們前額的頭髮是以水平的方向成長？有點幽默感的日本人將這種髮型稱為條碼頭，指稱的是超市裡的條碼。坐在後座，看著這個令人尷尬的東京大學（我停頓一下）教授的光景，我很想用發光的條碼器刷過他的頭，看看會秀出什麼樣的價碼。

「因此，你可以知道猴子的社會生活有多重要。」他下結論說。

「的確。」我說。

＊＊＊

鵜戶神宮南部的海洋，海面如鏡，泛著一片霧茫茫的銀光。公路沿著低矮的海岸邊延伸，蜿蜒曲折，有時會通過橋梁或棧橋而完全離開海岸。山巒起伏，幾乎將村莊推向海洋。在數代之前種植的森林，為了方便採伐，以直線栽種，現在在山坡上以完美的縱隊方式排列。在日本，甚至連樹都很有規矩。

教授邊看著後視鏡，邊跟我說話。我則對著他的後腦勺回話。

「日本猴子比其他猴子先進，」教授說，「外國猴子是個人主義者，牠們相處得不好，但日本猴子則有非常複雜的社會結構，等等等等的，因此日本很獨特。」（這是我自己改寫的。）

教授是位潛在的國家主義者，日本的學界充斥著這類人物。有專家曾經嚴肅正經地告訴我，日本人跟其他民族不同，使用不同邊的大腦（所以日本人才會覺得蟬聲悅耳，而西方人覺得這種昆蟲令人厭惡）；日本人的舌頭比較短（所以他們發不準某些英文字）；日本人的腸子較長（所以他們無法消化牛肉，特別是外國牛肉）和諸如此類的話。在高杉教授的例子中，他感興趣的是猴子，但弦外之音非常清楚。

「日本猴子的社會模式和外國猴子非常不同。牠們喜歡穩定。就像日本人一樣。在大分

（Ōita）猴子公園，」教授說，「一位新領袖接管整個猴群。牠叫做龍，即使牠只有一隻前爪，仍然贏得園內六百隻猴子的敬重。牠在一場火車意外中失去另一隻手。」

「火車意外？」

「沒錯。我研究龍，而且我相信，失去前爪的經驗教導牠對其他的猴子較有同情心。加上牠的戰鬥精神，即使牠是殘廢，牠仍然能成為領袖。這教導我們什麼？」

「不屈不撓？」

「正是。現在，龍的副手叫史科拉（Schola）。史科拉體積比龍巨大，也比牠年輕，因此絕對能在決鬥中打敗龍。但史科拉安守本分，並不挑戰龍的地位。史科拉對較高的職位並沒有秘密的野心。如果一個組織有強大的領袖和忠誠的副手，便能團結一致並增加力量。」

「所以日本猴子喜歡強大的領袖。」

「它的意義不僅於此。那不單只是一種赤裸的權力，就像在你們外國一樣。立花教授在他的《猴子研究的邊境》一書中，」他說得彷彿我應該知道這個名字似的，「顯示雄性支配理論並不能運用在日本猴子身上。立花教授闡明共識是了解日本猴子的關鍵。猴子們仔細觀察其他猴子的動作，一隻動起來時，另一隻也跟著動起來。這個，」他帶著滿足的微笑說，「與日本社會的人類行為類似。」

我以為教授該講完猴子的故事了，但我錯了。

「現在，」他說，「在日本北部的下北（Shimokita）天氣非常嚴寒，猴子會去泡溫泉，就跟日本人一樣。」

我聽過這件事，有關日本猴子偏愛日式泡澡的故事。有位賞鳥人曾告訴過我，日本雪鶴在跳交配舞時，會跟對方鞠躬，因為，嗯，牠們是日本鳥。顯而易見地是，如果牠們是美國鳥，牠們會握手。

「在下北，」教授說，「猴子的集團比較小。我有次觀察到一隻叫桃子（Momo）的猴子，在孤寂和壓力中死去。牠與母親分開，因此哪裡都適應不了。團體拒絕了牠，牠便死了，不是因為餓死，而是因為牠是一隻被逐出社會的猴子。這事令人悲傷，即使是對我這位客觀的科學家來說。」

「就像日本人一樣。」

「抱歉？」

「在下北的猴子，」我說，「就像日本社會一樣。」

「你是什麼意思？」

「將陌生人拒於門外；封閉的小集團；被逐出社會的人；團體欺負某個個體；個人和藹可親，但聚集成團體時就變得殘酷。你知道，就像日本社會。」

「那根本不是日本社會。」他說，聲音粗嘎。

「但你說那就像是——」

「在這個例子中完全不同。」

「不，它也一樣。」

他咬緊下巴。「完全不同。你國家裡有猴子嗎？」

「那和這有什麼關係——」

「有嗎？」

「不，沒有。」

「我研究猴子超過二十年。我是東京大學的教授。」

「是的，但是——」

「我曾數度受邀參加政府的委員會。十二年前，大平首相[12]邀我參加一個社會經濟委員會。我也曾以專家身分參加東京都市計畫委員會。」

難怪。東京顯然是由一群猴子專家所設計的城市。

「但無庸置疑的是，」我堅持說，「猴子和人類是完全不同的物種。我是說，如果你只是想闡述，日本人跟其餘國家的人種有所不同的話——」

他的後腦勺漲得紫紅，他試著回答我的問題，但差點噎住。我就是有這種惹惱別人的天性，尤其是跟學術界的人。現在，我很有可能被丟出車外，棄置在一條狹小又偏遠的路上。

然後，就在局勢似乎是最緊張的時刻，教授的太太傾身向前，擠出友善的微笑，說道：「你能吃日本食物嗎？」我是第一次這麼高興聽到這個問題，整場氣氛為之一變。

我們在剩下的車程中討論著日本食物，熱烈地同意老外根本不敢吃梅子或納豆或生魚片或山葵。

12 Ohira，大平正方，於一九七八至一九七九年間任日本第六十八屆首相——譯注。

# 9

總共有兩座島嶼。兒島（Kojima）是較大的一座，鳥島（Torishima）則半隱在其背後。兩座島嶼都是野生獼猴的棲地。整個九州本土曾經到處可見獼猴的蹤影，但人類的入侵使得牠們只剩下幾小群分散的團體，大部分住在這類偏遠的島嶼上。這裡的猴子受到人類的影響最少，因此成為學術界積極研究的對象。

幾年前，當學界發現兒島的母猴教導幼猴，在吃食物前用水沖乾淨時，這些猴子上了國際新聞。反之，鳥島的猴子並沒有清洗牠們的食物，因此，這顯然不是一種本能，而是透過教導而來的行為，屬於原本是人類才擁有的行徑。然後，突然間，不可思議的是，鳥島的猴子也開始清洗牠們的食物！

這在學術界間造成轟動，研究人員一批一批地前來。這麼罕見的社會特徵怎麼會突然出現在兩個地理顯著不同的區域？某些隱性的「清洗食物」基因難道現在才顯現出來嗎？鳥島的猴子是否隔著海洋偷窺，然後了解了其他猴子的行為，並且加以模仿？這是否是一種猴子的第六感？或者我們正在目睹一件罕見的進化行為？這些理論不斷地衍生而出，但還是無人解開謎題。有人問當地漁夫的想法。「這個，」漁夫回答，「猴子們在島嶼之間游泳來回。也許和這有關。」

兒島的游泳猴子就是這麼被發現的。心靈相通的靈長類的奧秘終於被解開。這在本地當然是種常識，卻讓東京專家窮忙了一陣子。

教授開進一條狹窄的馬路，抵達一片新月型的海灘。越過海洋便是兒島，圓圓的帽狀，上面的叢林深綠。幾個漁夫在海灘休息，皮膚黝黑，年輕而慵懶。我們接近他們時，他們幾乎沒有動，展示某種類似老虎儲存精力的模樣。這段會晤大概是這般進行的：教授大步走向前；他想要乘船到島嶼去。他們說，這可以安排。多少錢？他們聳聳肩。有人出了一個價錢。教授告訴他們，他是東京大學的教授。漁夫聽了後不置可否，重複那個價碼。教授跟他們討價還價，先是跟團體，然後一對一。他們沒有改變價碼。東京教授並不是南九州漁夫的對手。我們付了最初講好的價碼搭船過去。

高杉教授搶著要替我付船費，但我拒絕。這是這趟旅行中，我唯一堅持自己付費的時候。我們的船長渾身都是肌肉。他有個長長的馬尾和埃洛佛林[13]般的鬍子。我想：如果海盜想搶我們的船的話，船長絕對不會讓他們得逞。除非我們的船長就是海盜，那我們就得自求多福了。

船身的白漆斑駁，雖是一條慢船，馬達聲卻大得不得了。船長講話得用叫的才聽得到。

「島上有大約九十隻猴子，」他叫道，「牠們被稱為日本最聰明的猴子。」

「怎麼說？」我喊回去。

「這個，」他說，「牠們在吃馬鈴薯之前會清洗它們。」

我原本想問他，清洗馬鈴薯如何能被界定為「聰明」。我是說，我都有清洗我的馬鈴薯，

13 Errol Flynn，一九〇九—一九五九年，澳洲演員——譯注。

但卻沒有人說我特別聰明。也許「日本見鬼的最聰明的猴子」是比較適當的頭銜。但我覺得我今天已經惹火不少人了，還是閉上嘴巴，少做評論比較聰明。被趕下車還好，被趕下船就慘了。

「兒島的猴子很野，所以不管你做什麼，**不要直視牠們的眼睛！**如果你帶有食物、飲料或有價值的物品，記得把它們留在船上。」

漁夫將船停靠在最平滑、最圓的圓石旁，我們攀爬出船，海浪起伏不定，拍打在小船上。「我等會兒會過來載你們。」他說。他將船轉個身，船後噴出一陣黑煙後前進，就像烏賊噴出墨水一般。

越過巖石崎嶇的一段海岸長路，經過嚇人的攀爬後，直抵一小塊海灘邊的空曠地。猴子們聚集在海灘，被散布一地的種子、馬鈴薯和看起來是玉米芯的東西吸引出叢林。猴子體型嬌小——只比家貓大一點——身色棕灰，尾巴很短，滿是跳蚤。

這是我第一次沒有隔著籠子觀察猴子。牠們像動物園的猴子一般，以手指關節行走，而且看起來也很難聞。我觀察了牠們數分鐘，馬上做出一項重要的社會觀察：猴子們是悲慘的小雜種。牠們整天咀嚼、尖叫和欺負彼此。社會階層不斷接受重新肯定，脾氣乖戾的老領袖在海灘四處徘徊，尋找小型的猴子欺負，幼猴則遭到每隻猴子的敲打。社會互動充滿殘酷手段和脅迫；甚至那些替彼此梳理的猴子，顯然也在說鄰居的壞話。

所謂猴子間的和諧只是空話。每隔幾秒鐘就會有一隻猴子猛咬別隻，而被咬的猴子則會拚命尖叫著逃離，淒厲得恍若正在鋸金屬板的鏈鋸。這些小生物聚集在一起並不有趣，而是一片混亂。吵雜的混亂。我倒很喜歡幼猴；牠們張大眼睛，不明瞭周遭的世界，緊緊掛在母親身上，煩躁地咬著皮革般的乳頭。每當一隻壞公猴趕走牠們的母親時，牠們就緊緊地抱住母猴，深怕沒命。

猴子不打架的時候，便蹲伏成一團，從彼此的毛髮間挖出看不見的蟲子，然後下巴誇張地咀嚼著，好像牠們吃的是太妃糖，而不是塵土大小的昆蟲。（你需要咀嚼跳蚤嗎？你能咀嚼跳蚤嗎？你應該有辦法將跳蚤吞下去，對不對？）

那不是一個整體主義的社會。許多猴子在挖肛門。有時彼此丟黏黏的排泄物洩憤。有時牠們對著我們這些觀察的人丟。欺負弱小加上個人衛生習慣差：就像高中的體育課。

我在那邊的時間內，根本沒有看到一隻猴子清洗該死的馬鈴薯。

教授和他太太在做筆記，並計算猴子的數目。我則到處走走。海灘上有片小溪的沖刷地，我循著小溪走進一片交錯的藤蔓中。我在一塊空地上看到一棟被棄置的三夾板建築物。沒有人住在兒島，所以這個破爛傾塌的建築一定是老舊的研究站。

叢林的藤蔓緩緩纏住這間破爛小屋，看起來只要踢它一腳，它就會垮下來。一隻高傲的老猴坐在波浪型的錫板屋頂上盯著我看，眼中帶著毫不掩飾的敵意。我看了牠太久，牠突然躍起身子，露出牙齒，發出可怕的叫聲。我想逃跑時，卻摔了一跤。好在老猴只是在虛張聲勢，隨即搖搖擺擺地走開。我單獨留在當地，聞著叢林的綠葉氣息，渾身是汗，驚魂未定。

叢林裡有股霉臭味和潮濕的腐朽氣息。一棵樹倒在小徑上，成為一塊浸滿水、蕨類叢生、充滿雨林糞便的樹幹。就在我跨過它時，有樣東西順著高高的雜草爬過我的腳踝。

我嚇得凝止不動，一個腳丫抬起，手臂平舉，姿態活像是功夫小子。我從胸口聽到一個聲音尖叫著：「喔，慘了。」我毫無希望地被困住了，除非有人前來解救我，或等到我的腳撐不住後跌倒。一條蛇就在下面，靠近我的腳丫旁邊。我整個人僵直地站在當地，腦中瘋狂地閃過好幾個念頭，可惜可供選擇的並不多。

我最後以唯一合理的方式解決我的進退維谷：我沒有踩到地面地跑開。這當然不是真的。我的確有踩到地面，但步伐快速，雙腿舉得老高，彷彿跳了一場當地島民的幽默恐懼舞蹈。我還一路尖叫：「走開走開走開走開！」彷彿這條特別而嚇人的蛇有進化出耳朵來。

我絕對不是做探險家的料子。令人尷尬的是，我是李文斯頓[14]博士的直系子孫（這是真的）。那位傳奇的探險家以「我假設」而聞名。他的玄孫僅為聽到蛇的聲音，而不是看到一條蛇，就尖叫著逃開，一定令這位博士在墳墓中輾轉難眠。

我在心裡下了判斷：公路好，叢林不好。當你在公路上時，蛇會被來往的車輛壓扁，你只需擔心機率不大的對撞。這個在統計學上雖然比較危險，總沒有一條蛇沿著褲管爬上身來的想法嚇人。在日本的大部分地區，你必須小心惡名昭彰的マムシ（mamushi，蝮蛇）。而許多其他的蛇則一點也不危險，除非你把由恐懼引發的冠狀動脈血栓症算進去。我問過我的老師同事，你如何分辨蛇有沒有毒，他們說很簡單，只要找有沒有五圓硬幣大小的棕色圓圈就可以了。我謝過他們的指點，將這資訊歸類為「毫無用處」。如果他們以為我會靠近蛇到能認出硬幣的地步，他們就太低估了我的恐懼。

我的心跳仍在耳邊狂響時，我回到海灘，老天！我真高興看到教授和他太太，老天！我對他們正在做的事變得非常有興趣。「你們現在在幹什麼？收集猴子的大便！真棒！」我便亦步亦趨地跟著他們，直到船回頭來接我們回去。

教授和他太太要到更南的都井岬的旅館住宿。讓我驚訝的是，他們邀請我前往，這也許多少只是出於一種責任感。「你會喜歡都井岬，」他太太說，「那裡景觀美麗，有一座燈塔，還有野生馬。」

都井岬的野生馬是被馴服的小馬，牠們從你的手上吃東西。我記得右田先生在離別時給我的忠告（「一定要看看北海道的馬！」）。我覺得奇怪的是，他覺得遙遠北方的馴良動物非常富有異國情調，卻對他家附近的半野生小馬視而不見。我想這是身在福中不知福；住在富士山附近的民眾也早對它視而不見。距離有它自己的魅力——這是像磁鐵般吸引旅人往前的原因，而北海道位於日本九州的另一端的這個事實，一定也很吸引右田先生。

我從來沒有去過都井岬，我很想去。也許我可以在草兒茂密的高地上搭帳棚。但不行，這樣是倒著回頭走。都井岬正好在到鹿屋的半路上，我想如果我又去敲右田先生的門，他一定會很失望，然後我的旅行只是變成在佐多岬繞了一圈。這就是目的地的問題，它們主宰一切；它們排除意外，凌駕於一切。我不是自由自在的流浪型旅人，事實上，我的旅程直線進行，它切過日本的中心，幾乎成為一條直線，從終點到終點，岬角到岬角。我一心一意要完成它，也沒有勇氣改變行程，於是我拒絕了教授的提議。

14 Livingstone，一八一三—一八七三，蘇格蘭傳教士、非洲探險家——譯注。

他們駕車離去，很高興能放下我這個重擔。我則坐在海灘，看著天色轉黑。

# 10

黃昏靜默如塵土般地降落。漁夫慢慢離去，他們船上的小小燈光逐漸暗去，讓人感傷不已。氣溫驟降，海風開始吹拂。半月高掛天際，星星一個接著一個出現，先是金星，然後，散布四處的星座緩緩浮現。一棵高高的棕櫚樹在風中飄揚，像僕人的扇子。

我沒有搭起帳棚。天空清澈。我早先曾注意到一個小鳥居，後面有一條小徑通往山頂上的神社，如果下起雨來，這正好可以成為臨時的居所。我曾住過神社，而且它們住起來很舒服——也許有時候是太舒服了。有次在沖繩遇到一場豪雨，我在一座小神社裡躲雨，結果發現半徑十哩內的蚊子、青蛙、蜈蚣和蜥蜴心裡都想著同樣的點子。熱鬧非凡。我被擾人的生物環繞，花了好長一段時間才勉強有點睡意。然後，就在我快睡著時，我想到一件事：蛇也會躲雨嗎？這念頭一來就糟了。我在其餘的時間內僵直地張大眼睛躺著，聽著所有聲響和動靜。

幸運的是，海灘上沒有長滿會藏毒蛇的植被，我毫不恐懼地攤開睡袋。月光照得一片蒼茫，我彷彿墜入發黃的黑白照片之中。猴子的叫聲從海邊傳來。我躺在沙灘上，看著繁星，感覺到地球在我身下旋轉。如果你仔細傾聽的話，你會聽到滑輪和繩索的嗚咽和嘎嘎聲響，地球轉動著，所有的生物都緊緊依附著它。在一個令人暈眩的心跳瞬間，我彷彿墜入深淵，掉入一片空無之中。

我曾經認識一個女孩，她叫瑪麗安。她從蘇格蘭來到日本，我們相偕去韓國和日本旅行。我們爬過火山的岩架，在沖繩的各個島嶼間遊走。我們在空曠的海灘度過這樣的夜晚：我們喝了很多啤酒，做了很多愛，然後她離開，返回蘇格蘭。她離開，而我留了下來，故事到此為止。

有時候，我痛恨日本。我痛恨它不是一個讓人能輕易離開的地方。有時候，我覺得我正自地球墜落。也許，當人們自地球墜落時，他們降落在日本。

我並沒有相思病也沒心碎。只是在像這樣的晚上，在繁星點點之下，聽著海浪沖刷上空曠海灘的啊和嗯聲，我的心思很自然地轉到一個留著棕色頭髮、有著溫和笑容的蘇格蘭女孩身上。晚上當我作夢時，她總是大笑著變成一片燦爛的陽光。我醒轉時，感覺像是回到地面的風箏，讓它飛揚的風消逝了。

半月占據天空。繁星遙遠，而島嶼近在幾呎之內。我在那躺到幾乎天亮。我在日本的海灘上，不斷想著瑪麗安的身影，像把玩和翻轉一顆手中的石頭。記憶變得模糊而片段，最後只剩下斷斷續續的回憶和朦朧的失落感。不是感情，而是感情的記憶。渴望，鄉愁，尖銳的懊悔，刺痛胸口。

## 11

潮聲把我喚醒，天空是一片櫻花般的柔和粉紅。晨風帶來床單剛剛清洗過的味道。森林裡，鳥兒們在開著早會，顯然已陷入一片怒罵和叫囂之中。我坐起身，伸展四肢，試著將沙從我的頭皮彈開。我的嘴巴、腳趾間和皮膚上都有沙粒。我用手指刷刷牙齒：清晨的口氣一點也不清香。我爬出睡袋之後，用力甩了幾次睡袋，然後便四處跳動，試著將沙拍離我的身體，我像跳有氧舞蹈般地瘋狂拍著。至少我是醒來了。

海潮在晚間退去，退潮在沙灘上留下潮濕柔軟的沙地。我走到水際間，向大海遠處張望，並沉思生命的意義。

叢林鳥類的早會突然結束，牠們刺耳的吵雜聲響陡地停止，就像聲音開關忽然被關上一樣。接下來是海鳥的鳴叫，牠們低低地飛在海面上，轉著大圈子。遠處，傳來引擎排氣的軋軋聲響，然後越來越近，越來越大聲。海鷗群集飛起，昨天的漁船再度映入眼簾，沿著碼頭停靠下來。年輕人關掉引擎，恢復慵懶的姿態。保留的精力。一種強烈的無聊使得他們幾乎蔑視整個世界。

「早安！」我在走下碼頭時說。他們發出咕噥的聲音或點點頭，做出最簡單的回禮方式。

我想詢問回到公路上的方向，但他們對出海比較有興趣。坐船過去要多少錢？只有教授出的一半。也許是因為他們現在認識我了。也許他們認出教授的東京口音。都無所謂。我對造訪島嶼不再有興趣。

一輛遊覽巴士停下來，輪胎壓著石粒軋軋作響。車門忽地打開，一打左右的男人陸續鑽了出來。他們是一家農業公司的成員，漁夫們壓著聲音說：「種番薯的。」他們正在遠足。一名導遊戴著白手套和拿著一根旗子，領著他們走過路旁到碼頭的那十呎路，並高舉著旗子，免得有人迷路。我仔細觀察農業公司的上班族和船夫間的互動。農夫和漁夫之間恍若有天壤之別。收穫對漁獵;海洋對種子。

日本是漁夫,也是農夫。它是島嶼文化,但也擁有農夫的耐心(和疑心):對四季、長程計畫和收穫感到著迷。海洋束縛著他們。田野界定他們。正因為日本在內心深處仍然是個農業國家,所以日本的城市滑稽而拙劣。這情況當然正在改變。城市變得更乾淨、更有綠意、更舒適,而村莊正在死亡——但那是一種緩慢的死亡,也不是不可避免的。過於浪漫的人大聲抱怨和悲嘆日本村莊之死,但日本正尋找到一種新的平衡點。高唱輓歌的時間還太早;農業的精力並沒有用盡。

海浪將船身推地搖來搖去,農夫們費了好大的勁才上了船。引擎開始隆隆作響,漁夫們開著船離開碼頭。「島上大約有九十隻猴子,」我聽到漁夫大叫,試圖蓋過引擎的聲音。「牠們被稱為是日本最聰明的猴子。」然後,在任何人發問之前:「牠們在吃馬鈴薯前會先洗乾淨。」

## 12

「再見,老外先生。」我經過南鄉村(Nango)時,一位女士如此跟我道別。「再見,謝謝妳。」

我曾有一陣子對別人稱呼我為「老外先生」(gaijin-san)而感到不悅。「外人」意味著「局外人」,是「外國人」(gai-koku-jin)的簡稱。當外人加上字尾「桑」(san)的時候,它意味著局外人先生。這是那位南鄉村的女士稱呼我的方式。大部分的日本人堅稱「外人」僅只是一種簡稱，沒有種族歧視的意味，但他們錯了。就像gringo[15]一樣，「外人」也略略帶有貶意。當我問我的日本朋友，如果我用一個類似的簡稱——Jap（日本鬼子）——稱呼他們時，他們會有什麼感覺。他們聽了後，總是咬緊下巴，堅稱這兩者截然不同。

像大多數住在日本的少數民族，我也有過過於敏感的時期。在剛開始的幸福感消退之後，你才恍然察覺到，「嘿！每個人都在談論我！他們在看我。他們以為我是什麼，外國人或什麼東西嗎？」

我們變成老外感測器。那就像一個靜靜叫狗的口哨。我後來敏感到能在擁擠的街頭上，聽到「看，一個老外！」的低語。它靜靜迴盪在半徑五十哩的所有人之間。

即使在我能了解日文後，我還是遭遇到難題。神道神社的**聖所「內陣」**[16]的發音就像**老外**。我記得在京都參觀一座神社時，一群觀光團就停在我身後。導遊指著我的方向說：「你可以看到前方的內陣。這種內陣非常稀少，請大家安靜並表示尊重。不准照相。閃光燈會傷害到內陣。」但我聽到的不是「內陣」，而是「外人」。那是一個非常超寫實的時刻。

現在回想起來，有關日本的最大文化震撼不是筷子或生章魚，而是發現不管你走到哪，你都立即會成為話題。剛開始你會覺得驕傲。你感覺像個名人。「抱歉，今天不簽名，我在趕時間。」但沒有多久後，你便會察覺，在日本，外國人不是名人，而是好奇和娛樂的對象。這是個壓力很大的情況，有些比我堅強的人都受不了。

但把這些事寫下來又顯得很瑣碎：他們盯著你看，在你經過時發出大笑聲，說著「哈囉！」他們說「外國人！」他們甚至說：「哈囉，外國人！」但這就像是中國的水刑，逐漸消磨你的意志力。這類無情的興趣將許多外國人從日本趕走。

這還算好的。我試著想像局勢轉變的情景。我想到我那在加拿大北部的山區家鄉，納悶在當地酒館裡，那些表情惱怒和終日遊手好閒的人們，會給跑進酒館的單獨日本旅人什麼樣的歡迎。

我仍然痛恨老外這個字，我仍然討厭人們目瞪口呆地盯著我看，或小孩成群跟在我身後，嚷著：「看，一個老外！老外！」但我也學到一個重要的區分，這使我能保持腦袋瓜的冷靜。一位高中老師同事荒木先生曾跟我解釋過，「外人意味著局外人，但外人桑，」他堅持，「是種暱稱。」的確如此。當我開始注意到哪些人用外人，哪些人用外人桑時，我發現荒木先生是對的。外人是種標籤，而外人桑是種角色。

在日本，人們常被提及的不是他們的名字，而是他們所扮演的角色：警察先生、郵局先生、店主先生。作為一個外國人，你所扮演的角色是老外居民，雖然這聽起來像喝醉的城鎮或白痴村一般可笑。你學會接受你的位置，甚至將它當成你適應日本的標誌——即使令人十分心煩意亂——然後你開始覺得日本也很有趣。

15 外國佬，西班牙人和拉丁美洲人用來稱呼英語系國家人的蔑稱——譯注。

16 naijin，神社祭祀主神之處——譯注。

# 13

田村真弓和藤崎明美正開車要前往都市，去聽一個日本搖滾樂團Blue Hearts的演唱會。真弓和明美是興高采烈的年輕女性，我們一起試著將我的背包和龐大的身軀擠進她們車輛後頭很小的後座內。（我們開車時它似乎越變越小。）我的膝蓋直抵著下巴。明美轉身和我聊天，真弓將車子開上公路，往宮崎（Miyazaki）的方向開去。

她們原本想和我聊日本流行音樂，但我只知道幾個樂團的名稱。我問她們Blue Hearts是否是有名的樂團。不，並不真的是。那她們喜歡Blue Hearts嗎？不，並不真的喜歡。我不免露出一臉迷惘的神情，她們大笑著解釋，在南九州的日子過得很無聊，可做的事不多，所以一有機會，她們就要好好玩玩。

太好了。我坐上了蒂瑪和路薏斯[17]的車。沒什麼關係，只要她們別把車開衝向懸崖就好。開車的真弓會說英文。她以極大的決心，趁下午、工作空檔和晚上去念英文。她在靠近都井岬的一座旅館裡當女侍。她是單身又收入頗豐的女性——日本人稱她這種女人為「世界旅人」。日本男性上班族哲學的尖銳諷刺之一是，日本男人在放長假期間仍然沒辦法好好去玩。相較之下，日本年輕女人領的薪水也許很少，又不受到重視，但從許多層面來講，她們擁有較多的自由。工作很少是她們生活的重心，她們成為日本新一批的旅者。日本男人不擅旅遊，一到國外就窘態百出。相反地，日本女人比較有世界觀：她們比較不怕外國人，冒險心也較為旺盛。

這個日本女人新發現的世界觀是「成田離婚」現象如此普遍的原因之一。在蜜月期間，年輕的丈夫懊惱地發現，他的太太比他世故、充滿自信，並且在國外比他更能如魚得水。他也發現他的武士精神，在他一旦離開日本後，就變得毫無意義。年輕的太太在另一方面則注意到，她先生的世界觀如此狹隘，舉手投足之間如此裝模作樣，又如此無能。因此，等到他們一旦回到東京的成田國際機場時，已經無法忍受再看到對方一眼。幸運的是，在日本，結婚證書通常要拖到儀式結束後很久，等蜜月旅行過後才簽字。這成為一項極方便的藉口。從第一次旅行的災難中回到國內的夫婦，能在成田分手，永遠不需要再見到彼此，而婚姻則自動地被取消。

真弓去加拿大和歐洲旅行過，她現在要去倫敦，這次她要帶明美去。在某種程度上而言，真弓和明美的關係就像前輩（senpai）和後輩（kōhai），老師和學生的關係。在日本，兩個個體之間的絕對平等相當罕見。一個人總是年事較大、經歷較豐或閱世較深。這可適用於世界上任何一個地方，但它在日本得到非常大的重視，前輩／後輩系統成為每種關係的基礎。它並不總是很明顯，但你越適應日本的瑣碎關係，便越容易觀察到這點。前輩／後輩系統並不是一種敵對的主人／奴隸關係，雖然有時它確實淪落到此地步。更適切地來說，它是一種知識傳遞的方式。在武術界或公司訓練中，這種位置更為明顯，甚至在朋友之間，大家對誰是前輩、誰是後輩都有種默契。（每位後輩都期望有一天能變成前輩。）每個日本人都糾纏在——或你如果

---

17 電影〈末路狂花〉兩位女主角的名字——譯注。

有偏見的話，就說被教育成處於——不平等關係的網絡之間，在這裡是前輩，在那裡是後輩。

在真弓和明美的例子中，她們的友誼簡單地分成前輩（真弓）和後輩（明美）。真弓與明美同年，但她旅行的經驗較為豐富，見識較廣。但真弓並不主宰著明美，像大部分的日本人一樣，那只是她們覺得較為自在的關係。就像美國人對自然而然的滑稽感到自在一樣。

真弓和明美形成兩個人的社會。她們有一張帶她們遨遊世界的秘密地圖。她們跟我洩漏了許多她們不該說的事（我聽了也非常不自在）。當你搭便車的時候，人們將他們的生活一股腦兒地透露給你。他們開心地告訴搭便車的人，那些他們永遠不會告訴家人的事，正是因為你是一位陌生人，一個不久就要下車的客人，一位臨時的心腹。但我覺得身體位置也和這有些關係；你們的眼神很少交錯。駕駛看著馬路，而你同樣地看著前方，缺乏正常面對面對話的長期凝視。這幾乎就像晚上躺在床上和別人聊天一樣，聲音彷彿飄盪在空氣中，你會吐露任何事情。

一項重大的改變正在成形，日本女人成為破壞社會結構的忍者。在日本，它還無法形成革命的氣候，充其量只是種叛亂。它不是種對抗，而是種顛覆。真弓和明美正共同計畫一趟旅程。一趟去英國，然後環遊歐洲的旅行，換工作，低聲談到國外工作的事。秘密通道。隱藏的獸窟。逃亡。

真弓為明美展現世界的奧秘，它就像是用幾層絲布包裹的玻璃禮物。我想像以前的高級交際花也以差不多相同的方式，教導新手對世界大開眼界。你踏進一座孤島，察覺自己被各種新鮮經歷和可能性所包圍時，那是種感官的體驗。明美對新的事物，像一般人一般，有種不耐的恐懼。這個國外旅行對她而言，就像初吻一般。她在座位上轉來轉去，幾乎氣喘吁吁地問我世界的光景。

她問我對英國社會的看法。我雖然不是英國人，還是給她我的建議。（這是在日本當外國人最風光的時候之一，你成為從澳洲無尾熊到美國槍枝法律的專家。）

「英國真的很多霧嗎？」

「是的，霧很濃。」我說著，突然變成霧和一切相關事物的專家。

「霧既然那麼濃，人們怎麼呼吸？」

「你瞧，他們是英國人。習慣了。」

「英國安全嗎？」

真弓搶答了這個問題，口氣近乎惱火。「當然安全，我告訴妳多少次了，世界並不如日本人想像地那般危險。」

但明美想聽的是我的意見。「它真的安全嗎？」

「這個，」我說，「英國很安全，當然是沒有加拿大安全啦，但還是算相當安全。」然後我開始信口開河，扯出一堆刻板印象和國家特徵。明美在我說話的當口，匆忙記下筆記。等我們聊完英國後，我們繼續聊法國和瑞士——我從來沒有去過瑞士。但這阻止不了我。

「瑞士人很整齊。」我向她們保證。

世界真的很小，真弓和我發現我們有一位共同的友人：保羅·伯格[18]。保羅是個心情鬱

18 Paul Berger，一九五五—，美國作家——譯注。

悶、永遠困惑，從紐約來的放逐者，他寫了有關日本的一本書，《熊本日記》（*The Kumamoto Diary*）。

「我在搖滾氣球碰到保羅，」真弓說，「你知道搖滾氣球嗎？它在熊本市。」

我知道搖滾氣球嗎？搖滾氣球是個「老外酒吧」。在那裡，頹廢放蕩的外國人喝著便宜的啤酒，跳舞跳到性慾高漲，追求同樣放蕩不羈的日本人。我當然知道搖滾氣球。

我試著想挖出保羅的一點醜聞。他也許吹噓他是保羅・賽門（Paul Simon）的弟弟，想用這番話來釣真弓，或許，她曾把酒倒在他頭上，並重重地甩他一巴掌。但沒有，保羅是個完美的紳士。

「他說了很多有關蜘蛛的事，」她說，「他的公寓裡有巨大的蜘蛛。他非常害怕。」（保羅對蜘蛛有種非理性的恐懼。真令人尷尬。保羅幸運的是，我絕對不會在大眾面前，公布他這項恐懼。）

「他有提到他尿床的習慣嗎？」我問。

「他有嗎？」

「沒有。我只是想問問看。」

## 14

宮崎是個令人嘆息的城市。它充滿著過去的榮光。它曾是日本收入微薄的新人蜜月旅行的所在，一個窮人的關島。關島則是一個窮人的夏威夷。這使得宮崎離真正的榮華有兩道距離。它也是失敗者的城市，賭牌行騙者和江湖郎中的巢窟，以及讓人們重新開始的地方。主要街道旁林立著棕櫚樹。商家店面和新娘禮服廣告悲傷而浪漫。（飯店仍張貼著鞭打蜜月馬兒的廣告，而那馬兒已經死去很久了。）

宮崎有日本為數最多的賭場。大家愛去的是柏青哥（pachinko）。那是一種自我催眠。人們坐在明亮吵雜、煙霧瀰漫的大廳內，將銀色的小鋼珠不斷灌入彈簧把手。把手將小鋼珠往上彈，彈進台面——那是一種垂直的彈球機，但又缺乏使得彈球機免於淪為賭博工具的互動性質。當小鋼珠像瀑布般瀉落下台面時，玩家目瞪口呆地盯著球，嘴角叼根香菸。商店的名稱是從小鋼珠滾落時發出的pa-ching!聲音而來，這聲音不斷地在大廳裡迴盪。它是妓女的熱情。興奮感被誇大，響亮的鈴聲和明亮的燈光，結束時有種淡淡的不夠滿足的氛圍。你幾乎可以聽到柏青哥台面柔情地低語：「喔，是的，幹我，寶貝。我還要更多。」

柏青哥是日本現代景觀的災難，它們也是城市夜生活的海市蜃樓。你在一哩遠就可看到令人炫目的拉斯維加斯式招牌，吸引著你向前走去。它們從遠處看來很令人興奮，但一當你走近後，你才會發覺，該死！不過又是一家柏青哥。店門大開，裡面的聲音震耳欲聾。〈帝國海軍鎮魂頌〉高聲播放，小鋼珠滾落台面的聲音帶著種股票市場的瘋狂——直到你看到裡面僵直不動的玩家。那就像走進一部拍壞的僵屍電影一樣。

宮崎是柏青哥的中心。明美聳聳肩膀。在宮崎還有什麼事好做？我想我是問了一個不需回答的問題。在宮崎沒有什麼事好做，除了Blue Hearts演唱會或價碼過高的迪斯可舞廳。

但你仍然會喜歡上宮崎。它就像你最喜歡的阿姨，那個聲音刺耳，說話時吐著伏特加的味道，離過四次婚，跟年輕小伙子約會的阿姨。疲憊不堪、肩膀鬆弛、全身渾圓，但仍能使男人轉過頭去看的阿姨。我喜歡宮崎，就像某些人喜歡酒館和煙霧瀰漫的撞球室一樣。

棕櫚樹和寬廣的大街，遙遠海洋的腥味，淡淡的鹹水和威士忌的酸味：宮崎讓我聯想到邁阿密，但沒有手槍或毒品或古巴的放逐者或種族緊張或——讓我再想想，宮崎一點也不像邁阿密。但兩個城市都有那種被陽光漂白的感覺，鮮豔的色彩褪成淡淡的色調，海風吹來使人舒暢不已。

宮崎的市中心悶熱不已，也就是說，一切如常。我再次汗流浹背，汗水像油般黏在我的皮膚上。真弓和明美用手帕按按額頭。她們同意今天非常熱。宮崎的櫻樹似乎枯萎，花朵像汗珠般有氣無力地垂下來。真弓和明美提議帶我去賞櫻的公園時，我選擇了生啤酒和冷氣。

真弓找到一家專賣南蠻（nanban）炸雞的餐廳。南蠻炸雞是宮崎的特色餐。店主驕傲地告訴我們（我覺得他的驕傲沒有道理），南蠻炸雞是在宮崎發明的，雖然想出將炸雞沾美乃滋這道工程要花多少腦力，顯然值得商榷。日本每個地方都有特色餐。在下北半島的北部是野豬肉。在盛岡（Morioka）是小口小口的麵，吃這道菜的時候不像在用餐，反而像在比賽。在我住的熊本縣，特色餐是馬刺（basashi，生馬肉）——這是真的——就是生馬肉。保羅・伯格曾經指出，西方人吃生馬肉的唯一問題是：一、它是馬肉，和二、它是生的。我第一次吃生馬肉是在我剛抵達熊本的時候，大家為我開了歡迎派對。我問一位老師，我吃的是什麼時，他掙扎了一會兒，小心地用英文回答：「這是馬肉。」我和藹地糾正他：「不，鈴木先生，在英文它稱做牛。」他皺皺眉頭，然後說：「不，是馬。」他發出長而尖銳的嘶叫聲，並以雙手擊拍大腿來模仿馬兒大步跳躍的聲音。「馬，」他又說了一次。當然，在此時，我已經衝到廁所裡，試著用一根手指伸入喉嚨，將我的大餐挖出來。

當日本其他地方的特色餐是生馬肉或海帶捲時，只有宮崎聲稱是南蠻炸雞，簡直像是日本食物中的麥香堡。可憐的宮崎。連它的特色餐都是二流貨色。

這並不是說南蠻炸雞不好吃。它很好吃。它是日本的流行菜色，每個外帶店和便當店的菜單上，都有這道菜。它幾乎是家庭連鎖餐廳，如Sunny-Land和Joy-Full的主菜。南蠻是由「南」與「蠻」兩個字組合而成，指的是於十六世紀在南日本登陸的那些耶穌會傳教士。顯然這些葡萄牙傳教士和隨之而來的商人很喜歡吃炸雞。後來，荷蘭商人引進美乃滋，混在一起，就成了南蠻炸雞——或更適切地說來是「野蠻人式炸雞」。沒有錯，野蠻人。

你也許想要停頓想想，如果你在西方開了一家餐廳，店內提供「日本鬼子麵條」或「黃禍壽司」會引起怎樣的反應。日本連鎖餐廳想都不想地將一道菜稱做「野蠻人式」的作法，暴露了日本人對外人的敏感度——或說缺乏敏感度。告訴你，這還算好的呢。他們盡可以把這道菜叫做大鼻子炸雞、圓眼睛炸雞、體味難聞炸雞、製造不出好車的笨蛋炸雞。

真弓、明美和我吃完午餐，在餐廳外的購物中心道別。演唱會就快開始了，但她倆對觀賞任何叫做Blue Hearts[19]的樂團似乎沒有特別興奮之情。

19另一意為「憂鬱之心」——譯注。

# 15

宮崎市北部的十號公路蜿蜒漫長，有著許多交通號誌和交叉路口。我走了很久。我的舌頭滿是汽油、柴油和塵土的味道。汽車不斷隆隆駛過，聲音震耳欲聾。在排氣的煙霧和交錯的電話線之上，我突然看到一尊自由女神像，為一家圍巾店或柏青哥做廣告。也許那是自由女神像沒錯，也許那是我的幻覺。一氧化碳會使得你頭昏腦脹。更糟糕的是，我的背包顯然是為太空人設計的。它有釣鉤、滑輪和許多夾層。但不管我怎麼弄，它就是不能背直。我開始抓著背帶，它像一個喝醉酒的水手般斜靠在我背上。

尖峰時刻像緩慢的海潮般來了又去，但我最後還是搭到便車。駕駛是位叫做丸山公則的年輕人，骨瘦如柴，對著我咧嘴而笑，讓我想起我的高中學生，雖然他早已畢業好幾年了。公則開著一輛破舊的卡車。我不確定他載的貨物是什麼，但我想管他的，走私槍枝或毒品也許可以改變一下步調，所以我爬上車。

他打開車門，聳著眉頭將外帶的咖啡杯、手套和沾滿灰塵的報紙挪到一邊去。

「你在旅行嗎？」然後他告訴我，他長途開車的故事。去年，他在一個禮拜內就開了五千公里，單獨從東京來回開到長崎。

「做生意？」

「不，不是，」他向我保證，「是去玩。」

他對我的旅遊計畫感到相當洩氣。他向我保證，一旦過了下一個鎮，也就是延岡（Nobeoka），我將會搭不到便車。那裡什麼都沒有。只有森林和山丘。不，他不喜歡我的不利局勢。日本人就是不載搭便車的人。當然，他停了車，但那是因為他自己是個旅人，所以他能了解我的立場。他去年花了九小時從大阪一路開到北九州（Kitakyushu）。不壞吧？他還做了從東京到青森（Aomori）的單獨來回旅行。中間都沒有停，只停下來加油和吃飯。不，不，不是為了做生意。那是假期。

原來，公則不是專職的卡車司機。他為一家柏青哥工作。當我搭他便車的時候，他正運送一批有瑕疵的柏青哥機器台（玩它們的顧客老是贏）到延岡市的服務中心去維修。

「我家」——他使用對公司的暱稱——「是二十一世紀柏青哥。你知道這家嗎？」

我怎麼會不知道。他們拆掉位於我所住的水俣市中心的一排破爛老舊商店，然後蓋起一片拉斯維加斯式的怪物，螢光燈和磨亮的黃色鉻鋼閃亮得讓人刺眼。浮華。龐大。振耳欲聾。沒有靈魂。我熟知二十一世紀。我一直在等著社會工作者和揮舞著標語的抗議民眾前來抵制工地，但沒有人出面，我便眼睜睜而悲哀地看著小城市的心臟地帶遭到摧毀。在某些方面，我想這些高聳、光滑而毫無靈魂的建築物是新世紀的先驅。

「是的，」我說，「我知道二十一世紀。我住的地方也有一家。」他很高興聽到這項訊息。他的家庭很大，到處都有。

延岡會是我的滑鐵盧。至少，公則是這麼覺得。他載我到最靠近赤玉鳳凰柏青哥的十字路口。「你搭不到便車的，」他開心地笑著說。我調整一下背包，試著不對他咆哮。

我搭到那天的最後一趟便車。一位年紀稍長的紳士，木庭浩波，將我載到佐伯的渡船碼頭。他一路拚命嘆息，當我問他今天過得如何時，他說：「有什麼好說的？」

他今天已經開了很久的車，現在正在回程上。他似乎很疲憊，一副筋骨痠痛的模樣。「是工作的關係，」他說，「我有點無法適應。我並不真正屬於南方。我是從日本中部來的。名古屋市（Nagoya）。那裡有一座城堡，金色的魚端坐在屋頂，你知道這座城堡嗎？那是一座美麗的城堡。當然是重建的。戰爭，你知道。」

延岡北部的公路經過陡峭的常綠樹和香柏森林。這幾天來，緊跟著我的熱浪消褪而去，天空是一片淡藍色。我們駛過一座寺廟、一條小徑，襯在綠葉中的淡色櫻花飛快地閃過眼際。

日本的櫻樹種類超過一百種。如果你將混種的品種加入，這數目會增加至三百種。有些櫻花長得一簇一簇地，就像迷你的菊花（八重櫻，yae-zakura）；有些枝幹細瘦、花朵叢密（江戶彼岸櫻，edohigan-zakura）；有些如柳樹般低泣（枝垂櫻，shidare-zakura）；有些嬌小而精緻（丁字櫻，chyoji-zakura），有些是鮮豔奪目的紅色（緋寒櫻，kanhi-zakura）。有些在櫻樹的根部長出如野花般的櫻花，有些則像簾幕般隨風飄揚。有些長得像冒泡的香檳，有些則捲鬚交雜。有些很早盛開，有些則遲遲綻放。有些高聳細瘦，有些短小粗矮。櫻樹的樹幹從手指般細瘦到圓徑超過十一公尺不等。有些枝幹長得過於沉重，得用木棒支撐才不會斷裂。在神社內，數百棵櫻樹被視為神祇，圍上注連繩，受到敬重。有些則被指定為天然國家財產。這些都是櫻樹。

日本標準櫻樹（染井吉野，somei yoshino）並不是純種櫻樹，而是經過不同櫻樹的混種之後所產生的，此類櫻樹開的櫻花數量最為眾多。這是為什麼大部分的日本人堅持，日本的櫻樹要比世界其他地方的來得美麗的原因。雖然這些櫻樹現在已成為日本的代表，但它們是相當新的品種，只可回溯到明治時代（一八六七至一九一二年）。今天，人們講到櫻花時，他們想到的是人工混種的染井吉野櫻。日本的櫻花前線追蹤的便是染井吉野櫻的身影。但從前並不是這樣的。染井吉野櫻從前是山櫻（yama-zakura），長在山頭，花朵嬌小，枝葉茂密，開的花比較沒那麼多，但顏色較深。

日本傳統的山櫻在中部已被其他櫻樹所取代，但它們在南部仍然為數眾多。這裡，在九州的鄉下，山櫻仍然像油畫般地點亮森林。

「名古屋的櫻花讓人屏息，」浩波說，「我們每年都到名古屋城去，欣賞凋落的櫻花。我很懷念那座城堡。它的屋頂有金色的魚。在名古屋。」他在句子之間停頓良久，他的聲音如此輕柔，我彷彿在聽他的思想，而不是言語。「在我妻子年輕的時候，我都和她去城堡。我現在退休了，應該算是半退休。我來南方是為了工作。」

在日本換工作，就像在西方離婚一樣，令人痛苦而難過。浩波在名古屋的公司倒了，因此他跑到大分縣這裡來找工作，成為營建公司的業務。他給我一張名片。上面寫有公司的英文口號：**思考空間和明天**。我看到那個口號時發出輕笑，當時並沒有想太多。但後來，對我來說，它似乎變成現代日本的座右銘。思考的不是如星空般的廣大空間，而是孤寂與虛無。一個國家擁有二千年的歷史，卻奇怪地沉迷於未來和明天。更奇怪的是，它是擁有禪宗、俳句和茶道的國家。日本似乎一頭栽進現代性，我想最後的結局應該是好的，或至少說是無法避免的。**歡迎**

來到二十一世紀。

在將近一百年前，一位威佛瑞・勞利爾[20]宣稱，「二十世紀是加拿大人的世紀」。他當然是錯的，而加拿大人有很長一段時間，相信那個口號。二十世紀是美國人的世紀。但二十一世紀將會是日本人的世紀。在日本經濟這般停滯之下，它並不必然是國民生產毛額的大小，而是指它的前途和展望。日本沒有絕對的意識型態或基本的哲學。老舊世界的國家主義和部落聯盟對抗著未來的變化。奠基於傳統，為新奇而感到著迷。我想不出還有更適合後現代世界的國家。在定義下，日本呈現的是折衷主義。

**思考空間和明天**。它是個不錯的開戰口號，但一路打來則遍地傷亡。木庭浩波先生並不夢想著未來，相反的，他夢想的是家庭和昨天。禮拜天下午在有著金箔屋頂的城堡公園內。

「你太太也很懷念名古屋嗎？」我問。

「喔，我想是的。」他比平常停頓了更久，然後說，「我是個鰥夫。我太太過世了。」然後又說：「你去過名古屋嗎？名古屋城堡有著漂亮的金魚。那當然是重建的。但我還是懷念它。你去過名古屋嗎？」

這是他第三次問我這個問題。是的，我去過名古屋。但我沒告訴他，我並不喜歡那裡。它就像是另一個日本的大都市，但話說回來，我從來沒有住過名古屋。我沒有在那上過學，我對它沒有一堆記憶，我沒有在名古屋工作三十年，我太太的骨灰沒有葬在那裡。

浩波和我談著櫻花和春天，但那話題又扯回名古屋城。那裡開的櫻花最為漂亮。我覺得我們的對話就要淹沒在連串嘆息之間，因此我改變話題。

「嗜好？」他說，「我沒有任何嗜好。」

該死。隨後，他幾乎是毫不在意地說：「我倒是很喜歡相撲（sumo）。」

我最後終於找到可以暢所欲言的話題。我是相撲的死忠迷，對錦標賽瞭若指掌，追蹤明星的動態，花錢買相撲手印、相撲撲克牌和具有紀念性的相撲旗幟。我以愛國的熱情熱愛相撲。我想，我說這話時很客觀中肯，它是歷史上最棒的一種運動。在日本，臃腫蒼白的傢伙被視為男子氣概的代表。這不是很令人高興嗎？

相撲力士（rikishi）（「摔角選手」拿來形容力士並不恰當）是渴望和欣賞的對象。我個人覺得那是頭髮的關係。在十九世紀末期的日本劇烈現代化中，相撲力士是唯一被允許能保留傳統武士髮結的團體。力士將頭髮抹上油，整個往後梳，在頭頂梳出幽雅的扇形髮結，給他們一種參孫[21]的味道。當力士退休時，人們用金剪刀剪掉他的髮結，這個儀式代表他失去他的力量。

力士是龐大臃腫、強壯傲慢的男人。他們並不特別聰明。他們很會喝酒、玩得很瘋、咯咯笑起來時像小孩子一樣。他們是末代武士。他們為香油和汗水的味道所環繞。女人對力士投懷送抱，而力士想吃多少，就能吃多少。我怎麼樣也想在下輩子當個力士。

浩波和我討論前幾次的錦標賽，每場的失敗和勝利。我們選擇最喜歡的力士。浩波自然偏

---

20 Wilfrid Laurier，一八四一——一九一九，曾在一八九六年任職加拿大總理——譯注。

21 Samson，聖經人物，身強力大，但力量全在頭髮，有次被其妻偷剪掉頭髮後，便失去所有的蠻力——譯注。

愛日本北部的選手，我則欣賞南部的。為了某些不知名的原因，有很大一部分的力士來自於遙遠的北海道或南部的鹿兒島。他們打鬥的風格被形容成「冷」和「熱」，南方體型較小的力士以他們揮臂重擊的招式而聞名，而較龐大的北方力士則傾向於使用海象式的緩慢蠻抓。

相撲是日本的國家運動。它是宗教與儀式的綜合體。這運動起源於在慶典時節，娛樂眾神用的摔角比賽。現代日本的高級專業相撲比賽仍然在神社裡舉行，在每場錦標賽前，神官會為土俵賜福。錦標賽充滿著華麗的景觀和儀式。行司（裁判）的角色類似神官，力士則在每次比賽前灑鹽除穢。橫綱（yokozuna）則在精緻的出場儀式中，在小腹上圍著類似神社注連繩的護腰裝飾。

一場比賽鮮少超過三十秒鐘。有看頭的是它的表演性，深具爆發性又收斂有加。相撲並沒有照重量來分級，這意味著九十公斤的矮小男子可向重達兩百公斤的巨人挑戰，而贏的並不總是巨人。相撲講究的是降低的重心，因此選手們大吃特吃，養出渾圓厚重的腹部。但體型嬌小、出招快速、心思縝密的力士也能進入賽場，一把抓住體型較大的選手的腰帶，在轉瞬間，將他摔出土俵，讓他像紅杉般傾倒下來。

比賽就此結束。

浩波和我盡量不去碰及深入的話題。我們像一般男人般聊著運動。我覺得，旅人的心中都有一種恐懼和對赤裸情感表露的不安。我偏愛寬廣，而非深入，經驗多樣而非強烈經驗，數量而非品質。而日本有一種特質——它那僅停留在表面的沉思和商店炫目耀眼的燈光——使得你能掠過表面而不會沉到下面。日本不像某些國家一樣會吞噬你的靈魂，像印度、中國、美國。

日本是最適合搭便車的國家。搭便車的好處之一是，它是種短暫的經驗。你在進展中越過別人的生活，每趟旅程像快照般地飛逝，人們成為一連串的浮光掠影。我尋找的不是淨化或深度，反之，我尋找的是——什麼呢？我想，我是希望能在這些人群中，以某種方式找到對日本的了解，或至少是我在其中的定位。它不是一種追尋（quest），這個字眼太冠冕堂皇了。最好時可將它形容為一種需求，一種唐吉訶德式的渴望，最差時則是一種傲慢。

因此，我將木庭浩波留在他自己的人生、歡樂和小小的失敗中。他喜歡相撲，他想念名古屋。這就夠了。

## 16

佐伯市（Saiki）大都建築在填海造地的土地上。這給人一種低矮、單調的感覺。海港地區以棋盤式格局建造：正方形的街區、寬廣的大路和盒狀的建築物。在搭夜間渡船之前，我還有幾小時的空檔，因此，我毫無目標地在這個孤寂的小鎮裡閒晃。這是個雜草可能叢生的地方。招牌的邊緣生鏽，腐壞的魚腥味和柴油臭氣滲入每棟房舍之中。油漆像濕疹一般地掉落。奇怪的是，佐伯棋盤式的街道規畫反而容易使人迷路：它讓人感到困惑；每個角落看起來都很相像。我經過一家居酒屋，走了幾個街區，看到前面沒有有趣的事物，便轉回頭，結果迷路。走了一個又一個街區，我還是找不到那家居酒屋。天色漸暗，我寫下我不想居住的地點列表：佐伯、佐伯港、靠近佐伯港，以及佐伯。海港城市不是喧鬧地使人興奮，就是慵懶散漫、充滿著刺鼻的尿騷味和松節油味。佐伯則是後者。

我經過一個門口，嚇到了一個四歲左右的男孩。他的衣服釦子從足踝一路扣到頸部，他的母親絕對是過度保護的那一型。結果我的猜測正確，她匆忙地從屋內衝出來，以粗嘎瘋狂的低語跟他說：「小心！老外很危險！」我聽到這句話時老大不高興。但那小男孩不為所動。他站著，目瞪口呆地看著我。

「晚安，」我先對他，再對他的母親說。她擠出一抹虛偽的笑容，並稍微欠身答禮。她兒子此時像重新拾獲說話的力量般吐出「A-B-C-D！A-B-C-D！A-B-C-D-F-G-E！」

「很好，」我說，「你在幼稚園學的嗎？」

他回答道：「A-B-C-D！A-B-C-D！」

我很快地便感到厭煩。「你能用英文說哈囉嗎？」

「A-B-C-D！A-B-C-D！」

我恭喜他的語文能力，並跟他道別。他的母親深深地一鞠躬，以嚴肅的誠意說道：「非常謝謝。」雖然我不清楚她是為了我跟她兒子說話，還是為了我沒搶劫她，讓他們陳屍彼處，而答謝我。在這種時候，我總得壓抑我想狂叫「砰」的慾望，實在想看看他們會跳得多高，尖叫得多大聲。

然後，在下一個街角，我找到我先前經過的居酒屋，開門而入。

一個身材圓胖、圍著圍裙的歐巴桑站在櫃臺後面，當我進門時，她和店裡唯一的顧客交換了一下眼神。那位顧客很瘦，正在吃麵。他用力吸著麵，發出滋滋的聲響，一直小心翼翼地盯著我看。

酒吧上端是日本戰艦的照片，光可鑑人——不是二次大戰期間的驅逐艦，而是現代、擁有尖端科技的戰艦。在一張照片中，一艘陽具般的灰色潛水艇正浮出海面，甲板上全是海浪的泡沫，日本國旗在船尾或前甲板飄揚，我不曉得正確的海軍術語是什麼。老闆娘在忙著煮我的咖哩飯時，我沉思著這些照片的意義。我納悶，一個宣稱是「亞洲的瑞士」的國家，一個憲法禁止它參加戰爭、甚至擁有陸軍的國家，怎麼能製造出這些致命的戰爭機器出來呢？除非，這些並不是戰爭機器。它們是日本自衛隊的一部分。隨你怎麼說，它仍然是軍事建設。我對這沒有什麼疑問。你不妨設身處地地為日本著想。北方有北韓的彈頭對著你，旁邊又有瘋狂的中國在一邊叫囂，他們可是擁有著許多共產主義時代打造的核子彈——這表示有百分之八十的核彈在點燃時，不會爆炸。不幸的是，百分之二十的啟示錄仍然是〈啟示錄〉[22]。當你有這樣的鄰居時，維持尖端敏捷的軍事裝備是非常合理的。但為什麼日本人不就坦白承認？何必假裝呢？

「喂！老外！」那是另一位顧客。他對我說話的態度非常不禮貌。「老外！等一下！」該死。真倒楣。一個百分之百、徹頭徹尾的日本混蛋。我試著對他視若無睹，但他變得激動起來，說著含糊不清的大阪腔調。「喂！你喜歡船嗎？你是水手嗎？」

「抱歉，我不會說日文。」

「哈哈！」他大笑，發出討人厭、喉音般的聲音。他對老闆娘叫著，她正把咖哩飯端給

---

22 Apocalypse，聖經中描寫世界末日的篇章——譯注。

我，「奇怪的老外！」然後，他的眼睛瞇成一條線說：「我是日本人！」

「很好。」

「我是個日本水手。那艘船，」他用下巴點點一張照片，用英文說：「日本第一。」他發出冷笑，嘴唇像是鰻魚。

我們應該研究和發展面部表情的考古學。我確定，我們能將這種特別的臉部表情——這種鰻魚似的笑容——追溯到中國北部。它混合了傲慢、極度輕蔑和青少年的傲氣。在日本，它表達的方式通常比我現在面對的要微妙許多。有時它輕微到你幾乎沒有察覺。我有次遭到一位韓國的海關人員以這種冷笑面孔對著我三個小時，盤問的內容則相當荒謬。當你抵達中國時，你更常看到這種冷笑。在上海，它甚至在年輕女性之間非常普遍。等到你到了北京，它幾乎變成一種態度，而不再僅是面部表情。我相信，在長城之外的蒙古大草原上，存在著一個老舊凋萎的部落，它是這類冷笑以及潛藏在它之下的恐外症的源頭。他們住在茅屋中，咀嚼著獸皮，對著彼此吐著毒液。我很累。我對這類老式腔調和虛有其表的態度感到厭倦。

「喔咿！」我每次試著忽視他時，他就叫道。他喝醉了，或至少是假裝喝醉了。他又說了英文，「日本！第一！」他以食指強調他的重點。我則回敬以中指。「我同意，」我說，「日本第一！」但他沒有注意到，或不了解我的侮辱。我試著對他視若無睹時，他卻一路靠過來，說著日本海軍是如何地強大、英勇、優秀和偉大。因此我決定擊出致命的一擊。

「你是韓國人嗎？」我問。

「什麼？」

「你是韓國人嗎？」

他的表情難以置信，急急忙忙地說：「當然不是！我是日本人。」

「喔，沒錯。你有提到。只是，你看起來有點像韓國人。我想是你的眼睛，或是你的嘴巴，非常像韓國人。」就是這樣，我滅了他的志氣。

那是日本永恆的神秘之一：日本人是優越還是缺乏安全感？在他們內心深處：缺乏安全感或優越？優越或缺乏安全感？

「祝你有個美好的夜晚，」我微笑地說。那位可憐的男人如中風般呆坐在彼處，一輩子煩惱——**我看起來像韓國人嗎？真的？我像嗎？**——我付了咖哩飯的錢，起身離開。在我要離去時，我做了一件外國人在日本所能做的最殘忍的一件事——我嘲笑他；不是大聲笑出聲的那種，你了解，而是一種輕笑。我看著他，搖搖頭，然後咯咯輕笑。他的臉因氣憤而漲得紫紅。但好在，像一般日本人一樣，他沒有跟著我走出居酒屋，把我揍得半死。他只是憤怒地坐著。我離開。

那當然是種空洞的勝利。毫無疑問地，他現在會痛恨所有的外國人了。我也許使得日本和西方原本緊張的關係更加緊繃，創造惡業，濫用我做為國際親善大使的角色，使得人們不再以仁慈相待，並扼殺了某人的快樂。但管他去的，它值得我這樣做。

我朝著海港白色輝煌的磷光燈泡走去，走到渡輪繫繩的所在。一群男孩在佐伯的一個春夜中打發時間，在碼頭騎著腳踏車等渡輪離開。當他們看到我時，場面一度有點混亂。他們叫著：「哈囉！」「這是一支筆！」還有其他諸如此類的俏皮話。（或更正確地來說是，哈落！仄是一支鼻！）

「老外先生！老外先生！你要去四國嗎？你要嗎？你聽到沒有。他懂日文耶！再見，老外先生！再見！」

渡輪咆哮一次，兩次，引擎開始嘎嘎作響。車子開進渡輪，頭燈黯淡。「說些英文嘛！老外先生。老外先生，說些英文嘛！」

「我從來沒有吃過糞！」

我以這個注解，向九州告別。

# 第二章

## 繞圈圈

——四國和瀨戶內海

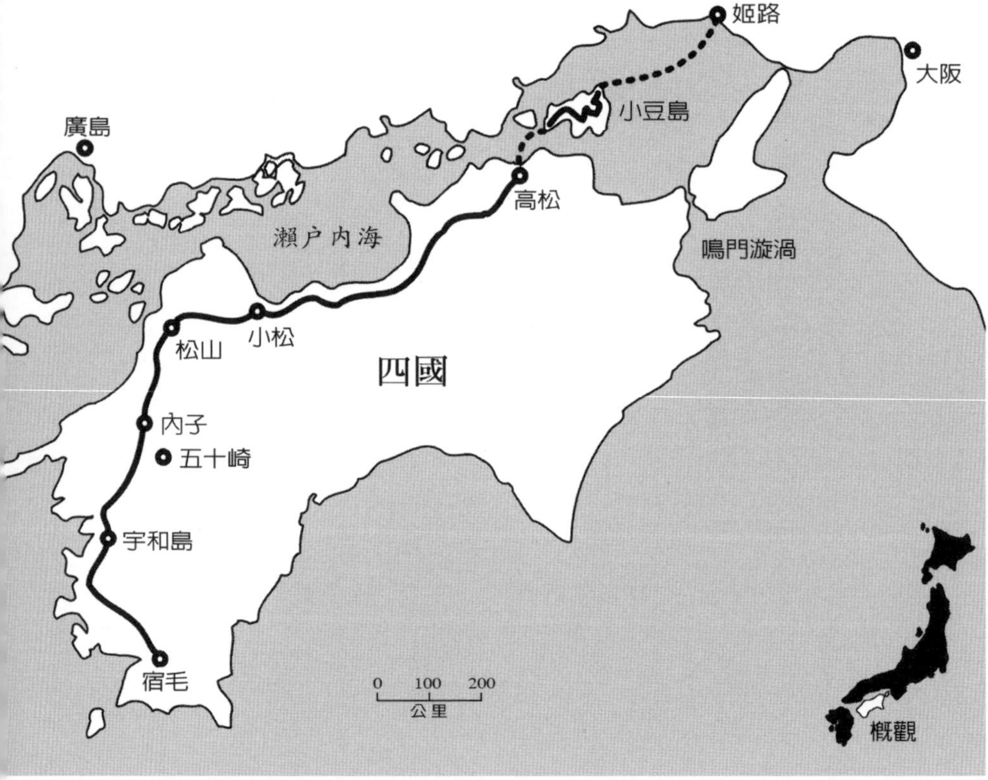
姬路
大阪
小豆島
廣島
高松
瀨戶內海
鳴門漩渦
松山
小松
四國
內子
五十崎
宇和島
宿毛
0 100 200
公里
概觀

# 1

門卡住了。我想是木材已經彎曲和滾輪生鏽的原因。我試了一會兒後，便順利將它推開。我走進裡面，檢查玄關的鞋子：投宿的客人會在旅館玄關脫下鞋子；藉由檢查在玄關排排放的鞋子，你可以知道這家旅館的特色和它所吸引的住客。如果你看見一排擦得光亮的上班族的鞋子，你知道你這晚鐵定會被吵得睡不著。（在日本，男人聯絡感情的方式是喝得爛醉如泥和大笑。）如果你看見一對對仔細排放的男女鞋子，你也慘了。短暫狂喜的呻吟聲自然沒有上班族喝醉的大叫來得明顯，但卻更讓人心煩意亂——尤其是在你單獨旅行的時候。日本旅館的牆壁很薄。你可以聽到其他房間的客人打鼾。如果你將耳朵貼到牆壁上仔細傾聽，便可以聽到情侶做愛的聲音。玄關裡最糟糕的光景，使我心生恐懼的是，好幾排的小孩運動鞋。這意味著一場學校遠足，你今晚是別睡了，將有大喊、悲鳴和撒嬌的尖叫，以及打鬧和拚命跑去上廁所。這還只是老師而已，學生更吵。

在宿毛（Sukumo）海港的旅館玄關是一排塑膠靴子，這情況是憂喜參半。它們是漁夫的靴子。好的是，他們晚上會睡得很熟。糟的是，他們在四點就會起床。那時會醒著的生物就只有魚和漁夫。

我叫著：「有人在嗎？」但沒有人回聲。

那是一座老舊的旅館，難以想像它也有過新的時候。大廳的月曆是四年前的月曆，玄關的木板擦得光可鑑人，而中間的走道則被來來去去房間的腳丫子磨得精光。空氣中瀰漫著發霉和淡淡的樟腦丸味道。

我再度叫了一聲，聽到後面房間有了動靜。一個老女人拖著腳走出來，腳上的拖鞋尺寸太大。她帶我到我房間，為我解釋洗澡的時間和廁所的用法，以及棉被收藏的地方。她的口音非常濃重。

我以日文回答時，她開心地大笑，拍著雙手，驚訝地說：「你會說日文！你真聰明，非常聰明。」（我說日文的方式就像熊在跳舞，不是熊跳得好得令人印象深刻，而是熊竟然會跳舞這件事。）

她再度恭喜我，臉上帶著微笑離開房間。我環顧四周，那是個非常簡陋的房間。一壺溫熱的茶水，萬一我想丟東西時可供我使用的垃圾桶，凹室（床之間）裡掛著一軸寒酸的老虎畫像。榻榻米上有香菸的燒痕，天花板上有水的印子。但，我仍然喜歡這個地方。它很有「特色」，就不提地板上幾個看得到的蟑螂陷阱了。我換上棉質浴衣，還是燙得過於僵硬。（日式旅館是怎麼回事？他們真的以為我們喜歡穿著木板似的衣服到處走動嗎？）我到樓下的澡堂，水還很熱，於是我脫去衣物，用肥皂洗淨身體，沖好水，然後爬進浴池。啊啊啊。如果真有天堂，而我會上天堂的話，我想像它是個有竹幕的日本澡堂，熱熱的蒸汽從水面不斷上升。

日本人覺得我們在澡缸裡洗澡的習慣有點令人嫌惡，他們不是無的放矢。我們傾向於吞下自己的髒水。在日本呢，你先把自己刷乾淨，沖水，然後吞下別人的殘餘物。當然不是髒水，因為你在進浴池前，應該已經洗乾淨了。只是，不是每個人都洗得很乾淨。如果你檢查任何一個日本浴池的水，你總是可以發現一或兩根頭髮飄在水面上，水中還有小片肥皂或皮膚。這有集體受洗的意味在內。

**我在和陌生人分享水**，我對自己說著，這句話似乎有很深的寓意，但我累得想不出來。

隔早，我邊打呵欠，邊走過宿毛的一家熱帶咖啡館。它最搶眼的地方就是它的名字。記得這條普遍法則，這是我剛剛才領悟的：**名字越響亮，地方就越無聊**。如果你看見一個地方叫「佛朗明哥俱樂部加勒比海椰子旅館」，你可期待大戰期間的緊急口糧、鳳梨汁和獨奏的尤克里里琴[1]。我點了「日昇慶典興奮早餐」：水果沙拉和炒蛋。我邊咀嚼，邊沉思地環顧房間。

唯一比搭便車好的事，就是**不搭**便車。我總是在咖啡館和停車場或其他大眾場所，找尋下手的目標。坐在我對面的男子似乎是個好目標。他整齊清潔，穿著公司的外套。我在窗口外邊看到一輛他公司的貨車。我傾身向前說道：「抱歉，你知道去幹道的路嗎？」

「當然。」

我等了一會。沒有反應。他顯然以為我只是在做一項觀察。「它遠嗎？」我問他，然後暗示他說，「我沒有車子，我在想從這裡走到公路上，可不可行。」

他從一碗味噌湯上盯著我。我對著他咧嘴而笑，希望傳達出一種易受傷害而又樂觀期待的表情。他嚼著飯，喝了一口茶。「好吧，好吧，」他最後說，「我會載你到公路上去。」

狡猾的旅人再度出擊。我對我的精明感到開心。

---

1 ukulele，一種吉他型四弦撥奏樂器——譯注。

# 2

宿毛是個狹長矛狀的城市，為海港所圍繞。令人驚訝的是，它是個鄉下地方。我們在都市裡開車經過沼澤和休耕中的田地。那位上班族在城市東邊的公路放我下車，不耐煩地轉個U型轉彎，開回宿毛城鎮。我的感覺很好。我前面的路寬廣而容易搭到便車。我料得很準，駛來的第二輛車便停了下來。那是一輛迷你廂型車，裡面坐滿了水手。

駕駛將車窗拉下，問我要去的方向。當我回答北海道時，他回說：「Uso！」它是一個日文的特別表達字眼，意義從「真的？」「別開玩笑了！」到「騙子」不等。

水手們穿著藍色的化學纖維的田徑服。這使得他們看起來像是一隊運動員，而非漁夫。他們彼此商量了一下，駕駛點點頭。我爬進廂型車內，越過膝蓋和手肘，還得把一位睡在後座的年輕人吵醒，我才能坐下來。他醒轉時，臉上帶著「我究竟在哪裡？」的表情，臉正好正對著我逐漸接近的臉。廂型車加快速度，我倒在他身上。等我將背包轉好位置，並安坐下來時，他已經醒來了。雖然仍然昏昏沉沉的，但還是醒來了。

他的名字叫做渡邊勇一，只有十六歲，是明神丸拖網船上最年輕的水手。明神丸正計畫往沖繩的南方海域出發。他們正要到西海町（Nishiumi），一個位於宿毛北方一小時車程的小漁港。

勇一很安靜，還是個孩子。很難相信他正要到外海上航行三個月。他說，已經有很多船出港了。有些船永遠不會回來。因為他年紀輕，又經驗很少，所以他是整批船員的後輩。其他水手大聲叫著要勇一把可樂和飯團（我注意到沒有人想到要傳給我）傳到前方時，勇一總會畏縮一下，看起來他還很不適應。他喜歡他的人生嗎？他做了一個曖昧的回答。很辛苦嗎？這個，他說，也沒有辦法，他從高中輟學——察覺到坐在他前方的人正在聽時——能找到這份工作已經很不錯了。他說，他的前輩對他很嚴厲（kibishii），這個字眼的含意從「嚴苛」到「殘酷」都有。

「那是我的錯，你看，因為我很笨，我還在學習。有時很難受。」

我問他海上的情況，他告訴我，他們碰過四層樓高的巨浪，和推著拖網船的風暴，那就像在瓶中搖著軟木塞一樣。他痛恨風暴，還比較喜歡漁網打結的情況。他還會暈船嗎？他點點頭。是的，他還會暈船。有時候，他會吐得頭昏腦脹的。他那時會在床上躺一整天，而其他水手無法和顏悅色地對待他。你瞧，他很年輕，又是新手。

他轉身，看著車外飛逝而過的田野。他說，當農夫一定很舒服吧。地面不會動——除非地震的時候，但四國很少地震。是的，當農夫一定很舒服。

＊＊＊

日本本土的四大島中，四國是最常被忽略，且最少有人旅行的一個島。他們叫它「日本被遺忘的島嶼」，一個被忽略到幾乎變得隱匿的島嶼。

我知道這種感覺。明神丸的船員將我停留在一個前不著村、後不著店的地點。他們的廂型車駛走時，他們叫著「祝好運！」我確定，我在他們的聲音中，聽到一絲諷刺。

眼前是四條馬路和八條車道的星形交叉口，箭頭和交通號誌亂成一片，然後又呈八字形各自開展而去，像在慶典的魚池中，你抓根繩子，希望另一端繫著重要的東西，但它總是讓你失望。

我以無知的心態，決心研究幾個馬路標示。我對漢字一竅不通，我只能理出一群分散的字眼，加起來時一點意義也沒有。

小心！——東——將是——請——
南——是——只有。謝謝。

「啊，」我大聲說，「東將是請南是只有！」

奇怪的是，這類交叉口出現的地方總是找不到加油站或民宅。它存在於城鎮的遠處，或森林山谷的深處，顯然是種政府計畫。它越來越令人感覺困惑。字母和馬路都是新漆的。馬路不知所以地冒出來，任意地形成交叉口，然後又在轉角處消失。它搞得讓人腦袋都快要瘋了。

我的所在地看不到海，所以我不能把它當作方向的指標。我想，我該往北走，但那只是因為我老是拿著地圖，所以我的目標總是在上方，而「上方」就是北方。我找不到一個標示北的馬路號誌，但我最後想通，如果我找到一個往南的號誌的話，我往反方向走就對了。（我是過了一陣子才想通這件事。）三條馬路的方向模糊地標示著「非南」。我隨意地選了一條路，開始走去。

我剛轉個彎走進森林時，就聽到後方傳來車聲。我在極度需要建議的狀況下，跑回交叉路口，背包在我背上猛然抖動，就像側騎在駱駝上的貝都人。我只來得及看見一輛卡車飛逝而過。我頹然地舉高大拇指猛搖，像一個在孤島中看見飛機在天際間消失的人一般。但沒有用，沒有趕上。我喘著氣，沮喪地將背包滑落至地面。

時間過去，太陽慢慢地升起，柏油路開始散發出熱浪和濕氣。一隻蜜蜂繞著我打轉了好一陣子，最後終於覺得無聊而飛離，也許是去找一個陰涼的地方。我開始汗如雨下，我感覺到一道汗流下背部，再來是另一道。時間似乎停止。沒有車子出現。我開始列出我寧願與此地交換的地點，先是加爾各答的黑洞，然後越來越沒志氣的地點一一出現，最後是日本的高中英文課。哪裡都比這裡強。

我坐在背包上，對著鞋帶沉思，這時我聽到一個車聲。我蹣跚地站起來，朝四面八方地揮舞著我的大拇指，因為我不確定車子來的方向。車聲越來越大，像蚊子越來越接近的音調，突然一輛藍色的車從東西方縱向自我身旁閃過。「等一下！」我大叫。

駕駛在最後一分鐘才看到我。他急忙踩住煞車，發出長又尖銳的煞車聲。然後他倒車，旋轉車身，停在我身旁。他戴著一副口罩。

我總是害怕碰到這個場景：單獨在一個陌生的地方搭便車，一個戴面具的人停下車來。好在，這是在日本，而不是墨西哥。他不是一個用口罩蒙面的搶匪。他只是一個戴上手術口罩的男人。日本人在**感冒**時都會戴上口罩，以免傳染給他人；或是在他們**害怕被感染**時也會戴；或是他們感覺自己可能感冒了，怕傳染給別人，並且讓自身的感冒惡化。我想不透這個男人既然單獨在車子裡，為什麼還要開著車窗，戴著口罩。

「我很抱歉。」他向我打招呼。

我安心多了。搶匪在搶劫前，很少向你道歉。

「請上車，」他說，「我很抱歉。」

我們說話時，他並沒拿下口罩，那給我一種不舒服的感覺。我覺得我好像打斷了一位外科醫生準備衝往醫院做手術的車程。我想像著小提米躺在手術台上，等著胰臟移植手術，而他的醫生正在和我說話……管他的，這是搭便車。我爬進車內。

他給我一張名片。「我是山川。我是一本松町（Ipponmatsu）的鎮長。我很抱歉。」真棒，一位鎮長。我問他，我是否在往宇和島（Uwajima）市的正確方向，他搖搖頭。這並不使我驚訝。我是最糟糕的童子軍。如果是我領著開拓者往西方前進的話，我們還會在匹茲堡繞圈子。我連在電梯裡都會迷路。你可以將我當成反方向的導航系統；注意觀察我的方向，然後在我的反方向劃出一條路，你就會走對路。連我都想不通，我怎麼會變成旅遊作家。

「別擔心，」山川先生說，「我會載你到宇和島市。你沒有車子嗎？你該有一台車。請你明天打電話到我辦公室去，我們會替你安排一輛車。」

我不確定該怎麼反應。畢竟，一輛車是一輛車，但最後，我高尚的品德不允許我接受這項提議。其實，真正的原因是我沒有日本駕照。

「你想喝點冷飲嗎？」他開過一個山丘，直抵一排路邊的自動販賣機前面，迅速地說了一聲「請等一下」，便跳出車外，跑過公路，將我這位完全的陌生人留在他的車上。而他的車鑰匙還插在孔內，引擎仍在發動。如此的信任和天真。我迅速地考慮了幾項我所能耍的惡作劇，但最後以國民外交的理由排除掉它們。數分鐘後，他帶著兩罐麒麟啤酒和一包花生米回來。「請，請，」他說，「我很抱歉。」

我們隨即開往海岸，沿著海洋行駛，天空湛藍無雲。漁村聚集在我們下方的小海灣上，像漲潮時沖刷進港灣的大型流木。海堤突出，保護性地圍住海灣。繫在碼頭的漁船隨著海浪起伏不定。路上甚至還看到幾棵櫻樹，落英繽紛，圍住樹身，但它們不像宮崎的櫻樹那般令人印象深刻。

山川先生很體貼。「你想看櫻花？沒有問題。我們有一條叫做櫻路的景觀小路。我會載你經過那裡。」他轉進一條小徑，車子爬過森林，上到山坡的岩架上，然後，突然間，車子兩旁是盛開的櫻樹，花朵散落在我們的擋風玻璃板上。那就像是開過一條花的隧道。高掛在我們上端的櫻花樹幹趁春天盛開，形成一道白色和粉紅色的拱廊。

「我要跟著櫻花一路旅行到北海道。」我說。

他大笑。「你想離開一本松町嗎？」

「我從來沒有去過一本松町。我在追隨櫻花。」

「但足球怎麼樣了？」

「足球？」

「是的，足球。你喜歡日式足球嗎？它和英式足球不太一樣？」

他和我的興趣南轅北轍。「這個，」我說，「我不是很喜歡足球。它的步調太慢了。我喜歡冰上曲棍球，還有相撲。如果你能綜合這兩種運動，就太棒了：穿著溜冰鞋的相撲。我肯付一大筆錢去觀賞。」

「哈！」他大笑著拍著儀表板，「你不喜歡足球。英式幽默，非常好笑。」

「我不是英國人。」

「喔，那你是巴西人嗎？你喜歡日式足球嗎？」

我這時完全不知所措。他先是要給我一輛車，現在他想跟我討論巴西足球技巧。

他給我一小張便箋，第一次拉下他的口罩。「你覺得，」他突然很謙卑地說，「我是說，你介意嗎？你可以簽個名嗎？為我的兒子。他的名字是健太郎，他很喜歡 Grampus Eight（虎鯨八）。」

「Grampus Eight?」

「我們很榮幸被日本足球聯盟選為春季訓練的地點。我們歡迎運動員，尤其是像你這種外國運動員。」他低下頭看著便箋。「健太郎，」他說，「我兒子的名字叫健太郎。」

我們那時剛好開出花道，我突然想通他誤會了，我低頭盯著便箋。我該潦草地簽個字，讓山川先生以為我真的是某位外國選手，還是我該對他坦白我的真實身分？我該讓一本松町的鎮長繼續相信他車裡載的是一位名人，還是對他坦言承認我是在假身分下，得到一趟兩小時到宇和島的便車、飲料和風景明媚的車程？

我清清喉嚨。「我簽之前，我該告訴你一件事。我不是足球選手。」

「你是教練嗎？」

「也不是。」

這下換他搞不清楚了。「你是搭便車的人？」

「我從佐多岬出發，然後我要到宗谷岬。我這輩子從來沒有為足球隊效命過，我也沒去過你的城鎮，我不知道什麼是Grampus Eight，但我確定他們一定是很棒的球隊，我為你感到高興。」

「我懂了。」

一陣可怕的沉默降臨在我們之間。我希望我回到四國那讓人迷路的交叉路口。一座孤島、我的牙醫診所裡面，或匹茲堡——任何地方都比這裡好。

「你仍然要我的簽名嗎？」

「不，」他說，「不需要了。」有那麼一會兒，我以為他會要我還他一罐啤酒。

開到宇和島的那段車程彷彿漫無止境。山川先生在火車站放我下車，我想這是一種暗示。我雖然道謝和道歉連連，似乎還是沒辦法稀釋掉他心中那股被背叛的感覺。

「祝你好運，」他說，「歡迎隨時來一本松町玩。」但我不覺得他是在說真心話。

我到今天還是沒解開這個謎題。我該是誰？像我身材粗壯且這麼走樣的外國人，會是以足球為生的人嗎？或者，對日本人來說，西方人看起來都是一樣的？說實在話，我的運動靈敏度和Yogi[2]那隻熊一般不相上下。雖然，我比較喜歡稱呼自己「骨架很大」，尤其是在腰圍的部

2 卡通人物——譯注。

分。但日本人則毫不在乎地稱我為肥胖。

「老天，你真是胖，不是嗎？」他們就直接而露骨地跟我這樣說。有次，我試著讓俱樂部裡的一位公關小姐為我著迷，她在說話的空檔間對我微笑，然後千嬌百媚地說：「你怎麼吃成這麼胖的？」我的情緒立刻遭到破壞。

往宇和島市的那趟車程是我這輩子中，第一次也可能是唯一一次，被誤會為一位專業運動選手。我只希望，誤會的是一位美麗的女人，而不是一位中年的鎮長。如果一位女性要我的簽名，我可能會誇張地簽下它，也許還能隨口掰些足球名人的軼事。人生就是這麼殘酷。

## 3

神道的創造神話並非以蘋果、羞恥的赤裸和原罪為起始。它是以伊耶那岐（Izanagi）和伊耶那美（Izanami）這兩位兄妹神祇在喝醉酒後，笨拙的亂倫而產生人類開始的。祂們不是從陶土和肋骨來製造人類，而是以老式方法來製造人類：在喝醉酒後交合。祂們交合之後，產生了數千位子孫，其中大部分變為神祇，但有少部分變成日本人。

神道作為一個民間信仰，有著淫蕩好色的歷史，充斥著性愛神社、繁殖儀式、赤裸的慶典和疑似接近源頭的儀式。可惜的是，大部分的習俗都遭到廢止，只有少數幾個性愛神社留存下來。稱它們為「繁殖神社」還太簡化了：這些神社包含人類和神祇的所有層面的交媾。歷經日本歷史中幾次道德重整而仍能存留下來的性愛神社，現在被當成引發好奇的所在，而非宗教聖地。但它們並沒有遭到遺棄。在日本，具有歷史價值的東西不會被完全扔棄，而只是更增添其神秘色彩。

在宇和島市的多賀神社（又稱凸凹神社），主要的崇拜——或說，羨慕——對象是一根巨大的陽具。這個龐大、木紋清晰的木製陽具遠勝於日本人的一廂情願，而成為真正的文化符號。就像是在說「嘿，好好看看這個文化符號」一般。

端莊的日本女人穿著西式服裝，拿著香奈兒的提包，來到多賀神社，在陽具前祈禱。她們為生產平安和健康而祈禱，而這一點也不矛盾。日本有自己超脫矛盾的方式。這個簡單的折衷主義是日本最強大的力量之一。

這個儀式唯一讓人不安的地方在（如果你剛好是為男性），這些端莊的女人會將紙籤折疊起來，然後將它插入陽具的木頭紋理中。那個陽具上面插了數十個紙籤，就像針灸一般，有些紙籤插在如此敏感的部位，看了讓我不由得同情祂的疼痛。

多賀神社並不庸俗，它相當沉穩。飄浮著睡蓮葉子的池塘，頗有品味地以石製陽具裝飾。這塊神社建造的土地是在一千七百年前奉獻給神祇。雖然原始建築都沒有保存下來，現今的神社仍然堪稱歷史老舊，但源頭已遭人淡忘。實際上，多賀神社是個神道神社，也是一個佛寺，它的設計並未特別鍾情於哪一種宗教，而是混合各自的特色。就像男人與女人的結合一般，佛教和神道在接觸點上有點劃不清界線，你無法真正辨別誰屬於誰。

神話可追溯到伊耶那美，這位原型女神在產下火後死亡。祂在死後搖身變成毀滅女神，咆哮著：「我一天要殺掉一千條生命。」生命之神回答祂說：「隨妳願。但妳要知道：我一天會創造出一千五百條生命，我會贏。」

多賀神社被稱為「千五百守社」。它能使朝拜者重新得到活力，治療疾病，幫助已婚婦女懷孕，懷孕的婦女安產。他們來膜拜生命的主要象徵：陽具。生命從男人轉渡給女人，再轉渡給世界。突然之間，這邏輯不再讓人覺得奇怪了。

**性愛是宗教、哲學、道德觀、科學和生命**。這是多賀神社的信條。在這裡，多賀神社的第一位神官為結合對立的原則所喚醒。他因此開始他的追尋：那就是尋找和蒐集這個主要生命原則的象徵。

我們來到凸凹神社性愛博物館。展覽館在沉穩的多賀神社旁，有三層樓高，約建立於一九七四年。建築物類似迪斯可舞廳。很適合，因為它的主題是性。

我不確定我會看到什麼。也許是柔和的燈光，紅色的壁紙，西塔琴音樂，點燃的香，還有幾幅教育性的圖表。誰知道，我想。我付了一大筆入場費進場（我早就不在乎日本的收費有多貴了；我只是打開我的皮夾，讓他們自行取出他們所要的數目）。

它呈現一片神經緊張式的雜亂，像座展售新奇古怪商品的店，以令人厭惡的綠色螢光照明，角落裡塞滿了你所能想像的各種性愛畫像等等。它聞起來有種令人難受的酸奶味。走過神堂就像爬過某個為性愛瘋狂的傢伙樓上的閣樓一樣。

展覽館內的蒐集歷經數代。性愛收藏品從父親傳至兒子，現任神官／館長的神態與他所從事的職業相當符合。他有一張瘦削的臉龐，側分的光滑垂直頭髮，厚重的眼鏡，上唇有些汗珠。他的父親創辦了這座神堂。從某些方面來講，他堪稱是日本性愛探險的利文斯頓博士。他到全世界旅行，在長頸的泰國女人的山丘部落間蹣跚而行，以獨木舟穿越巴布亞和新幾內亞，用斧頭劈開亞馬遜雨林的路。他遊蕩徘徊在波斯高原。他甚至——這就嚇人了——拜訪了蘇活區。我們這位勇猛的冒險家不是帶T恤和明信片回來，而是滿載著石頭陰唇、陽具偶像和木製性愛圖騰回家。你想日本海關人員會不會對這個傢伙感到厭煩？「**有要申報的東西嗎？**」「只有這個七呎高的石頭陰道。」

所有的物品散亂地展示在一起。牆壁、穿廊、樓梯井，甚至天花板。你舉目四見全是性、性、性。無所逃避、纏繞心頭、冷酷無情。我好像又回到了青少年的時代。

吹氣玩具、性愛椅子、情趣用品、完整而沒經過縮減的《愛經》（*Kama Sutra*），裡面充滿著基本、高級和不可能的姿勢。秘魯陶器、尼泊爾娃娃、峇里島的小雕像、印度的掛氈：在如此普通的主題上展示無數的變化。皮製皮帶像馬具般高掛著，各種束縛道具聚集在陳列架上。裡面有從加州來的、以紫外線照射的黃道圖（老天，我真高興我沒趕上六〇年代）；甚至還有「英國性愛」（自相矛盾的一個詞語）的展示。巴基斯坦的繪畫描寫稀奇古怪的各類歡愉，包括人和駱駝，人和瞪羚，人和鱷魚（不要問我），以及一位年輕公主和整園的動物交歡。（那是什麼？**長頸鹿**嗎？）還有女人與巨大章魚交媾的場景，她身上都是大型吸盤的印子。

你要知道，有些東西的確富有教育意義。一幅密教的手勢圖表展示如何用手指位置和呼吸模式，來延緩高潮的時間。我在練習一個手勢時，正好有一隊觀光客從旁而過，害得我滿臉通紅。「科學興趣，」我低語，迅速逃往另一扇門。

從印度教到大眾藝術色情不一而足。沒穿內褲、鐵窗後的瑪麗蓮夢露。慾火焚身的迪士尼人物。米奇和米妮的解剖學玩偶。沒有穿上衣的蒙娜麗莎和穿上皮製胸罩的自由女神像。這裡的東西一定會讓每個人都感到不自在。七矮人有了新的伙伴，一個陽具雄大的小傢伙，名叫討人厭。「勿看，勿聽，勿言」的三隻猴子[3]有個新伙伴：不要有罪惡感。我開始頭昏腦脹起來。雜亂陳列這些心理物品的意義何在？這裡面甚至有個立體派裸體人形，它恐怕是藝術史中最愚蠢的概念。「那是乳房嗎？我想那是個乳房。或者它是一張椅子。」立體派裸體人形讓你頭痛。那就像沒有付費而被花花公子頻道停止收看後，還試著收看一樣。

一個展示櫃展示著仍然在日本舉行的數個繁殖慶典。百無禁忌。在其中一個慶典中，女人抬著神轎，上面是裝飾過的陽具。她們一點也不覺得尷尬。一個陽具是用石頭製成，重達兩噸。在另一個慶典中，男人戴上紅鬼的面具，面具的鼻子長如香腸，在群眾中亂跑，並用陽具棒去戳女人。在另一個比較裝嚴肅穆的儀式中，穿著和服的女人排好隊，每個人都拿著巨大的陽具，在街頭上像拿著武器的軍隊一般遊行。

就在我站著對展覽館的收藏嘆為觀止時，一隊觀光客剛好經過。帶領他們的是一位精神飽滿的嚮導，穿著瀟灑的套裝，戴著白手套，頭上是瀟灑的空姐式帽子，活潑的微笑，非常精緻的髮型，整個人容光煥發。她領著一群退休的歐吉桑和歐巴桑走過博物館，他們則盡責地在每個展示櫃前暫停傾聽，稍微有點心不在焉，就像你參觀任何博物館一樣。「我們的左邊是色情浮世繪，也就是『春畫』（shunga），它們可追溯到浮華世界的時期。請注意它們繪畫時的注重細節。」

這團觀光客逐一走開，只有一對灰髮的歐巴桑走在後面，如學校女童般地吃吃傻笑，偷偷摸摸地指著一些展示品。我試著想像我的祖母來到此地，並如同這兩位歐巴桑般地享受這趟參觀行程，但我就是辦不到。

「有妳們喜歡的東西嗎？」我問她們。

「喔，有的。」她們說，然後吃吃笑了起來。她們急忙逃離，用手遮住嘴巴，笑得幾乎掉下眼淚。

現在我已經感到麻木了，彷彿局部麻醉劑直接注射到我的腦袋。我厭倦再看到一根陽具。男性身體特徵被誇大地展示。每個展示櫃裡都充斥著陽具：用帶子套上的陽具、拔塞鑽陽具、望遠鏡陽具、有翅膀的陽具、有車輪的陽具，以及真正具有想像力、怪模怪樣的陽具——魚、神祇、橫笛、蠟燭、清酒瓶子不一而足——全做成相同的類似形狀。一個房間內有數百支木製陽具，聚集在地板中央，看起來就像是一群香菇。一道繩子將訪客和陽具隔開，你以順時鐘方向參觀，就像繞過祭壇，或是一場交通意外事故一樣。

儘管如此，我還是做了一個真正的歷史／社會觀察。因此，你可以了解我參觀凸凹神堂的行程並不是引發讀者興趣或賣書的低下手法。不是的，先生。我觀察到的如下：德川時代的春宮浮世繪裡，可笑的大型私處和對交媾細節的荒謬描繪，並不會冒犯到女士。它們的確注重細節，也許並不吸引人，但絕對不會讓人反胃。在春宮畫中，女人扮演相當積極的角色，穿著張開的和服，以最優雅的禮節和無法想像的角度，爬著騎到貴族或相撲選手身上。只有在後來，

3　位於日光東照宮的有名雕像——譯注。

也就是日本與西方接觸過後，日本春宮繪中的女人才變得越來越被動，直到最後，她們成為日本成人漫畫和雜誌中，恭謙服從的祭品。

「我們左邊是法國藝術家變態皮耶爾（Pierre la Prevèrse）的誘惑的七個階段——」來了另外一團觀光客，我該離開了。

它是個令人疲憊的經歷。我從來沒想到會是如此，但我看得相當厭煩。在宇和島的凸凹神社花了一個下午參觀後，你最不想想到的就是性。那就像猛吃巧克力一樣：你在數小時後覺得反胃，然後有一個禮拜沒辦法再看甜點一眼。它應該說是一種反性博物館，不斷地啃咬著心靈和衝擊著感官，直到慾望和興趣全部消失。強迫高中生每個禮拜都來參觀一次，你就能解決青少年懷孕的問題。

我蹣跚步出展覽館，疲憊而無精打采。我在神社附近的一家小咖啡館用午餐。當我像機器人一樣將米塞入嘴中時，店主帶著了解和同情的微笑說：「所以，你剛參觀過展覽館。」

## 4

宇和島市有的不只是性。這城市擁有日本屈指可數的真正的中古城堡。我投宿在一家離車站不遠的典雅（該說是老舊）旅館，我問旅館老闆——他一直看著電視螢幕——我從哪裡可以欣賞到宇和島城堡的景觀。他直盯著電視，裡面正在播放治療香港腳的噁心廣告，他指指東京的方向，咕噥著一座山的事。「山頂有座巨大的觀音像，你絕對不會搞錯。」

觀音是有許多化身的慈悲大士／女神，而且很容易認出祂來。當我走出飯店門口時，我看見她／他高高蟠踞在城鎮上方，就像里約熱內盧（Rio de Janeiro）的耶穌像一般。隔在我和宇和島的觀音之間的只有幾小群房舍。

結果我找不到那座山。

我向觀音像信心十足地走去，穿越狹窄街道的迷宮，數分鐘後，從另一個方向出來。我再走進迷宮，再度像在追尋一個海市蜃樓。觀音先是在我的左方，然後換到右方。我大聲詛咒著，盯著眼前這片都市計畫的複雜，然後我做了任何勇猛的旅人都會做的事：我放棄。

也就是在那時，彷彿迷霧散去一般，我才注意到我想逃離的社區。那是一個時光暫停的小社區，一個位於城市之中的日本村莊，就像禮物盒子中還藏著禮物盒子一般。我放棄找到觀音的任何希望。相反地，我慢慢深入這些小巷弄之間。我隨意在角落轉彎，從來沒有停留在相同的地方。春的氣息與木材煙柱包圍著我。

我走進一條巷弄內，它狹窄到我可以用雙手觸碰到兩邊的房舍。我觀察人們的生活：一個穿著內衣的男人正對著報紙搖頭；一個學生抱著一堆教科書，停下來嘆口氣；兩個老頭文風不動地坐在圍棋（go，漢字做「碁」）前面，一個計畫他的下一步，一個則在一旁等待。我看不出來，誰在攻，誰又在守。

風景如漸次黯淡的照片：一個女人耙著車道的碎石，一個男人正在照顧一園盆栽，樓上窗口掛著正在曬太陽的棉被，像靠在欄杆暈船嘔吐的郵輪乘客。衣服掛在竹竿上晾乾，長褲的腿伸出，彷彿正踢出空手道的一腳。

巷弄在一棵櫻樹前走到盡頭，櫻花紛紛掉落在古老的運河中。花瓣飄浮在水面上，沾滿水的粉紅島嶼劃過石頭，被沖刷而去。學童們騎著腳踏車嘎嘎地駛過，一隻小狗氣喘吁吁而又悲傷地追趕著他們。我越過一條狹窄的足徑走過運河，在日本它是一條街道，但在北美洲它只會是一條小徑。走在半路上，一輛車幾乎靠著我駛過。你可以在日本永遠走下去，轉著彎，在巷弄之間行走，迷失在層層吸引人的黯淡照片中。

在我放棄尋找觀音和山頭之後，我發現這片世界。這就像禪宗的公案一樣：你追尋時它躲開，當你停止時，它自動來找你。或許那只是愚蠢的運氣。不管怎樣，我感到快樂。我發現一條寺廟之後的小徑，蜿蜒繞著森林公園和墓地前行，最後抵達觀音像。

觀音有時是男性，有時是女性，在受過凸凹神社的震撼教育後，這種改變性別的能力，似乎不再那麼令人印象深刻。宇和島的觀音是位女性。她渾身潔白，以大理石打造而成，散發著佛教肖像會有的深沉平靜，越過一片巷弄，往前看著棲息在山頭上的城堡。這兩座尖峰是城市海洋中的島嶼。城市圍著它們下方流動：觀音和城堡越過海灣對望著，活像被混凝土建築海洋隔開的兩個難民。

## 5

他們稱它為戰國時代（Sengoku-Jidai）。當時內戰充斥，日本的武士集團相互混戰，爭奪這片以和（Wa）為貴的土地的霸權。此時代始於一四六七年，直到一六〇〇年的關之原戰役[4]

之後，德川幕府的第一位將軍即位。此後，人類歷史中，時間最長、最成功的中央集權政權開始統治：兩個半世紀的鎖國和中央控制。日本從一個極端被甩到另一個極端，從無政府狀態到暴君統治，在這兩者之間是四百年的人類歷史。

戰國時代在英雄傳奇和歌曲中得到不朽，更是無數的武俠片（chanbara）電影類型的靈感——會如此稱呼是因為主角的主題音樂總是以「chan-chan-bara-bara-bara-chan」開場。在西方，孩童們玩著牛仔和印地安人。在日本，他們玩著chanbara，在巷弄之間追著迷途的貓兒和幼小的弟弟，舉著兩根木棒，一支長一支短。它們代表武士階級的長劍和短刀。

日本曾是個chanbara的國家：土地上充斥著高貴的武士、忍者、封建諸侯、美麗的高級妓女，和許多城堡。城堡躲在巷弄之間，在平原上圍起城牆，用牆壁作為扶壁支撐，或是高高地蟠踞在山頭上。目前，日本只剩下一打城堡還挺立著。許多城堡成為觀光景點，早已參照著不同程度的正確度，進行改建。城堡仍舊是最珍貴的遺產。

一個揮之不去的神話說道，美國在空襲時，毀掉了大部分的日本城堡。這並不完全正確。是有幾座為美軍所毀的顯著例子：屋頂有金色鯱魚的名古屋城，以及廣島城。兩者都照原本尺寸重建。（我曾在廣島市偷聽到一位觀光客問他的領隊，「廣島城是原本的還是重建的？」我的臉部肌肉抽搐到痙攣起來。）

大部分的日本城堡早在第二次大戰前便遭到摧毀，長年的封建戰爭毀了一些，在後來的國

4 the Battle of Sekigahara，德川家康率領的東軍在關之原打敗毛利輝元率領的西軍，確立德川的霸權地位——譯注。

土統一中，德川幕府又頒發一國一城令，有系統性地拆掉了數百座城堡。（在這典型的官僚模式裡，沒有城堡的諸侯則必須建造一座。）此舉的目標在於削弱封建諸侯的勢力，並鞏固德川的統治。這個手法相當成功，從此有將近兩世紀半的太平盛世——但付出的代價可不小。

德川幕府時代只有一百八十三座城堡存留下來。明治維新的現代化力量隨之降臨，真正的毀滅現在才開始。從一八七三年起，日本有一百四十四座城堡遭到拆解、變賣或破壞的命運。當時的日本急於接受一種文化震撼治療，它的效應到現在還能隱隱感覺得到。明治晚期，日本全境內只剩三十九座城堡。二次大戰時的美國轟炸機摧毀了二十四座左右。因此現今只剩下十二座。

日本城堡並不是歐洲式的那種大理石稜堡，望之令人生畏。日本城堡的外表精緻，就像放在樹端的精巧結婚蛋糕。它們俯視著在山下聚集而居的城下町人民，就像封建諸侯俯視一位家臣一般。事實上，將它們稱之為城堡有點不恰當。它們是種莊園，設計奠基在炫耀和驕傲上，而不是戰爭策略，甚至常識上。它通常是在領地內最高的山頭，建立最高的木製建築。然後他們納悶，為什麼城堡老是遭到雷擊。沒錯，完全用木頭所建的軍事堡壘。它們也容易著火，任何靠得夠近的軍隊在扔火球之後，就能把城堡夷為平地。在一百年間的爭戰、打鬥和死亡中，從來沒有人想到要用石頭來建造城堡。這樣還能有城堡存留下來，已令人嘖嘖稱奇。

城堡真正的力量不在它本身，而是迷宮般的城牆和圍繞它的護城河。日本城堡的城牆雄偉高大，粗略切割的巖石設計線條柔和，高聳在你頭上，恍若正要破浪的浪頭。它們讓你感到迷惑。它們領你進入死巷，強迫你通過狹窄的通道，猶豫地走回頭路。（想到這，我覺得這點很像一般的日本社區。）

城牆內還有城牆，角落聳立著塔樓和哨站，將戰火的潛在威脅，遠遠地擋在朝臣和書法家幽靜的生活之外。但這些城牆一旦遭到入侵，城堡就毫無招架的餘地。這點與歐洲的城堡正好相反。歐洲的城堡被設計來在正門前做防衛。而日本偏愛在城牆遠處的前哨站開火。如同沖繩、塞班和中途島。當外牆被攻陷時，裡面可沒有英國堡壘來守護[5]。

＊＊＊

宇和島城是由藤堂高虎於一五九五年所興建，大概是莎士比亞撰寫《羅密歐與茱麗葉》的同時。藤堂的城堡後來被轉封給位高權重的伊達秀宗手上，後來他的兒子宗則在一六六四年開始大規模的重建。幾個世紀以來，城堡的守望塔逐漸為人所遺忘，最後終於遭到拆除。但中心的天守閣仍然保留了下來。它存活過戰爭、暴動、政治謀略、德川的赦令和美國轟炸機——完全是因為它缺乏任何戰略重要性。

這個諷刺很令人心安。想想大阪城吧：它曾是日本第二大諸侯豐臣一家的領地，占地廣大，幅員遼闊。但最有勢力的德川家族殲滅了他們一族，並破壞了城堡[6]，因此今天的大阪城是混凝土的重建品。而宇和島城是如此地嬌小和不重要，因此沒有人想到前來包圍或攻擊城

5 Fortress Britain，二次大戰期間，在納粹德國猛攻之下，英國本土被形容成英國堡壘，表示不易摧毀——譯注。

6 時年為一六一五年——譯注。

堡，現在成為保護中的日本文化財。天守閣只有三個樓層高，山形牆則不成比率的巨大。它不怎麼像一座結婚蛋糕，還比較像杯形蛋糕，也許可算是日本最可愛的城堡。

宇和島城蟠踞在森林上端，凌駕於時間和歷史之上。沿著一條蜿蜒曲折的小徑，通過古老的森林，你就可走到城堡。三百年來，在城堡蟠踞的山上，沒有樹被砍下來過。野生狸在矮樹叢裡遊蕩，現在整個山坡都是國家野生動物保育區，成為城市侵襲山地的最後一片動物淨土。森林裡滿是鳥兒的叫聲。

我在慢慢攀登時，穿著鮮亮制服的幾群孩童從我身邊衝過。女人穿著夏季和服，男人穿著傳統的半纏（happi）外套，後面裝飾著漢字，匆匆走過。我越接近山頂，聚集的群眾就越多。直到最後，人群們匯集成一條小河般地往山頂流去。我跟著群眾跑過最後幾道階梯，然後出現在城堡的前方。

慶典正要開始。舞者不耐煩地到處走動，太鼓鼓手整理他們的隊伍，一個廣播系統以沉穩的喋喋不休宣布慶典的時間和禮節，帶著靜電的聲音嘶嘶作響。

他們在這裡慶祝春天的降臨。宇和島城的櫻樹枝幹下垂，櫻花像結實纍纍的葡萄。人們為了娛樂眾神和慶祝櫻花盛開，喝酒狂歡，整場帶著嘉年華的氣息。廣播系統中先前那個嘎嘎作響的聲音仍在傳遞著先前的指示，群眾依據指示排換隊伍，發出喃喃的抱怨聲和笑聲。

我走過群眾，他們讓出路給我走，像在摩西前分開的紅海。女人們特意不看著我。學童們則目瞪口呆地盯著我看。男人緊盯著我的一舉一動，彷彿我隨時會掏出一把手槍來掃射一樣。歐巴桑對我鞠躬，姿勢很完美，彎得不高也不低。你可以用日本老祖母的鞠躬程度來劃分整個日本社會階層，從被放逐者到局外人，從醫生到律師到天皇。

「一個老外，看！」一群高中女生發出緊張的笑聲，高中男生則比較勇敢，對著我的後腦勺低語「哈落！」「啊，我們今天有位來自美國的國際嘉賓，」廣播系統的聲音說著，大刺刺地擅自決定，「也許待會他會為我們唱首歌。」

像我這類平凡普通之輩，竟能在這群聰明的群眾中引發一陣騷動，讓我對異國情調有新的看法。我記得我的日本動物園之旅，學童們背向著關在籠中的羚羊，直盯著我不放。**比羚羊還要有趣**，這成為我後來的座右銘。它有時讓人壓力很大。當你的臉無法符合造訪國的國家形象時，你發現你自己成為眾所矚目的焦點；你的存在改變行動，被觀察的人也在觀察下改變舉止。你的一舉一動都受到矚目。你無法忘記你的存在。除了別的事情之外，日本還教會我身為少數民族的感受。

群眾改變位置。鼓聲在模糊的暗示下開始，第一批舞者前進。她們是一群表情嚴肅的女人，臉塗得蒼白若骨，嘴唇塗成漆紅色。她們以精心的閒適變換著姿勢，手部輕鬆地形成事先規畫好的舞步，臉部毫無半點笑容。她們的身後是一群混亂的學童，喧喧鬧鬧地缺乏隊伍的次序。學童之後的是電子公司的經理和業務，腳步錯亂，笨拙地左右傾倒。然後是一排鞠躬得恰到好處的祖母。接著是初中男學生，再來然後是保險公司業務。如此這般地代表了日本社會的三個中心劃分：年紀、性別和工作場所。

遊行最後，一群衣衫襤褸的農夫走到街上，喝得爛醉如泥，搖著小酒瓶，唱著即興的歌曲和跳著不成形的舞步而去。他們的出現引起一陣騷動，但那些塗著漆紅色口紅的女人則絲毫不為這一幕所動。

遊行行列一個隊伍接著一個隊伍地前進，在城堡前像軍校新生散成數團，顏色繽紛：高中的藍色、年輕女孩的黃色和櫻花粉紅色。

當最後一團舞者搖擺著加入遊行行列中時，音樂戛然停止。然後是鹿群。

年輕男孩從舞者身後跳到一片空曠的地面上，戴著塗上金色的鹿角，眼睛畫大，以不確定的舞步前進。他們的穿著像亞洲王子，貌似天神鹿童在人間的化身。走動的悉達多[7]。他們形成隊伍，然後又分開。他們圍成一圈，半踩著步伐縮小範圍。舞蹈逐步加快起來，舞步自由發揮，演變成一片混亂。

然後是獵人。年輕女孩纏著絲質頭巾，帶著弓箭。女孩打扮成男人。她們以精心規畫的舞步跟蹤獵物，打獵成為一場舞蹈。花朵從樹幹上掉落。年輕走到終點，春天的來臨也標示著它稍縱即逝的離去。獵人和鹿成對地圍成圓圈移動。他們在舞步上投下陰影，交錯的步伐越來越寬，也越來越彎，直到圓圈被打散，狩獵終結為止。

沒有人叫我唱歌。當鹿與獵人的舞蹈結束時，神祇的注意力轉到其他方向，群眾轉向更世俗的念頭：拍團體紀念照、打招呼和走很長的路回家。年輕的女孩和男孩，不再是鹿或獵人，春天的氣息撫過他們，圍著城堡追逐彼此，吵嘴和辱罵不斷。我走過一位扮鹿的男孩，他正吵著他母親：「巧克力！給我巧克力！」當他看見我時，他狂喊：「哈落！哈落！」很快地，整個鹿群都加進來，我被追得跑下山坡。

我在日本參加慶典時，我是局外人的感覺最為嚴重。日本的文化在慶典中全力展現，你所能做的只有站在一旁，看著它從你身邊經過。當我離開城堡時，鼓聲正在敲出某種訊息，但不是給我的訊息。

我並不是因為沒有在宇和島市的慶典中看見其他西方臉孔，而感到如此空虛。老實講，我比較喜歡是唯一的局外人。如果我碰到其他西方人的話，那我的驕傲會受到傷害，而且使我淪為觀光客的水平。我常告訴我自己，我不是觀光客。我存在於偷窺和放逐之間。這表示我的旅程已經快完成了。在日本，從觀光客變成放逐者再變成內部人的旅程，總是以再變回放逐者而結束。我們沒有踏進內部的機會。我們被弓箭和鼓聲維持在一定的距離之外。

日本人不是個冷漠的民族。有時候，我希望他們是，這樣就比較容易離開他們。問題不在於你不受歡迎。你受歡迎，但你是以**局外人**的身分受到歡迎。問題不在於排外，而在於**部分**的排外。門雖開著，但鐵鍊還掛在門上。一隻手招你過去，一隻手擋住你的前進。像俱樂部裡的媽媽桑一樣，日本跟我們調情，為我們倒酒，撫慰我們的自尊，微笑著嘆息，並傾聽我們的故事，然後在靜默的時刻突然問道：「你是怎麼吃成這麼胖的？」日本不是心碎之地，而是自尊受傷之地。這並不是因為我想深入日本，找不到法子而感到懊惱。我不想成為日本人。使我的西方心靈感到憤恨的是，**我想或不想要的並不打緊**。反正，我無法成為日本人，即使我想要，這對自尊是很大的打擊。我們想要拒絕，卻不想被拒絕。

對被放逐於日本的人來說，問題是這樣的：你真的想完全深入日本，還是你因為沒人邀請

---

7 Siddhartha，釋迦牟尼的本名——譯注。

而感到受傷害？

奇怪的是，我覺得最屬於日本的時候——一個人無法適應日本，而是屬於日本——是在一個慶典之中。那時，我與社區附近的男人在城市的夏季慶典中，用肩膀扛著有若小型房舍大小的御輿（神轎）繞街。我們穿著發光的紅色夾克和草鞋。為了提升我們的力量和耐力，我們在小腹裹上活像木乃伊的白色麻布，額頭則繞著扭絞的頭巾。我當時的感覺是，就像是真正的日本人一樣，神社是我們的光榮，卻也是一種負擔。神官用紙在御輿上揮一揮，賜福給它。然後，我們將它扛在肩膀上，進入其他神社的隊伍之中。我們擠進群眾中。我們唱著挑戰之歌。我們轉彎，撞上別的隊伍。我們掙扎著走過主要街道，人們提著水桶，對著我們灑水，並倒啤酒到我們頭上。我們奔跑起來，最後頹然倒地，全身濕透，都是汗水、水和啤酒。我們得到勝利。我們大聲咆哮叫嚷。我們粗嘎地恭喜自己，誇大我們實際的成就。該死，是很好玩。然後一個男人轉向我說：「你們老外的力氣比我們日本人大多了。」我馬上又變成在外面觀看的局外人。等待。在放逐中。

# 6

宇和島市的慶典最後沒有淪為水汽球和啤酒的互打。它的步調近乎悲傷，而唯一碰到我的水是在接近尾聲時，一場迷濛的輕雨。它將城堡籠罩在柔和之中，群眾只剩下輪廓。然後腳燈點亮，城堡好像自內部發出光芒，彷彿夜晚的紙燈一般。

在山腳下，在商人和居酒屋聚集的城市中，霓虹燈閃閃發光。雨水將街道打得濕滑。狂歡的人群到處走動，有些人仍穿著戲服，有些已經喝清酒喝得微醺，唱著歌曲。一個男人大喊「嗨，老外！」然後走過來給我一罐啤酒。「給你的，老外先生。日本啤酒。最好的！日本是個國際化的國家！」他回到他那群朋友的叫囂和狂喊之間。

我沒有打開啤酒，而是將它丟進我走過的第一個垃圾桶中。

我聞到一股味道。我走進一條小巷內，餐廳和麵店在兩旁林立，各種氣味飄散在空中。薑、醬油和菸味。在此同時，路邊的小祭壇上點著香，在這一片迷霧和霧靄之中，你仍能聞到它，那是香料和祈禱的氣味。小巷間，沒有經過污水處理的排水溝上面只蓋著混凝板，尿騷味沿街而來。各種味道混合在一起。

他們稱它做「賽頓史提克情結」[8]，以美國學者和翻譯家之名而命名，用來描寫長期住在日本的外國人的愛恨心態。情感像鐘擺般在吸引和厭惡，感動和憤怒之間飄來盪去。但我覺得這個象徵是種錯誤。這些情感並不會改來改去。它們是無法分割的。就像隨風吹來的尿騷味和燒香味那般無法分割。慶典誘引你，也排斥你。一個人並不像節拍器般的愛著日本，然後恨著日本，然後又愛著日本。人們愛恨它，想親近遠離它，離開又留下。

對大部分的西方人來說，一種或其他種渴望總是會占上風，放開不可分割的感覺，你只需

---

8 Seidensticker Complex，源自Edward Seidensticker，著有《老外故事》（*Tale of Gaijin*），譯有《細雪》等書——譯注。

離開或留下來即可。但有些人被困在中央，為相對的慾望支撐，懸浮在半空中。他們迷失了，但不確定是否願意被找到。他們試著朝兩個方向奔跑，結果失敗。像一隻在公路上的鹿。

我抱著這種憂鬱的心態，在宇和島的細雨和油膩味道間漫步。你該高興那一晚你沒有陪我逛街；我嘗試走入深深的巷弄之內。每件事都有意義，每個姿態都很怪異，每個眼神都是凶兆。

我在一家燒烤店尋求庇護，從我踏入門內的那一分鐘開始，我變成每個人最要好的朋友。「**歡迎！歡迎！請進！**」這是日本藍領小吃店行之已久的傳統：盡可能地吵雜喧鬧、不去思考哲學問題。大家互相關照，你能大叫時從不輕聲細語。「**啊，老外先生！歡迎，老外先生！**」

日本人稱這些地方為「赤提燈」（aka-chiōchin），而西方人可能稱它們為油膩的湯匙。但在赤提燈內，油膩的不僅是湯匙。筷子、菜單、桌面、盤子、牆壁、廚師、最後顧客等等都被覆蓋在一層薄薄的油膩之中，這就是它的「氣氛」。

這裡沒有茶道的精緻。有的只是熱烈歡迎、拍背、吵鬧和喧囂。在日本，西方人常被當成娛樂和嘲笑的來源，而要分辨出嘲弄和友善的責罵則相當困難。訕笑和真正好奇之間的分界線是如此地精巧。今晚，好在的是，店裡沒有嘲笑的氛圍。我在櫃臺旁坐下，對面的廚師以刀子和刷子表演一套複雜的舞術。他們的雙手髒髒的，將包心菜切丁，攪拌著中式炒鍋，丟出一盤又一盤的日式烤肉串。

其中一個廚師年輕瘦弱，看來有一個禮拜沒有刮鬍子，傾身越過櫃臺，高喊著：「**你要什麼？**」我離他有兩呎遠。我點了一些小菜，他對整個房間宣布：「他會說日文！老外會說日文！」但沒有人對此特別印象深刻。老闆跑出來，將他趕進廚房。

這個店叫做佐世保（Sasebo），以老闆在長崎縣的家鄉命名。我以前教書的天草列島曾是長崎縣的一部分，島民和半島居民之間現在已發展出一種感性的聯繫。當我告訴老闆，我曾住過天草時，我彷彿宣稱自己是他長久失散的兄弟，口袋裡還有一張中獎的樂透彩券。「啤酒！」佐世保的老闆叫著，恍若受傷的士兵呼喚醫務兵一般。「啤酒！」

佐世保老闆是個快樂和脾氣很好的人。他的店面所贊助的宇和島市高中棒球隊，到大阪去參加甲子園大賽，結果被打得落花流水。他給我一頂棒球紀念帽。他以前開的餐廳在去年春天時遭到祝融燒毀。他給了我一盞紀念燈籠。我期待他會給我看一些死去的遠親的照片，但他沒有。

他端給我一盤沾著麵粉、牛奶和雞蛋再炸熟的烏賊，看起來很像洋蔥圈，但吃起來就是炸熟的烏賊。我討厭在日本的餐廳接受別人的好意，因為點菜的人總無可避免地選擇菜單上最難吃的菜。沒有人給我披薩或炸薯條，他們總是點烏賊給我吃。稍後，為了改變口味，老闆為我點了一盤生章魚，也許是為了彌補那盤烏賊，他又給我一盤排列精緻的草莓。草莓和炸烏賊以及章魚的味道很不搭，但我很感激他的好意。再怎麼說，都是老闆請客。有多少次你能說，別人端生章魚給你，是為了招待你，而不是惡作劇？

老闆在照顧過我的物質需要——棒球帽和多腳的海底生物——之後，用手拍拍胸口說：

「我叫太矢野。你呢？」

「威廉。」

「威—里—姆！」他叫著，「他的名字是威—里—姆！」他重複我的名字好讓廚師們聽清楚，廚師們將我的名字傳下去，彷彿說的是一項國家機密。我父親的名字得到滿堂喝采。我的年紀、職業和擅用筷子都為我贏得讚賞。

「你真會用筷子！再拿啤酒過來！」

我想太矢野會喜歡我的原因是，他將我視為浪跡天涯的同好。他出生於五島列島（Gotō Islands），比天草還要遙遠，歷史更為動盪不安。他在長崎長大。後來，他家搬到佐世保，靠近美國陸軍基地，而他所學會的英文只有「**該死的，全下地獄去吧！**」他跟我說話時，總是不忘加上這句話。「再拿啤酒過來！該死的全下地獄去吧！」他狂叫著，讓廚師們印象深刻。

「老闆會說英文！你聽到了嗎？他對老外說英文。」

在佐世保後，太矢野往東而去。他在九州和本州南部工作，最後在宇和島找到一位妻子和生計。我們聊了一會兒的棒球。據說，宇和島隊會輸給大阪中央隊，是因為一位裁判判決不公。那位裁判剛好是大阪人，所以很顯然地，他偏好地主隊。最後的比數是十四比二。在老闆重講這個變節的故事時，廚師們的手停下來，靜默了一會兒。他們對比賽的不公，悲傷地搖搖頭。然後，太矢野叫他們回去工作。

他問我為什麼到宇和島來。「老外從來不來宇和島。從來不來。」

「但我**是**個老外。我就**來了**。」

但我強有力的西方邏輯再度受到忽略。我告訴他我的旅程，突然之間，我又成了一位名人，地位比任何足球明星還要崇高。「要去北海道！」他咆哮著，「再拿啤酒過來！」廚師們擠在櫃臺旁，不斷地對著我問問題：我要等多久，什麼樣的車會停下來，我能吃日本食物嗎？諸如此類的問題。「十四分鐘，是一輛白色本田喜美，」我回答。「是的，我敢吃日本食物。」太太矢野噓著把他們趕開，彷彿在趕一群貓一般。

然後，他在一邊偷偷告訴我說，「要小心。日本有好人，但也有壞人。非常壞的人。」

我全身起雞皮疙瘩，我以為他會告訴我，日本一些特立獨行的變態者會載上幾位搭便車的人，然後生吞活剝他們的肝臟。但幸運的是，他指的不是這類事情。「大部分的日本人很好，」他說，「但有些很壞。」在我能阻止他之前，他便對我和盤托出他的苦惱。他在開第一家店時，流氓前來威脅他，並索取保護費，他曾去報警，但警察對他的抱怨置若罔聞。在他待過的一個城鎮中，流氓根本是另外一個政府。他最後決定在宇和島定居，因為這城鎮太小，小到沒有人來勒索保護費。日本做小生意的人常會為了保護費而傷透腦筋。

日本是個安全的國家。日文裡沒有搶劫（mugging）這個字眼，而鎖和鑰匙也是同一個字。謀殺、販毒和闖空門相當罕見；除了大阪和東京之外，搶劫更是幾乎不存在。每當發生搶劫便會在報紙上造成轟動，並被訴諸於「外國因素」。搶劫在日本是個重大新聞。我想我就不必再多說什麼了吧。

犯罪的確存在，不過是在另一個層面。日本人很少會在街角搶劫別人，但是勒索、賄賂、盜用公款、結黨營私、專賣權、不能殺價卻無所不在。它不會弄得很難看，所得的利益又比小型犯罪要高。這意味著在日本，警察撈盡好處，但你能在任何都市的夜晚，在任何時間走過街道，而仍然安全無比。畢竟，有多少次會有人從巷弄間跳出來，嘗試侵吞你的公款？

不幸的是，日本人從此演繹出下面這個錯誤的三段論法：日本的犯罪率非常低。因此，日本非常安全。因此，世界其他地方非常危險。

我有一位學生計畫到美國作交換學生。我記得，她的母親不斷苦惱著她女兒的安全。「那裡那麼危險，」她說，「我很擔心她的安全。」她的女兒要去哪？哪個野蠻又犯罪率高的地方？「愛荷華。」那位女士以厭惡的口吻發音，彷彿她說的是「所多瑪」[9]。

太矢野看過佐世保的外面世界，雖然美國大兵能代表多少西方文明，是很須加以商榷的。對他而言，北海道充滿著異國情調。「你一定要去看馬，」他說，「北海道有馬。」

此時，我們又重新慶祝起來，我們剛剛發現我的血型是O型。一個老頭臉上滿是皺紋，童山濯濯，在我的身旁頹然坐下，堅持要和我握手。「啊，老外先生，」他說，「Mamgrm Kyogrf shrgoi deshne！」

翻譯起來就是：「啊，老外先生。Mamgrm kyogrf shrgoi deshne！」

這比試著讀懂日本公路的指標還糟。我覺得很沮喪，在這個國家住了這麼多年，還是有連百分之十都無法了解的時候。

「抱歉？」我說。

「Mrgrmff gfrmmg。」他解釋。

情況變得更糟。日文有分辨的出來的語氣強調。用日文問問題時，你就在句尾加上一個か（ka）。感嘆時，就在句尾加上一個よ（yo）。那個禿頭男人，緊抓住我的手臂，彷彿它是鐵達尼號上的救生艇一般，對我咕噥著某種難以理解的東西，最後還以か做結尾。我知道他在問我問題，但我不知道問題是什麼。「Doshda gffmm か？」他重複著。當我沒有回答時，他變得堅持起來。

「Doshda gffmm か？」

「抱歉，我聽不——」

他用拳頭敲了桌子。「Doshda gffmm か？」他問。那個人的臉漲得紫紅，か以快速而憤怒地向我的方向投擲而來。他的太陽穴青筋畢露。「DOSH-DA-GFF-MM か？」

我在沮喪中，冒險地做了一個曖昧的回答。「是的，」我說，「沒錯。但再說呢，也許不是。誰知道呢？」

他聽到後，表情變得柔和，拍拍我的背，眼眶中充滿淚水。「Grhmm deshne，」他真誠地說。

「我必須道歉，」太矢野說，「他是我父親。他有時很情緒化。他住在長崎的時候，正巧，你知道。」

喔，老天。我覺得胃裡一陣翻攪。我的喉嚨緊了起來。長崎。「他在問我什麼？它跟那個——你知道——有關嗎？」

「不，不。他在講棒球的事。我們輸掉冠軍，他還是很不開心。」

「Grmmffda よ。」老頭咕噥著，低頭盯著啤酒。

---

9 Sodom，在聖經中，因為居民罪孽深重，而遭到上帝焚燬的古城——譯注。

# 7

雨下了整晚，當我醒轉時，天空萬里無雲，空氣新鮮宜人。我將棉被折好，收拾好背包。我前一晚才將裡面的東西全部散置在房間中，我這個壞習慣總是使我感到驚訝。我走到穿廊的大廳那邊，老闆仍呆坐在原處，緊盯著電視裡的早晨氣象報告。我用力按鈴，但那顯然是供我娛樂所用，因為沒有人理我。

幾分鐘後，老闆叫著：「**有客人！**」我終於了解是怎麼回事。他下班了，雖然很難看出那股微妙的改變。一個女人出來招呼我，我猜是他老婆。她在圍裙上擦著雙手時，上下打量著我。「你是個外國人。」

我同意她的觀點。我的確是個外國人。此事似乎讓她覺得驕傲。

「他是個外國人，」她對她先生說。他的丈夫對此只發出一陣咕噥聲，意味著，「妳讓我火大。我才不在乎。妳沒看見我正在看晨間氣象報告嗎？誰關心他是不是外國人。這毫無關係。等會記得弄個三明治給我吃。」

她仍然興高采烈，也未對此感到沮喪。她說了一個我聽不懂的字，當我茫然地瞪著她時，她挑了一個簡單的字眼。「相撲，」她說，「我猜你是來看相撲的。」

**相撲**？起初，我以為她指的是我的體重，我正想衝過桌子時，她加以解釋。

「牛，」她說，「你最好快一點。票很快就會賣光了。」

我因此去觀賞了宇和島的鬥牛。它一年才舉辦七次。今天是這七天中的一天。我來的正是時候。我又在旅館延長了一夜，照著老闆娘快速畫好的地圖，去尋找鬥牛場。

當我抵達時，每隻牛的旗幟已在鬥牛場外隨風飄揚，群眾聚集。我們排排擠坐在座位上，空氣中充滿著濃厚的塵土味和刺鼻味，讓我想起小時候看的牧馬騎術比賽（rodeo）。同樣的精力充沛，同樣的藍色牛仔褲，同樣的泥地。

我在沖繩時有聽說過鬥牛，但我不知道，日本本島上也有舉行。這運動本身半是雜技，半是嘲諷。鬥牛的階層就像真正的相撲，從橫綱一直分到下面幾個等級。牛隻身材巨大，因此牠們有一個特別的等級，甚至比橫綱還高，是以英文來劃分：**超級冠軍**（Super Champion）。我看這些牛一定有注射類固醇。牠們雄壯威武，昂首闊步，全身光滑，胸部結實。

「他們餵牛啤酒，你知道，」坐我旁邊的男人告訴我，「還有蛋，生雞蛋。」

「真的？」我說。牠們的確是讓人印象深刻的動物。

「還有蛇。」

「蛇？」

「龜殼花（Habu），從沖繩來的蛇。非常毒。」

「他們餵牛吃蛇？」

他嚴肅地點點頭。「讓牠們想打鬥。」

坐在我後座的男人一直在偷聽，顯然他聽不下去了。「喂！」他對我身邊的男人說，「不是蛇，你這白痴。是蛇燒酎（shōchu）。那是一種酒，他們將蛇泡在酒裡，你知道，就像墨西哥龍舌蘭裡的蟲子一樣。他們不是餵牛真正的蛇。你是從哪裡聽來這種事的？」

第一個男人拒絕回答，繼續對我說，「牠們吃蛇。」他重複道。

第二個男人拍拍我的肩膀。「不，牠們沒有。」

「蛇讓牠們強壯。」第一個男人說。

我的肩膀又被拍了一下。「那不是真的，別聽他的。」

他們繼續隔著我爭論不休。我保持中立。

「歡迎，」擴音器說，「來到第二屆全國錦標賽。本地的宇和島牛正要出戰來自沖繩、東京和鹿兒島的牛隻。」

「誰擁有這些牛？」我問坐在我隔壁的男人。但坐在我身後的男人回答我，彷彿我的問題是針對他而發。

「農夫、卡車司機、任何人都可以。」他對著我的後頸說話，「這是一項嗜好運動。它起始於百多年前的荷蘭人。一位日本漁夫在暴風雨中，救起差點沉船的一艘荷蘭船。他們給他兩頭牛以表達謝意。漁夫不知道拿這兩頭牛怎麼辦，因此他開始鬥牛比賽。」

「他沒有想到把牛吃掉嗎？」

「喔，沒有。那時的日本人不殺牛。佛教徒嘛，你知道的。經年累月後，更多的牛隻加入，這運動開始興盛起來。最後人們開始賭博和酗酒。人們用拿來繳稅的米來打賭，結果輸個精光，有些人甚至賠掉房子。因此大概在大正十——」

「我對帝號年代系統很不在行。那是什麼時候？」

他想了一會兒。「一九二五年左右。政府禁止這項運動，每個人都變得很悲傷。城鎮變得死氣沉沉，你懂嗎？非常悲傷。支持禁令的鎮參議員在下一場選舉中失去他的席次。很快的，我們又能開始鬥牛，大家都很開心。但在戰後，它又遭到禁止。麥克阿瑟將軍，他說鬥牛對公共道德不好。」

我半轉過身來。「你怎麼知道這些的？」

「我從節目介紹中讀來的。你看，」他將介紹傳給我，並指出一篇文章。我假裝我讀得懂。「你看，」他說，不必要地大聲嚷嚷。「就在這裡。他們餵牛吃蛇酒，而不是蛇。」我們安靜片刻。坐在我身旁的男人傾過身來，也大聲說：「我父親有次看見一頭牛吃蛇，連毒牙都吞下去。這些牛吃蛇，所以才會那麼強壯。」

木頭咔搭地響，廣播員發出長長的悲鳴表示錦標賽正式開始。每件事都模仿真正的相撲：打鬥「技術」的列表、儀式性的灑鹽以淨化比賽場地、刺繡精美的圍裙像馬鞍般掛在牛隻身上、冠軍的白色繩索腰帶。牛也有藝名——伊呂波二世，影子男人。牠們甚至有自己的入場儀式，昂首闊步，得意洋洋。

比賽這般進行。兩隻牛被繫著繩索進場。牠們繞圈圈。牠們的主人將牠們引到場地中央。牛隻互相對看，因為牠們基本上是雄性賀爾蒙激素的儲存銀行，牠們會立刻想要幹架。你可以在任何西部鄉村酒吧看到相同的儀式。牛隻發出哼聲，拉緊肌肉，用腳掌挖土，然後衝上前，以牛角抵住對方，開始打鬥。牠們大聲咆哮和推擠，轉身掙扎，但並不用牛角戳穿彼此。（雖然會被牛角刮傷。）那是力量與耐力的競賽，但缺乏西班牙鬥牛或德州牧馬騎術比賽的暴力。

比賽看起來很激烈：牛隻們眼球相對，從牠們的腰窩冒出蒸汽，背部以有力的姿勢交結。然後，幾乎是神秘性地，比賽就結束了。一隻牛突然失去勇氣，掙脫開來。群眾——端看他們所下賭的牛隻——大聲歡呼或微笑。（微笑的人剛賭輸了一大筆錢；這是日本人表達災難的方式。）

牛隻的心理學令人困惑。剛開始，兩隻牛的攻擊性都很強，但卻小心謹慎。當一隻牛顯示出弱點並逃跑時，另一隻牛立刻追上去。牠不跑時，另一隻也停止。一隻牛擺好姿勢準備迎戰時，另一隻牛也依樣畫葫蘆。當兩隻牛力量相當時，一回合可以維持一個小時。有一次，兩隻牛都不想打鬥。牠們的主人急忙拍著牠們的肩膀，口中喊著：「好！好！」但這兩隻牛就是站在中央不動，溫柔地用鼻子愛撫彼此。看了真叫人窩心。

那天的最後一場比賽非常精彩。一位牛主是位從沖繩來的女人，新聞攝影機還跑來採訪。她是第一位女性專業競賽者——其實公平點來說，打鬥的是牛隻——她也是第一位可能贏得冠軍的女性。最後一場比賽持續了四小時之久。在比賽快結束時，兩位冠軍牛隻站都站不穩，伸長舌頭，舔著地上的泥土，全身冒著汗和蒸汽。這場面看來疲憊不堪，但蘊含著更深的意味。撐完全場的是純粹和原始的意志力。被打敗的力量仍然強壯無比。

後來，像作夢一般地，一隻牛扭開牠的頭，走到鬥牛場邊緣。勝利者甚至沒有嘗試追趕牠。群眾大聲歡呼起來，因為那個女人的牛贏了，牠現在是「超級冠軍」，那女人陷入狂喜中。她跳到場地中央吶喊著，並表演沖繩舞蹈。人們聚集在柵欄邊，狂野地呼喊。場面一片混亂。群眾將冠軍腰帶傳過來，掛在牛隻疲憊的肩膀上。那個女人爬到牛背上，騎著牠繞過全場。人們自動自發地跟隨著她。新聞播報員搖著他們的麥克風，希望為觀眾捕捉到這一刻。我跟著群眾走過柵欄，推擠過無數人群，踏過比賽場所的柔軟土壤。那隻牛套著華麗的腰帶，被欣賞的群眾所包圍。我伸出手撫摸牠的身體，摸起來熱熱的，充滿著驕傲、力量和勝利的味道。

隔天早上宇和島又恢復往常的平靜。鬼魂消散，城市籠罩在蒼白的陽光中。我仍然不知道宇和島的前一天是否曾存在過？旅行能刺激旅者的感官，甚至產生幻覺。在昨晚如燈籠般發光的城堡是同一座城堡嗎？鹿是否也逃離而去，讓狸占據整座森林？狸是民間傳說和動物標本店中的半神秘動物。還有那些獵人呢？他們長大了嗎？他們是否放棄了狩獵？

我在走出城鎮的路上，經過和靈神社（Grand Shrine of Warei）。它所侍奉的神祇之一就是牛鬼（Ushi-oni），宇和島崇拜牛隻的中心代表動物。我停下來祭拜。當我回到街上時，我看到在對街有另一個揹著背包的旅人。這是我離開水俣後，第一次看見西方人。他朝我的反方向離去，模樣看起來就跟我一樣。同樣的髮型，同樣的姿勢和同樣的背包。他對我微笑，我點點頭。我們經過彼此。

在另一條路上，在另一種心態中，這會是最不引人注意的事件：兩個旅人在路上經過彼此，這是相當稀鬆平常的事。但這裡不是另一條路，這裡是宇和島。在這裡，這事讓人感到氣餒。我常常想到他，這個另一個我，而我納悶著，他有抵達他的目的地嗎？我也像他一般，讓他感到氣餒嗎？他是否也看到他自己反射回來，我們兩個暫時被困在片刻而無止境的倒退之中？

我帶著不情願和鬆口氣的混合心態，離開宇和島。它是一個任何極端都有可能成真的城市，沒有人能不帶著傷口離開。我在加油站前選了一個位置，然後伸出大拇指。

就是在那時候，我碰上日本的黑手黨。

# 8

我不確定他是否是日本黑手黨的成員。我是根據數個重要線索來做這項猜測：他戴著太陽眼鏡，他穿著微微發光的蘭姆綠色絲質西裝，短髮燙得很鬈，而且——最有力的證據是——他開著一輛美國車。「小心凱迪拉克，」我出發時，日本朋友不安地警告我，「還有黑色賓士！」

日本幫派成員的確偏愛這類車款，但我懷疑，外國車與危險之間的關聯，顯露的是日本心理而不是現實。好人開小型的白色日本車子，壞人開昂貴的黑色外國豪華房車。然後美國人在那納悶，他們為什麼在神戶賣不了克萊斯勒？

我不在乎。在花了很多時間在小型車中，像業餘的軟骨特技演員扭曲我的身體之後，我很高興能坐上一輛大型的美國房車。我還是不能確定車主到底是不是幫派成員。幫派成員的背部通常有刺青，小拇指常缺了一截。每當他們做錯事時，便斬斷一截拇指以表示悔恨。（你可以看出哪個幫派成員不成氣候，他們的暱稱是矮胖〔Stumpy〕。）

除非車主脫掉襯衫，否則我沒辦法看到他的刺青，而我也想不出該怎麼問他才好。我只好偷偷地數他的手指，一截也沒少，這讓我很安心。如果他是個幫派成員，至少他是機敏的一位。他也很有禮貌。我坐在他車上的時候，他從來沒有試著向我勒索。他還買了一罐蘋果汁給我喝。

＊＊＊

我站在公路旁，喝著蘋果汁，剛逃過組織犯罪的魔掌，這時，有一個人從另外一頭走了過來。那個男人穿著白色袍子，戴著碗狀的草帽，遮住他整張臉。他拿著缽、一個小袋和朝聖用的楞杖。我看著他走向我，卡車在公路的塵土和吵雜中呼嘯而去，他彷彿是在一片快速旋轉的背景中，以慢動作緩緩前進。

我想跑過去，給他一筆奉納金（settai，「接待」），並得到他的祝福。但我不確定該怎麼接近他，更別提，橫亙在我倆之間的是一條多線道的公路。（我們總是在啟蒙公路的彼岸，簡直是種宿命。）

那個男人是個「遍路」（henro），一位朝聖者，而他所遵循的朝聖道路已超過千年之久。在八〇四年，一位四國的和尚叫做空海[10]，冒著危險到中國學習佛法。他在兩年後返回日本，並帶回一種解放的思想。這思想後來成為佛教新教派，也就是真言宗（Shingo）密教的基礎思想。這個革命性的思想非常簡單：任何人都可以在今世成佛。人們仰賴佛祖的慈悲，就可以得

10 Kukai，七七四—八三五——譯注。

到救贖。那條路並不容易，但並非不可能。

空海倡導這個學說，將啟蒙的大門打開。他是堅決的民主派。他創辦了日本的第一所公共大學，每個人都可以入學，不管貧富，不論男女。[11]佛教的密教運動在中國是場失敗，但它卻在日本生根茁壯。透過空海，佛教變得比較樂觀、比較觸手可及，比較當下，教條和教義都變得不是那麼重要。比較不那麼抽象，比較現世。換句話說，比較日本。

空海死於八三五年。在他過世之後，朝廷賜予他弘法大師的法號。他成為日本佛教歷史中最重要的人物。日本幾乎創造出一位菩薩，但這位佛教聖人就站在啟蒙的門檻上，不願成為佛陀，反而選擇留在今世幫助他人做相同的旅程。

空海是個具有非凡魅力、辛勤工作而又思想進步的和尚。作為弘法大師，他的地位提高了一層，他成為神祇，奇蹟和神奇的根源。

有關大師的傳說越來越多：他聚集使徒，治癒病人和瘸腳的人，讓盲人看到世界。（這些聽起來不是很熟悉嗎？）當大師用楞杖敲打地面時，新鮮的泉水湧出。你在四國，或在全日本，一定會碰上一個與弘法大師有關的泉水。傳說中，他也創造了日本的拼音書寫系統，假名。簡單又美觀的假名使得日本從不適合卻固執保存的中國漢字系統的限制中解放出來。他在此幫助日本脫離中國，並走上明顯不同的道路。

在弘法大師死後，一條在四國的朝聖路線緩緩成形。從此，信眾遵循這條道路而行。它以「四國八十八所」巡禮而聞名，以順時鐘的方向沿著海岸前進，形成一個圓圈，起點和終點都是北方的德島（Tokushima）。因為路線是一個圓圈，所以人們不必從第一所寺廟開始。你可以在任何地點開始朝聖，甚至以反時鐘的方向完成。它涵蓋一千兩百公里（七百四十哩），需要兩到三個月才能走完。在以前的時代，由於路況比較差，所以花的時間比較多。旅途沿路則埋葬著不知名的朝聖死者的墳墓。

這八十八所廟宇中，由大師創辦的只有幾所。他所遵循的是更古老的路線。古老的朝聖路線被納進更大的巡行範圍，神聖的所在地散布在各地，直到被一個叫衛門三郎（Emon Saburo）的人銜接起來。他是第一位真正的朝聖者。如果弘法大師是基督的話，衛門便是掃羅／保羅[12]。

衛門三郎是個貪婪、冷酷和狡猾的人，剝削別人的辛勤工作而變得富有。他到中年後，審視他的領地而覺得滿足。對他而言，人生——以它最稍縱即逝和恍若幻影的層面來說——已別無所求。然後，一位乞丐出現了，要求施捨。衛門將他趕走。第二天，乞丐又回來時，衛門毆打他。當這名乞丐又回來時，衛門寬厚地說，「把你的缽給我，」他說，「我會把它裝滿。」他將它裝滿他自己的糞便。「拿去！」他大笑說，「你應該不會再來了吧。」但乞丐還是又來了。衛門憤怒地將缽丟到地上，它裂成大小相同的八塊。那名和尚從此沒有再來。

11 在空海之前，女人的罪孽比男人深重，因此她們無法達到涅槃的境界，除非她們投胎轉世為男人和成為和尚才能得救。這條法則是由身為和尚的男人制訂的——原注。

12 Saul/Paul，掃羅是保羅信奉基督前的名字。保羅是基督教的重要傳教使者——譯注。

衛門三郎拒絕精神層面的追求後，回歸物質層面的滿足上。但那是建立在幻影上的人生，一個接著一個地幻滅。他的兒子接連過世，稻田枯萎。他染上重病，所有的財富都無法讓他抗拒老化或死亡。那時，衛門想起了他曾經趕走的乞丐和尚。

衛門於是出發去尋找那位和尚。他從一間廟宇走到另一間廟宇，跟隨著和尚的腳步，並在每一間廟宇留下寫著他名字的字條。（這種習慣延續到今天，可說是一種精神塗鴉，日本全國境內的廟宇都有訪客留下到此一遊的簽名。）有許多次，在衛門抵達時，和尚才剛好離去。有時只是隔著幾個足跡，有時則是幾個心跳，但他從來沒有趕上那位和尚。他最後回到他出發的地方。他完成一個圓圈，但仍然什麼也沒達到。這時，他已確切知道他所追尋的人是誰：他追尋的就是弘法大師。因此，衛門再度出發，沿著四國追尋朝聖的路徑，當他再度回返時，他仍然沒有趕上大師。衛門現在以托缽為生，因為他放棄了財產和野心。他追尋大師超過四年，每次都越來越接近，但沒有一次趕上他。他甚至以反方向方式前進，希望碰到回返的大師，但還是沒有用。在繞了二十一次圈圈之後，他的健康極速惡化。他停下腳步，頹然坐在石徑上，哭著承認失敗。就在此時，弘法大師出現了……

這故事在此結束。稍後的版本加上了一個令人半信半疑的後記。大師說：「恭喜！你找到我了。我能為你做任何事嗎？任何事都可以，隨你說。」瀕死邊緣的衛門三郎回答說：「是的，我想投胎成為更富有的男人，最好是一位藩主，這樣子我才能幫助一般民眾。」（當然，那個老式的「讓我投胎成為百萬富翁，我承諾這次會幫助窮人，真的」招數。）弘法大師答應讓他達成最後一個願望，在一塊小石頭上寫下了東西，塞進臨死的衛門三郎的手掌中。衛門被埋葬時，石頭仍在他的手掌中。他那被當作墓石而種植在墓前的枴杖，隨即有了生命，並長成一棵香柏。九個月後，地方豪族河野息利的妻子產下一子，他的手掌緊緊握成拳頭。他們從附近的廟宇中找來一位和尚，當他在唱頌佛經時，小嬰兒的手張開。裡面是一粒小石頭。上面寫道：**衛門三郎再來**[13]。

那粒石頭——和傳說——被小心地保存在松山（Matsuyama）市的石手寺（Ishite-ji）中。朝聖中的第五十一個廟宇。

這讓我想起，我所曾經讀過的「拇指向上」的來源故事。當一個小嬰兒出生時，他緊握著拳頭。手指後來慢慢地逐一鬆開，放開拇指。這是第一次的自我宣言，說著，**我在這裡**。伸展的大拇指成為出生、生命和自由的象徵。羅馬皇帝用此象徵來判決生死。這也是搭便車的人和旅客的象徵。行動中的第一人稱。

美國作家奧利佛・史泰勒[14]完成過八十八所巡禮數次，他在《日本朝聖》（*Japanese Pilgrimage*）中寫道：

> 全世界都有朝聖之旅。在大部分的朝聖之旅中，人們旅行到被各種事件神聖化的地

13 意指重新投胎——譯注。

14 Oliver Statler，一九一五—二〇〇二——譯注。

方。人們出發，抵達目標，回返……但四國巡禮是我所知道唯一循環的朝聖之旅。它沒有開始，也沒有結束。就像追尋啟蒙一樣，它沒有盡頭。

重要的不是目的，而是朝聖的行動，不是目標，而是向前行進。

當我讀到這段話時，我感覺到情緒湧了上來。就是這個，旅行者的格言和搭便車者的信條。然後，在相同情緒的湧現中，我發覺我計畫的是一條直線路線，而不是圓圈。一條非常直的直線。它在整條路上追隨著我，我在遵循的路線上所帶來的感覺是不實在的，或——至少說——是錯誤百出的。我直到旅程末期，孤單地待在日本盡頭一座小島的暴風雪中，才發現我所失去的事物。它的道理簡單到幾乎平淡：人生沒有直線旅程，因為所有的旅程基本上都是圓圈。你也許出發後就把自我留在後方，但最後你總會回到你的自我，就像迷失在森林中的人，就像一隻被繩子綁住的狗。

當你被固定在中心點時，所有的旅程都是在繞圈圈，而所有的圈圈都是自我指涉，轉了又轉，就像追尋答案的衛門三郎。

## 9

我那天搭的第二趟便車將我載進松山市。這次搭的便車跟我在九州搭過的貨車相同，但車內的貨物並不是柏青哥遊戲機，而是修剪過後的花朵殘株，香味濃得讓我反胃。那就像與噴滿香水的瑪提妲嬸嬸一同被困在電梯內一樣。

車主身材矮胖結實，銀髮的髮式簡便，巧合的是，他也叫做三郎。「但我的姓是中村，」他說，「中村三郎。和衛門沒有關係。」

他正要前往松山去和女兒悅子會面。她從神戶搭飛機過來。他說我是個個頭魁梧的男人，並在我的胸口上拍了一下。我有沒有爬過富士山？有，我說。然後，在我典型的溫文有禮又出口成章的好心情下，我說了一個俏皮話。那就是一個聰明人只爬一次富士山，而一個笨蛋會爬兩次。

此言一出，有段很長的沉默。三郎然後緩慢而慎重地說：「我爬過三次富士山。」

喔。「那麼，」我說，「我想那會讓你成為一個……聰明的笨蛋。」

他大笑。「正是！」他說，他並不是同意我的看法，他只是抱著一種「我發現了！」的心態，彷彿他正苦思怎樣用一句話來描述自己。「一個聰明的笨蛋，」他說，自顧自地微笑起來，個性奇特的人通常對自己的弱點有種好感。「我爬過日本的每一座山，」他大聲說，「每一座山！」

「每一座山？」我說，給他機會修改他這個大膽的宣言。

「每一座山。」他說著，開始列表。那個表很長。

「山讓我們更接近神祇，」他說，「日本有三百億位神祇！在山上，天空與土地的接觸點。神祇住在那裡。我碰過神。」

他確實是這麼說的：**我碰過神**。他不是誇張、熱血澎湃，要不就是瘋了。「真的？」我說，「神？祂們長什麼樣子？祂們是像鬼魂一樣，還是你可以碰觸到祂們？」

他悲哀又憤怒地看了我一眼，嘆了長長一口氣說：「神祇就是山。祂們不是像你說的那種血肉之軀。神祇存在於攀登聖山的行動中。」他搖搖頭之後放棄。我們繼續開了一會兒的車，車內滿是花朵的香味（我想，就像神祇一樣）。他在座位上變換一下姿勢，又嘆了一口氣，決定再試一次。「我爬山，對不對？」沒錯。「山離神祇較近，對不對？」沒錯。「實際上，山就是神祇。」他等到我點頭才繼續說下去。「所以，當我——我們，任何人，甚至是你——用誠心誠意去爬山時，神祇——」他偏頭看看我。我對著他微笑，暗自希望看起來我有注意在聽。他張開嘴巴，彷彿還想說些什麼，但是改變了心意。神學課程結束。我從來沒有搞清楚他是否真的碰過神祇——像是與神的第三類接觸——或他是否只是在打比喻。他不像是那種會引用隱喻的男人，他太固守成見且荒誕不經。

「我的長女，悅子，是在山裡長大的。她才五個月大時，我們就將她帶到山邊。她從那時開始，就爬過瑞士、法國和中國的山。她也爬過萬里長城，但因為那是人造的，所以很令人疲憊。梯級太有規則，而大自然，」他強調說，「並不是這麼有規律。」

我們經過一位朝聖者——可能是我稍早看到的那一位——三郎的口氣很讚賞。「那個男人是個真正的旅行者。他有弘法大師的精神。今天的朝聖者，哼！他們坐著巴士，住在飯店裡。我稱他們為『速食遍路』（instant henro）。只是加上水而已，就像泡麵一樣。」

「你做過八十八所巡禮嗎？」我問。這似乎是個合理的問題：朝聖的途徑蜿蜒多山，許多廟宇位於峽谷高處的山巔上。

「朝聖？」他說，「朝聖？」但他只是在拖延時間。他的臉開始微微發紅，彷彿我抓到他扯了一個小謊。「不，不，我沒有過，但是，」他前後不合邏輯地回答，雖然當時聽起來很有道理，「我跟我的家人明年六月要去爬落磯山脈。我們會爬那裡的每一座山。」

「每一座山？你確定？我是說，那裡有很多山。老天。那裡的山多到——」

「每一座山。」他邊說邊不悅地看著我，彷彿我沒有好好地接他的話一般。

我們在內子町（Uchiko）一條保存良好的老街上吃中飯。在日本，有許多地方具有觀光價值，卻沒有像京都那種觀光勝地蜂擁而至的觀光人潮，因此顯得幽雅清靜。內子町就是這種地方之一。內子町以蠟燭的蠟起家，這在現在聽起來也許有點奇怪，但在以前，蠟燭商就像今天的石油大亨。整條街從歌舞伎劇院到另一頭的石燈籠廟宇，顯得步調緩慢沉靜，比起離公路只有一個街區遠的現代世界來得莊嚴許多。我想，三郎的手似乎沒有巧到可以剪花，他的手指關節粗糙，是一雙礦工的手。但他坐在這喝著香茶，手指幾乎抓不住小瓷杯。我們頭頂上是粗寬的屋頂橫梁。「屋久杉，」他讚許地說，「它們來自屋久島（Yakushima）。這些樹長得像巨人一樣。世界上最大的樹。」

「你指日本，它們是日本最大的樹。」我去過屋久島。這些樹非常雄偉，高高樹幹的身影逐漸消失在似乎永遠籠罩著島嶼的迷霧中。它們是日本最巨大、也最讓人印象深刻的樹。

「全世界。」他糾正我說。

「日本。」我說。

「全世界。」

「日本。」

他喝完他的茶。「該走了。」

內子町南方是五十崎町（Ikazaki），在此，鬥風箏的風潮才重新蔚為風尚。他們在風箏上綁著尖銳的刀，叫做鋸賀利（gagari）。風箏在空中旋轉，以驟然劈砍和衝潛做殊死決鬥。被割斷繩子的風箏雖然自由了，會在空中漫無目的地飄浮一會兒，然後——像《論語》中的箴言般——掉落地面。那些型態依然完整的風箏會尖叫著向下墜落，盤旋直轉而下，激烈地衝擊地面。

「北海道有很棒的山，」三郎說，「你會喜歡那裡。馬也很多。寬闊的牧場。我女兒們和我太太和我——」他被女人所包圍，這也許是他那麼有男子氣概的原因——「曾在北海道騎馬。馬兒們跑得快，又很強壯。」

「人們呢？我聽說北海道人很友善。」

他搖搖頭。「不。一點也不友善。你知道這個格言：寒冷的天氣，寒冷的心。」

公路變得寬敞，交通流量也越來越大。我們很快地來到一片平原，眼前是一片平坦的綠地。我在那一刻理解到，日本景觀為何如此不協調的原因：沒有丘陵。日本人在多山地帶住了一百個世代之久，由於對農地的需求很大，他們填海造地，剷平和耕種每一塊可利用的空間，以致幾乎沒有丘陵地區存在。平坦的稻田延伸而去，以幾乎是九十度的角度，銜接到山頭峭壁。在日本，你從水平的耕種田面直接連到垂直的森林，完全沒有緩和的結合之處：一個有前景和背景，卻缺乏中間景致的土地。

松山市在這般的大平原中延伸。它是四國最大的都市，主要的港口和工業中心，因此聚集了從各方向而來的貿易和交通。三郎在郊外地帶放我下車。他還得趕去機場，及時接他那位爬山又坐飛機抵達的女兒。我很想認識他女兒，以對這個奇怪、花朵香味逼人、崇敬神祇的家庭有更進一步的了解。但我沒有這個機會。

我向三郎要他的地址，但他將我的筆記本揮開。他是第一個也是唯一在這趟旅程中拒絕我的人。

「如果你再來宇和島市，你知道到哪去找我：中村花店。中村，要記得。你可以在花店找到我們。如果你來了，我們可以聊天。如果你不來，保持聯絡就沒必要。我只是讓你搭個便車，你沒有必要寫信給我什麼的。」他將車門唰地關上，全身周遭都是過於甜蜜的花朵味道。

三郎如此這般離去。我站在路旁，心中充滿感激和迷惘不解。

那晚，我夢到我搭上佛陀的便車。我們站在為花朵所淹沒的公路上，當我們伸出手時，小石頭從我們的手掌中掉落。

## 10

松山市以城下町[15]起家，現在仍然是個城下町。松山城原本建於一六〇三年，歷年來，不斷遭到雷擊，燒毀數次。（再一次地，他們在土地上的最高點建造一座大型木製建築，並以金

15 以諸侯居城為中心發展起來的城市——譯注。

屬覆蓋屋頂，這似乎從來沒有讓任何人感到困擾。）塔樓和外牆是真品，但天守閣在一八五四年做過最後一次翻修，這使得松山城成為日本十二座現存的城堡中最年輕的一座，它也是最迷人的一座。其他的城堡比較恢弘、古老和重要，但沒有城堡比松山城還要美麗或孤高。它被曙稱為「黑鶴城」。它既幽雅又兇惡，像準備好的武士冑甲等著讓諸侯穿上。

在黃昏的薄暮中，我在夜間的城市中到處徘徊。一群粉領族從我身邊經過。「不！她沒有！她有嗎？我不能相信！」在色情商店外招攬顧客和猛抓路人手臂的人對我視而不見（作為一個西方人，我毫無疑問地染有愛滋病）。但是我經過時，許多人視線和我相對，表情是藏在面具之後的面具。我走進一家酒吧建築，這是許多劃分日本的經驗之一。典型的酒吧建築有數層樓高，區分成幾個不同的公寓式房間，每個房間都是一個酒吧——雖然用酒吧來形容大型衣櫃大小的房間是太誇張了些。我爬著樓梯而上時，一群滑稽的醉漢蹣跚走過，大聲嚷嚷著，大笑著，並口齒不清地呼喊彼此的名字。卡拉OK哀愁的求愛歌曲從門後流洩而出，縹縹緲緲得像被歌喉不好的鬼魂所占據的房子裡面所傳出來的聲音。

粉紫色的英文在一扇門上閃爍，鳳凰點心（Phoenix Snack）；另一個是藍愛點心，另一個只簡單地寫著「點心」。許多第一次來日本的旅客像我從前一樣，以為一個叫做「點心」的地方，提供的就是點心，但這名詞只殘存那麼一點原意。在日本，點心並不意味著「小吃」，而是「沒有標價的小酒吧，裡面的公關小姐會盡可能地提高收費，如果你走進這類酒吧，你就遭殃了，你這個可憐的傻瓜」。這些地方所提供的唯一點心是幾盤豆子和魷魚乾。

在鳳凰點心裡面，一位中年的公關小姐正在伺候和奉承一小群上班族。一位穿著白色襯衫，打著蝴蝶結領帶的酒保站在狹小的吧台後面，一群光鮮亮麗的年輕小姐正在輪流唱著卡拉ＯＫ。一位穿著風衣的女士正高聲唱出滿是外來語的流行歌曲（「我只是個女人，陷入愛河」），她的朋友們跟著節奏僵直地打著拍子，並帶著禮貌性的微笑。人們並不聽卡拉ＯＫ，他們只是默默忍受它，直到輪到自己上場為止。那說來算是最自我放縱的娛樂形式。

酒保咧嘴而笑，瞟著我，我為了避免交談，將注意力轉到卡拉ＯＫ的螢幕上。「你難道不記得嗎，當我們在一起的時候？」這個伴唱帶如此粗劣，它恍若發出陣陣惡臭。一個充滿感性的年輕男人在沉思，女人噘著嘴，男人繼續沉思，女人掉了一滴眼淚，就像一粒牛奶滾過她的臉頰，男人送她一朵玫瑰，然後在沙灘上畫了一顆心，一陣海浪沖來將它沖刷走，女人原諒了他。諸如此類。糖尿病患最好不要靠近日本卡拉ＯＫ伴唱帶。它讓我想起一個朋友曾經指出的一點：**日本是個沒有諷刺的國家**。諷刺需要距離和一種憤世嫉俗的人生觀。但在這裡，低俗作品真的是誠心誠意，愚蠢的浪漫情感被毫不猶豫地加以接受。日本人有鬧劇、滑稽劇和不像話的喜劇，但他們卻沒有諷刺。

「唱歌！唱歌！」上班族看到我後叫道。

那些滿臉漲得通紅，領帶魯莽地鬆開的上班族，堅持要我唱一首歌。因此，我扯開喉嚨，唱出我得過獎的〈Blue Suede Shoes〉。我唱完後，得到免費的啤酒和章魚。我在被激勵之下，又高聲唱出〈You Ain't Nothing But a Hound Dog〉和驚人好聽的〈Jail House Rock〉，在這之後，他們把麥克風要了回去。

# 11

松山的東方是道後（Dōgo），日本最古老的溫泉。道後有三千年的歷史，傳說，一隻受傷的蒼鷺來此泡湯，並恢復了健康。（這是很常見的傳說：在我住的水俣附近的湯鶴溫泉（Yunotsuru）也有類似的聲稱，只是它的傳說是鶴。）人們在基督時代、佛陀出生和成吉思汗的征服之前，就在道後泡湯。因此，我也決定去泡湯。

我搭上電車，坐到終點站，在滿是旅館和私人澡堂的社區裡下了車。道後溫泉本館的主要澡堂是個大型建築，上面有一座凸出的小型瞭望台，屋頂上是一隻鶴的綠色銅製雕像。裡面是個潮濕的世界。幾世紀以來的蒸汽穿透牆壁，澡堂陰鬱，充滿動作緩慢的人們。我慢慢潛進鹼性的水中，閉上雙眼。我幾乎希望我是以走過全日本，而不是用搭便車的方式在日本旅遊。在你疲憊又全身痠痛時，熱熱的澡堂是最好的良藥。

在本館中，樓層越高，表示澡堂越貴。我選擇中等程度的澡堂，如此我可以避開人群，維持尊嚴，又不會荷包大失血，搞得分文不剩。本館的最高樓層是貼有金箔的又新殿（Yūshinden），特別保留給皇室，如果他們正巧前來泡澡的話。有一個俳句的布告欄保留給靈感突然湧現的泡澡人。我飄浮過去，加上我的俳句，但我怎麼都想不出最後一句：

初春——

單獨的一條小徑

我試著完成最後一句，但水的熱度蒸得我頭昏腦脹，當我站起身時，整個房間開始旋轉，我的頭昏了一下，我蹣跚走到一面牆壁前，我始終沒有完成那首俳句。

＊＊＊

泡澡後，我的腳部充血，步伐搖搖擺擺恍若貧血般，我走去遙遠的石手寺，也就是存放在小嬰兒手裡發現的石頭的廟宇。那塊表示衛門三郎投胎轉世的石頭在此展示著。廟裡擠著難以分辨的朝聖者和觀光客，我的心情旋即壞了起來。我在排隊要進廟裡參觀的時候，襯衫濕黏黏地貼在身上，剛剛泡的熱澡，現在讓我全身發燙，頭痛不已。廟宇的庭院裡到處掛著草鞋，許多可追溯到明治時代的疲憊旅人。

現今已經有很少人自己走路過來了，廟裡是一群又一群搭巴士抵達的朝聖者。花店老闆描述他們是「速食遍路」。這真是個超寫實的光景：朝聖者穿著潔白無瑕的白色背心，坐在冷氣巴士裡抵達，他們的柺杖放在巴士門口，就像掛在小攤販的雨傘一般。

我試著想像在西方的相同旅遊團體，但我想像不出來：穿著像牛仔的中年美國人去拜訪阿拉莫[16]，或是英國觀光客穿上厚重的甲冑，然後搭上巴士去拜訪倫敦塔。這完全說不通。那為

16 Alamo，天主教方濟會在德州的傳教區——譯注。

什麼日本人就要這麼做呢？

這個，你會很高興地知道，在長年的研究之下，我在淩晨時分，想出了四種可能的解釋：

**一、浪漫派的解釋**：日本人想要體會最深刻的旅程，整個人都浸淫在這種氛圍中——即使只是短暫的。穿上朝聖者的衣服，只是得到更深一層了解的方式。

**二、憤世嫉俗的解釋**：日本是個空心娃娃。這塊土地充斥著膚淺而毫無深意的儀式；打扮成朝聖者的觀光客只代表日本人變得有多空洞和虛無。

**三、寫實主義派的解釋**：那純粹只是一種文化特徵。在日本，制服非常重要。人們穿上制服後便扮演著一種角色，有時，制服和戲服的分界線很薄弱。

**四、威爾・弗格森的解釋**：為什麼？因為這樣好玩。打扮是好玩的事，而且，嘿，在群眾裡要裝傻也比較容易。想想〈洛奇恐怖晚會〉[17]和萬聖節吧。如果我穿著木鞋和短褲到荷蘭去，我看起來會是個蠢蛋，但如果每個人都這麼做，它便變成一項傳統。那些搭巴士來的朝聖者就像是旅行者大會一樣。弘法大師只是一個藉口。

我問一個速食遍路：「你為什麼穿成這樣？」那位女士回答說：「因為我們是朝聖者。朝聖者是這樣穿的。」換句話說，它就是這樣。很好的回答。

「妳想弘法大師會贊成嗎？我是說，有空調的飯店，和四星級的餐廳？」

她大笑。「弘法大師在乎每一個人，甚至即使像我們這樣的人。還有你。」

「我不是在朝聖，這是我唯一造訪的廟宇。」

「嗯，」她說，「這是個開始。」

# 12

該是離開松山的時候了。我搭乘電車往北來到渡輪碼頭，馬上被時刻表和出發時間表搞得頭昏腦脹。我有三個港口可以選擇，而我甚至不確定我來的地方是不是對的。我困惑不已地彎著腰研究一份時刻表，嘗試找出從瀨戶內海抵達本州本土，最便宜、快速和景觀最美的一條航線。

當我最後終於連接好目的地之間的時間後，我才發現我要坐的渡輪現在就要離開。我只剩三十秒鐘的時間。我抓住背包，瘋狂地往碼頭奔去。大家都跟我說趕不上！他們說對了。我望著渡輪離開碼頭，連續地鳴了幾聲笛聲，轉向海洋而去。

我詛咒著，回頭研究時刻表。在這個心情越來越不愉快的情況下，一個微小的聲音在我身邊響起。

「抱歉，」他說，「我能和你練習英文嗎？」

這種事有時會發生。我通常都很願意配合，但在目前這種心境下，我很難勉強自己。那個男人鼻梁上架著眼鏡，很像一位教授，開始滔滔不絕地發問。他鐵定是做了一張列表。

「你來自哪裡？你叫什麼名字？你有嗜好嗎？」

---

17 Rocky Horror Picture Show，一九七五年電影——譯注。

「聽我說，」我說，「我現在手邊有點忙。我正試著——」

「你幾歲？你是什麼血型？你結婚了嗎？你薪水多少？」

「我薪水？」

「對，我聽說你們外國人在日本都賺了很多錢。」

「聽著，」我說，「在我的國家，問別人——尤其是陌生人——賺多少錢，是很不禮貌的行為。」

「一個月三十萬日幣？四十萬？五十萬？」

我在那折著地圖，試圖想出下一步該怎麼做，而這個嘮叨不休的男人正試著跟我聊我的收入。他說著我認為是任意的英文，隨意地胡亂發問，顯然缺乏整體的計畫。

「外國人不敢吃梅子，」他說，「而且你們都有種族歧視。在美國，你們對黑人很壞，因為他們沒比其他民族聰明。」（請問你對此該有何反應？）「你們還殺光了所有的印地安人。」

我嘆口氣。「北美洲還是有印地安人。」

「不，沒有。我看了NHK的一個節目。你們把他們殺光了。」

我在這時決定對他視若無睹，希望他會自己閉上嘴巴走開。或是全身燃燒起來，從建築物中尖叫著逃離。哪種情況都好。

「在美國，」他說，「工人都不識字。這是為什麼你們生產力不高的原因。」他愉快地對著我微笑，彷彿提供我一個慈愛的建議。「但我喜歡克林・伊斯威特（Clint Eastwood）。你知道克林・伊斯威特嗎？」

「不認識他本人。」

「我非常喜歡西部片。你喜歡嗎？」然後，他突然轉開話題。「告訴我，在寫信的時候，你最後是用P—S還是用B—S？我知道一種是口語，另一種是——」

「是P—S。」

「B—S？」他問。

「P—S。Pneumonia（肺炎）的P和psychotic（精神病）的S。」

「啊，」他說，「我懂了。」

我什麼也沒說。我現在真的對他視若無睹，如果可能的話。

「我的英文可能很差。」他說，「你瞧，我受天氣影響。」他想要等我同情他，在等不到後，繼續說，「我是個頭痛。」他說。

對，你的確是。

然後，就在我要闔上我的地圖，並爬上下一艘渡輪時（我不管它要上哪去），我發現地圖上的小豆島（Shōdo Island）被畫了好幾個圈圈。右田先生在我們計畫我的日本之旅時，特別提到這個島嶼。我在它旁邊，還寫了注明：**圓圈圈**。這是什麼意思？我突然產生一股強烈的慾望，想要搞清楚。這島嶼位於瀨戶內海的另外一邊。我可以搭沿岸而行的渡輪抵達，或是我可以沿著四國北部海岸搭便車，然後搭上一小段渡輪。

「——那就是我決定學習英文會話的時候。」那個個頭矮小的男人說，逐漸結束他的故事。

「告訴我，」我說，「四國的北部海岸風景很美嗎？值得去旅遊嗎？」

「喔，是的，」他說，「非常美麗。」

就這麼決定了。我謝謝他那段帶來智慧火花的對話，坐著電車回到市區。

# 13

走出松山方向的公路炙熱無比。那天潮濕、惡臭而悶熱，每一樣東西都有著悶熱的一層水分。棕櫚樹在高溫下有氣無力地垂掛著，彷彿枯萎的花朵。甚至連建築物都好像在流汗。我在燙熱的天空下，白色霧靄的蒸汽中，沿著公路前進。我的臉滿是汗水，就像塗上一層蜂蜜的甜甜圈。

「感謝老天。」當一輛車子終於停下來時我說。

加藤嘉明是一位電話推銷員，最近才創辦了他自己的事業。因為他花很多時間在開車上，所以他知道所有的捷徑。他繞了不少路，蜿蜒行在鄉野之間，開上一條櫻花山林公路，在那兒，櫻花掉得滿地都是。「我還沒有時間去參加花見派對，」他說。我原本覺得很奇怪，後來才了解，作為白手起家的生意人，他不受公司的保護。這付出的代價是太大了，也很令人悲傷。

我們通過櫻花花海，有那麼一瞬間，我真的覺得我是在花朵的浪頭中，衝過日本。「你來的正是時候，」加藤先生說，「松山的櫻花開得比四國任何地方都早，今天正好是盛開的時候。新聞裡對這還有特別報導。」

我喜歡。對花朵的特別報導。

此時，加藤先生想要介紹路旁不太受注意的花朵。「你知道這些路邊的花田嗎？」他問，「你有看到野花嗎？我們叫它們菜之花（nanohana）。它們在這一帶長得非常多。你知道，我常停下車來，採幾朵回去給我太太。」

我真心受到感動，我幾乎傾過身去，要在他肩膀上搥一下，表示「太好了」的姿態。然後他解釋：「這些花很好吃。我太太用油炸它們，味道棒透了。」他微笑著，當他看到我略顯不安的表情時，很快地說：「當然，我們在吃時有加鹽巴。」

當然。

加藤先生只要到洞爺市（Tōya），但他早就經過它了，現正掠過南部邊緣。「我載你到下一個城鎮。」他說。我們繼續前行，為動力所囚禁。

最後，在小松（Komatsu）的東部，他停進公路休息站。那是一個很大的停車場，還有一家餐廳。隨即發生的事讓我很尷尬。加藤先生在群眾裡突然顯得腆靦，在不顧我重複的抗議之下，試著為我找到便車。我們走過停車場，經過好幾排車輛，直到他發現一輛掛著大阪車牌的車。（雖然我要去的不是大阪，但方向是沒有錯）。然後他走近一個臉色陰沉的父親和長得結實粗壯的兒子。那個男人正在看報紙，頭抬也不抬地就喃喃低語說：「不。」他的兒子的眼瞼厚重，表情遲鈍地盯著我們。加藤先生連連道歉，不斷鞠躬，退步走出，然後低語著：「大阪。」他接下來走近一位剛從廁所走出來的歐吉桑，他的表情驚愕，但加藤先生跟他解釋情況——「他大老遠從美國來找便車搭」——這位老先生的眼中充滿恐懼，我連忙為他拒絕了這項請求。

經過我和加藤先生長時間的討論之後，我向他保證，如果我找不到車的話，我會打電話給他。（松山離此只有兩小時的車程，他說，他會很高興地來載我回去。）加藤先生最後終於同意不幫我找便車了。這是非常日本的一刻：一個人耐心地誘哄和說服另一個人不用照顧他。

加藤先生得賣電話，我得埋伏攔截陌生人。我從他車上取出背包，跟他告別。

「你會喜歡北海道，」他說，「我還是學生時，曾在北海道工作了一個夏天。」

「那裡的人民怎樣？」

「非常友善。你知道那個諺語：寒冷的天氣，溫暖的心。」

# 14

我搭了一連串的短暫便車，心情沮喪地進入城市市中心。太陽炙熱，嘎嘎駛過的車輛幾乎讓我的骨頭鬆散，並陷入緊張不安的情緒中。運輸卡車隆隆駛過，就像排列整齊畫一的德國納粹空軍轟炸機。除了在公路對面的一家柏青哥店面，裝飾著塑膠櫻花之外，舉目所見，看不到一棵櫻樹。

一輛卡車發出尖銳的煞車聲，一個身體肥胖的男人穿著淡黃色T恤，對著我瘋狂地招手。他好像正身處於一場銀行搶劫中。「來！來！進去進去進去！」他戴著一頂邋遢的棉質帽子，經過長年的磨損之後，形狀和顏色都消失了。他的臉龐散漫而帶有野性，下巴冒出灰白粗短的鬍鬚。我猶豫了一下，然後想，有什麼大不了，便跳上車。我還來不及關門前，他就將車開走。他轉入流動的車輛中時，輪胎發出尖銳的嘶鳴，然後，他又馬上停車。他拉直煞車桿，跳出車外——再次地——把我單獨留在卡車上，鑰匙就插在孔裡，引擎還在發動。卡車發出魚的臭味。後座上有打魚裝備和油膩膩的各種用具。我汗流浹背地坐在悶熱的車中，希望他是跑去買飲料。結果他不是。

「你要上哪去？」他跳回車上時氣喘吁吁地問我。「坐穩！」他變換車道，發現走錯方向，立刻又變換回來。車身傾斜地衝過街道，閃躲行人，並開進單行道中——而日本的單行道非常狹窄。

「你釣魚嗎？」他問，「釣魚。你釣過魚嗎？」

他幾乎擦過一位駝背的老婆婆，但她手腳非常靈巧地閃開。路上的車輛越來越多，單行道也變得越來越窄。他充滿期待地傾身向前，一有機會便超車，對著交通號誌發出詛咒。他看起來非常像「座頭市」（Zatōichi）裡那位盲劍客。那是一位受歡迎的電視影集角色。開車的模樣也像他。

我們轉過一個街角，然後，他看見前面開卡車的司機是他認識的人，他按了按喇叭，轟隆隆地停下車來。他跳出車外，我從座位上觀察到，他大笑著以許多誇張的手勢，跟前面那輛卡車司機愉快地交談著。我不知道我現在在哪裡。我如石雕佛像般耐心地坐著等了將近二十分鐘，一隻蒼蠅飛到擋風玻璃上，嗡嗡作響，不肯離去。在等了半個小時之後，我靜靜地拿起背包，偷偷地離開。他沒有注意到我離開。而當我走在小松的街道上時，我發現我又迷路了。一個小蔬菜店的老闆娘從她小小的展示櫃後出來，為我指引正確的方向，是往回走回主要公路——我一小時前走過的地方。我低著頭開始步行，嘴裡詛咒連連，一輛車發出淒厲的煞車聲，停在我身旁。「你在這！」那是座頭市，那位盲劍客。「你為什麼離開呢？」他帶著點不悅地說，「進來，你走的方向不對。」

我們再度進入小松市，但這次我們沒有停下車來。我們往上走，然後往下走，往右，然後往左，往這走，然後往那走，然後是誰也不知道究竟是哪裡。他好像正試著擺脫在跟蹤他的人。也許他正在搶劫銀行。不管理由為何，我們最後往北開去，一路上沒有多少對話。他將他那邋遢的帽子推回腦袋，腰部拱得更彎，彷彿命令卡車前行般。他瞇著眼睛看著遠方，然後大叫：「**就在那裡！**」

他將車速開慢，慢慢接近它：那是高速公路的交流道。該死，我一直試著避免高速公路。高速公路快速精準，直直通過鄉野。那樣子太快，太容易了。如果我要走高速公路的話，我大可以搭子彈列車。「我希望待在公路上，」我說，他停下車來。這趟旅程就像它開始般，莫名其妙地結束了。我跳出車外。盲劍客呼嘯著駛開，留下一團藍色的廢氣，我則單獨站在一條寬廣而空蕩的路上。

＊＊＊

我眼前是錯綜複雜的交通叉口，在地圖上或從高空中看起來非常有效率，但從地面上接近時，就讓人很頭昏腦脹。我試著弄清楚哪條線道是往哪個方向，但徒勞無功。混凝土公路的拱道在交叉口如漩渦般旋轉，像埃適爾[18]的插畫，像莫比斯[19]的漫畫，像，呃，就像高速公路的岔口。我嘆了一口氣，慢慢走上一段交流道。

我通常會避開高速公路，但今天我已經花掉了大半時間，而走的距離還不到二十公里，我就是想離開小松。我頭上的高速公路高架橋在我視線範圍所不及處，傳來車輛的隆隆車聲，我猜時速接近一百公里。這和日本車速緩慢的僻徑相差很遠。我的確採取了比較偷懶的方式，在碰到過座頭市之後，我覺得我應該走高速公路休息一下。

在高速公路的交流道半路上，一輛跑車快速地轉過角落，直直地對著我衝過來！我平貼在護欄上，跑車飛般地駛過，駕駛和我交換了恐懼的表情。我飛快地跑下交流道，心跳如心臟病發般地急速，快得讓我懷疑我是否快沒氣了。回到下面的街道時，我的膝蓋還在發抖。

那輛跑車在下面等我。我想駕駛是想對著我狂吼，我的確是活該。但那位駕駛擔心的是我的人身安全和精神狀態是否正常。

「你沒事吧？」他問。

我的救命恩人的名字是柳田幸男。他的穿著非常瀟灑：暗色調的襯衫和紅色領帶。他的名片有英文翻譯，就是簡單的「社長」（President）。我覺得這很棒。社長。

柳田社長四十多歲，但沒有一張飽經風霜的臉。他有一頭乾淨的亂髮，微笑時露出的皺紋相當迷人。他經營自己的內外銷公司，全身散發著企業家的氛圍。柳田並不是一般的上班族。

---

18 Escher，一八九八—一九七二，以畫幾何圖形為主的荷蘭畫家——譯注。

19 Moebius，一九三八—二〇一二，法國科幻漫畫家——譯注。

他對我在Nexus電腦工作的名片同樣感到印象深刻，雖然教英文會話的工作比不上社長。我們在交換過名片，並恭喜我還活著之後，我們決定回到高速公路上。柳田載著我轉過主要的多線道交流道，車鑰匙插在孔內，車子急奔，他說：「等一下。」然後問：「老歌？」

「抱歉？」

「老歌？」他將卡帶插入錄音座中，我發現自己聽著〈兩小無猜〉（Puppy Love）那令人心碎的演奏。它是由我的加拿大同胞保羅・安卡（Paul Anka）所編寫和演奏的。柳田加快速度，開入車流之中，開始超車。他在開近車輛時，會審視它們的車牌，以確定它們是來自隔壁縣市。搭這麼短途的便車並不符合效益。然後，他會以一種幾乎傲慢的姿態舉起一隻手。當我看著柳田時，我很快便喜歡這個男人。他風流瀟灑，衣冠楚楚，而且相當有自信，彷彿他有權力在國家高速公路上為我攔下一輛車般。我這樣說也許有點誇張，但就是在這樣的時刻，我能看到古老的武士精神閃過，那種虛張聲勢和自負的自我認可。

此時，車輛的音響正在播放著老歌，我突然又納悶起來，為什麼日本人那麼喜歡〈黛安娜〉（Diana）這首歌。在日本，你一定會聽到〈黛安娜〉。從卡拉OK俱樂部到車子音響，你一定會聽到它。它是——這可是有經過科學證實的——世界史上節奏最惹人厭的一首歌。這首歌的第一行歌詞還包含著最諷刺的讚美：「我這麼年輕而你這麼老了……」讓我肯遵守道德規則的原因之一是，我知道如果我最後被詛咒下了地獄，地獄的DJ會一直反覆地放著〈黛安娜〉這首歌。想到這點，我就立志要作個乖寶寶。

幸運的是，唱過〈兩小無猜〉、〈黛安娜〉和半首〈Put Your Head on My Shoulder〉之後，

柳田就幫我安排到便車。但即使在那時候，傷害已經造成。那些曲調像細菌般感染到我的大腦，我在接下來的時間裡，都在哼著保羅・安卡的歌。

柳田透過蠻力，替我找到的便車駕駛是個瘦弱的年輕人。他穿著公司的西裝外套，手上拿著厚重的可口可樂瓶子。他的下巴長著幾根鬍渣，嘴唇龜裂得很嚴重。他的名字是若林雄太，他根本搞不清楚這是怎麼回事。柳田盤問他的去處，一旦等雄太回答後，他便揮著手，要我從藏身之處現身。（柳田一定會是個很棒的攔路搶劫大盜。**站好，把錢拿過來！**）在所有我搭過的便車中，我只希望我和柳田社長相處的時間能久一點。

「嗨。」我說。

「你的朋友？」雄太問，指著公路上柳田曾經停過車子的那一點。

「他是這麼說的嗎？」我問。

雄太點點頭。「那麼，」我說，「我想他算是我朋友。」

雄太安靜地發動車子，然後駛進高速公路。

# 15

我計畫先走高速公路，然後等我們一旦抵達開闊的平地，就轉回頭走公路。但我們一路上一直沒碰到平地。我們進入江之川（Kawanoe）。江之川是個醜陋的都市，在海和山區間擁擠延伸，我們輕快地掠過它。

雄太有種粗率無禮的態度，天生害羞的人有時會採取這種防衛方式，來掩飾他們的羞怯。當我告訴他，二十歲的他是我所碰過最年輕的車主時，他還是真的很開心。他是大阪人。他教了我一些大阪的家鄉話，帶著濃厚的大阪口音。我不太了解雄太的職業。他是某種技工，但他一定非常專業，因為他從大阪一路開車到四國來，只是為了做一小時的工作。他現在正在回家途中，他會很晚才抵達家門。這樣開上一天車相當累。

我們的左方是瀨戶內海，對日本人來說，它是純真失落的象徵。這名字讓人聯想到隱藏的島嶼和如湖般平靜的海域，而事實上，它大部分的地方已遭到工業化和船隻航道的污染。工廠遍布山谷，灰霧籠罩在空中。我必須鄭重聲明：我對抱怨工廠景觀的人毫無耐性，他們認為工廠是種違反人性的罪惡。（這些人以為所有的東西是怎麼來的？他們以為我們是從藤蔓中收採下烤麵包機和隨身聽嗎？）但當一個像瀨戶內海如此美麗的景觀，為死灰色的混凝土建築和油膩膩的工廠所扼殺時，的確讓人感到悲哀。那就像是將一片垃圾場放進國家公園中。

高速公路轉彎和扭曲，提供我們觀看瀨戶內海的幾個角度，但我看到的只有都市的荒蕪。我們駛進一個又一個隧道，出來時面對的總是同樣的工廠和精煉廠。遠處的山巒陷入都市的沼澤中，看起來像沉入流沙的島嶼。都市本身是褪色的木塊、變淡的混凝土和好幾層漆料的組合。日本都市有好幾個層面，就像落在森林地上的潮濕葉片，逐漸腐朽，但又總是在自我更新。

小村莊偶爾會閃現，一派田園景觀，梯田與土地交織成一片，安靜而逐步走向蕭條。襯在這種景觀之下的櫻花，看起來甚至都是灰色的。

＊＊＊

在善通寺（Zentsūji）市，山巒從平原中聳立。高速公路像一把筆刀般，不顧地形地劃過山區。然後高松（Takamatsu）映入眼簾。

我們開車旅經過四國的脊椎處，一路上只稍稍交談，大部分時間保持沉默。從距離上來講，這是我旅程中最長的一趟便車，路況也最為起伏不定。我心情放鬆地抵達高松的渡船碼頭。

「你看過城堡嗎？」雄太問。

我沒有。我甚至不曉得高松還有城堡。雄太陪我走過去。城堡就在火車站旁，面對海洋。城堡如今只剩下護城河和一些凹凸不平的土壘，目前它是市立公園。這些都沒有讓雄太感到沮喪。

「城堡就聳立在這，」他說，指著寬闊的天空。「這裡是天守閣，」他又指指空氣。「這裡是大門。這裡是哨站。」那好像是在看神奇女超人[20]的玻璃飛機。「然後這裡，」他揮揮手，「是監視塔樓。那是個很忙碌的地方，有許多興奮刺激的活動。」他的手快速地移動，比畫著形狀和描出人群。「非常混亂。它是個重要的城堡。」

我看著空氣。「它令人印象深刻。」我說。

20 Wonder Woman，美國著名漫畫和電視影集——譯注。

「謝謝你。」他第一次展露微笑。

在日本，人們在鬼魂間移動，過去總是存在——你要學會的只是看見看不見的事物。

「這裡是庭院。這裡是散步的場地。美麗的女人、武士、貴族和商人。」他倒退數步，欣賞這個場景。他握握我的手，簡單地說：「大阪。」他得走了。

太陽像一塊鑄鐵般滑入海洋，我期待看到蒸汽冒出。

雄太轉向我說：「你確定你不要跟我去大阪嗎？我會經過鳴門漩渦（Naruto Whirlpools）。你會喜歡它的，它是全世界最大的漩渦。」

這提議很引誘人，但我還得探索其他圈圈。他謝謝我陪他，我謝謝他讓我搭便車，然後他將我留在一個想像的城堡旁邊，數代的騷動淹沒著我。

它們好久才消散離去。

# 16

瀨戶內海中散布著許多島嶼，其中超過七百五十座都有住人；小豆島是第二大島。渡輪在幽暗的薄暮中航行，彷彿偷偷地抵達島嶼，靜悄悄地滑進碼頭。風涼爽而潮濕，帶著大海和夜晚的濃郁味道。

渡輪停泊的土庄町（Tonosho）鬼影幢幢。我只在街上看到幾個人，他們趕忙著回家，就像試著趕上宵禁的阿爾巴尼亞人。

我知道我該到內海町（Uchinomi），它在山巒的另外一邊，那裡有一座青年旅館，但黑夜降臨得非常快。當我站在那深思我的選擇時，一輛巴士在對街停下。我跑過去問司機，我要怎麼到內海町。「那是我要去的地方，」他說，「我在兩分鐘內離開。」

當一個日本司機說他在兩分鐘內離開時，他意味著，他將在兩分鐘內離開。不是兩分鐘半，不是一分五十秒。他指兩分鐘。絲毫無差。但你從來不會看見巴士駕駛或火車司機手忙腳亂地維持他們精準的時刻表。一切都在平靜和鎮定泰然中進行——但仍保持著精準。我羨慕這種才能。

青年旅館寬敞而燈光明亮，像飯店一樣清爽乾淨。但它仍然是一座青年旅館，這意味著瑣碎的規則、交流大廳和專制的規矩。我相信成熟的指標之一是厭惡青年旅館。當我十九歲時，我喜歡那種人際關係和集體的精力。在二十五歲時，我開始覺得這些都很討人厭。現在我已經三十好幾了，我能做的事是壓抑到處走動，然後隨便拍打別人腦袋瓜的衝動。

我在小豆島的室友和我彼此看不順眼。他們將背包放在唯一的空床上，也就是我的床。當我走進房間時，他們急急忙忙地重新整理。他們是摩托車騎士，而且帶著早起的邪惡氛圍。日本的年輕人通常都很為別人著想，即使是在青年旅館中。沒有人會在你的房間抽大麻，或把收音機開得老大聲，搞得你骨頭都快散了。但他們以特別早起而惡名昭彰，即使是在假日的時候。尤其是在假日的時候。

待在房間裡讓我覺得不自在，因此我到青年旅館的大廳閒晃。我覺得很孤單，想聽聽熟悉的聲音。因此，我決定打電話給照美。

她的全名是松本照美。我是在水俣透過一位共同的朋友，克里斯頓・奧森認識她的。克里斯頓是位薪水過高的放逐者。他辦了一場晚宴，顯然要將照美與住在他隔壁的日本老師湊成一對。但那位年輕人很早就回家了，照美最後和我成為一對，也就是說，她那天是抱著一個蠢禮物回家的。我們後來只交往了幾個月。

我站在那，看著電話良久，手仍放在聽筒上。我試著想出一位我可以打電話的友人，但想不出來。於是我走出旅館，看著夜空。

月亮蒼白，如探照燈般僵硬，一抹捲雲像漢字的「一」般，劃過島嶼的天際。內海灣（Uchinomi Bay）彎曲成一道弧形，鬧區的燈光閃爍。那是我這趟旅行中——也許也是我人生中——最美麗的一晚，就像大部分的美麗時刻，它絲毫不引人注意。船隻繫在水上，在起伏不定的浪頭中假裝沉睡。月亮如此明亮，海水如此清澈，使得海水下的沙土被點亮了起來。它發出幽幽的光芒。我之前從來沒看過這種美景，之後也沒再遇到。**月亮如此耀眼，連海床都發出光芒。**這是我另一首即興的俳句。

我回到屋內，平靜下來，不需要再打電話給某人。我的房間內充滿著月光和陌生人熟睡的聲音。

## 17

那些摩托車騎士在慌慌張張的沙沙作響和沉悶的低語中，於早上六點離去。為什麼壓低的聲音遠比一般的說話來得惱人？那就像有人坐在電影院中，試著偷偷摸摸地慢慢打開糖果一樣。摩托車騎士躡手躡腳地出門，在身後將門輕輕地帶上，我又沉入睡眠中。兩分鐘後，又被他們吵醒。他們躡手躡腳地回來，私下輕聲低語，來拿他們忘記的裝備。幾分鐘後，他們又靜悄悄地回來拿別的東西。那時，我從床上跳起，攻擊他們。好吧，沒那麼嚴重。我只是靜躺在那，咬牙切齒，從我的鼻子呼出輕蔑倨傲的打呼聲。

一會兒後，仍然沒有睡飽的我在旅館租了一輛腳踏車，出發去環行小豆島。那輛腳踏車只有一段變速（慢）和兩種座位高度（矮和非常矮）可供選擇。它就像小丑的腳踏車，但沒有那麼有尊嚴。在我的膝蓋不斷擋住我的視線的情況下，我搖搖晃晃地騎向內海町。我在半路上碰到旅館裡的摩托車騎士。他們形成縱隊，隆隆地呼嘯而過，以近乎音速兩倍的速度向前駛去。

等我抵達內海町時，我根本沒有在踩踏板，只是用著我的腳輕快地往前奔跑。我此時已經在街道中迷路了。這時，一輛比玩具沒大多少的白色貨車停到街角上。一個銀髮男人搖下車窗。

「你在這裡，」他以小心禮貌的英文說，「一個店主告訴我你在這。我能請問你，你要上哪裡去嗎？」

「嗯，我想騎著腳踏車繞島一圈。」我抬頭看著鎮後的綠色山巒背景。「但我現在想回青年旅館了。」

「如果容我猜測的話，你是位摩門教徒嗎？那就是說，你信摩門教嗎？」

我受寵若驚。我的偽裝發揮作用。「不，我不是個摩門教徒。我是個搭便車的人。」

「啊，是的。」他點點頭，彷彿肯定他自己得意的理論。「作為一個日本人，我天生是位佛教徒，真言宗派，你知道弘法大師嗎？」

當我表達對大師的熱忱時，他決定讓我搭他的便車。「我退休了，時間很有彈性，」他說。「你不妨將腳踏車放在我後車廂內，我將帶你去參觀本島的幾個觀光景點。這裡是我的家。」

就這麼決定了。我將我那馬戲團的道具放進後車廂，然後爬進前座。這變得越來越容易了。我現在不用伸出大拇指就可以搭到便車，而且還是騎在腳踏車上。這的確是一種紀錄。

***

川原晶平是位徹頭徹尾的紳士。他原本是個教師，最近才退休，無聊時以讀英文字典打發時間。「我一天讀十頁。直到目前為止，我已經讀完了三本字典的詞彙。它讓我保持忙碌，並增強我的能力。」這也解釋了他知識廣博但有些古怪的詞彙能力。

晶平是位優秀的導遊，但在選擇景點上並不特別敏銳。「你的左邊是寶生院，它的本尊是九百年前雕刻的肖像。然後這裡，我該怎麼說呢，這是我們新的污水處理器，用來收集廣闊地區的人類糞便。小豆島的特色餐是手延素麵（tenobe sōmen），一種手製的麵條，非常可口。」他介紹得非常徹底。他甚至介紹味道。當我們經過一條特別刺鼻的馬路時，他說：「你現在注意到的是，從許多海帶和醬油工廠傳出的味道。它們也是小豆島的特產。」

小豆島比我想像的還要大。我即使騎著變速腳踏車，也將無法繞島一圈。小豆島也比我想像的還要多山，山巔上覆蓋著森林，就像地毯遮蓋過尖銳的巖石。這些鮮綠色的山巒成為每個景觀的背景，而海洋則成為前景。晶平解釋，小豆島是日本唯一將橄欖作為商業用途的地方。這裡的氣候非常類似希臘，擁有類似的海水和陽光，以及炙熱的長期夏季。別的地方都種植失敗，但橄欖卻在這裡繁盛。晶平指出，橄欖樹枝是和平的象徵，而小豆島以橄欖島而聞名，成為在混亂世界中的祥和桃花源。

「小豆島常被說成是日本的縮影，」晶平驕傲地說，彷彿在日本，作為任何事物的一種縮影都是種榮耀。「小豆島有著和日本同樣百分比的山地和平原，農業和工業，城鎮和鄉村。」

當晶平注意到我正在做筆記時，他下結論說：「如果能讓我可以推測的話，你是一位記者。」

「啊，不。不是。」

晶平突然將車轉向——他的駕駛技術可媲美盲劍客——開往通向海邊的一條陡峭小徑。我們在最後一刻轉進一條車道，在一棟建築物前緊急煞車。那棟建築物外表像個穀倉，位於險阻的小海灣上。它看起來像是某種秘密的造船廠。

迎接我們的是向井先生。這位老頭曬得黝黑，穿著白色的工作服。他有著黃金般的笑容——他有好幾顆黃金假牙。

「向井先生有家本田經銷店，」晶平說，「但你看得出來，這不是我們來此的原因。」

晶平轉向向井，跟他解釋，我是位美國的重要記者，來此報導小豆島的故事。向井先生聞言後，拉開建築物的大門，而在一片幽暗中——如同遇到約櫃般的令人無可理解——是一台機翼高聳的水上飛機。向井先生是日本少數的私人飛行員之一，也是北海道南方唯一的一位。

（在像日本如此狹長的國家中，飛機航線又如此這般擁擠，因此發出的私人飛行執照非常稀少。那幾乎就像擁有你自己的太空船執照一樣。）

晶平驕傲地微笑，他以擁有像向井先生這樣的朋友為榮。「這是向井先生的第三台水上飛機，是他親手打造和設計的。這是日本唯一的一架手工打造的水上飛機。它的確是個令人讚嘆的工程。引擎是福斯公司的引擎。還有乘客的座位。每個禮拜天，向井先生都會開飛機在小豆島上翱翔。」他饒富意義的停頓良久，「今天是禮拜天。」

太好了！搭飛機！在空中搭便車比起在腳踏車上搭便車，還要讓人印象深刻。如果我能成功搭上飛機，我就可以躋身不勞而獲的名人榜之流了。但事情就是沒有那麼美好。向井先生正在修理引擎，因此飛機被困在地面。我問他，他是否有辦法勉強在空中飛行一趟，你知道，為了這篇國際報導。但他拒絕了。

在離向井先生的機棚不遠之處有座廟宇，裡面有神風特攻隊的紀念碑。此事也許並非巧合。這些特攻隊在戰時在小豆島上接受訓練。也許錯失搭乘以福斯引擎發動的水上飛機也不是壞事，但我很懷疑。

不能搭飛機後，我對什麼事都提不起勁來，但晶平盡他最大努力地繼續導覽。他將車開回路上，像是有異常彎曲的手指關節般地不斷換檔，搖搖擺擺和顛簸地抵達一個隱密的小村莊，田野浦町（Tanoura）。

田野浦是日本最感人的小說之一《二十四之瞳》（*Nijushi no hitomi*）的舞台。《二十四之瞳》是由壺井榮[21]女士於一九二〇年代所著，它是半自傳體的小說，描寫一位年輕女子到遙遠的田野浦，在一所小型鄉村學校教書的故事。《二十四之瞳》後來被拍成電影，並以原本的田野浦校園做為場景。晶平現在帶我到這裡來。我們大剌剌地進門，揮手不付三百五十日幣的進場費——「他是從美國來的記者，正在做有關田野浦的報導」。雖然那天天氣很潮濕，只有三間教室的校舍卻非常涼爽，老舊的木頭橫梁和飽經風霜的地板讓人覺得很安詳。晶平站在學校的神社前，背誦向天皇公開表示忠誠的宣誓。他在小時背得這篇誓詞。

「在戰時，他們將水雷丟進海港中，」晶平說，「戰後，掃雷器自水中通過，一個接著一個地引爆水雷。我那時只有十二或十三歲，但我的記憶很鮮明，窗子搖晃得很厲害。轟，轟，轟。我記得死了一個人。」

在田野浦的學校裡，一本老教科書教導學生如何正確地向師長鞠躬（四十五度角），還有女人和女孩跪下的適當方式。

「小孩最先學會的句子之一是，」晶平說，「**櫻花開了**。」

田野浦是個憂鬱的地方。它雖然享有突然和持久的名聲，但這村莊正在蕭條當中。一條現代公路將這個小村莊與小豆島的其餘地區銜接起來。它使得村民不必再走遠路到下一個城鎮去，但也讓年輕人大量流失。

《二十四之瞳》變得不只是懷舊。田野浦已不再有學校。教師和為數甚少的學生在七〇年

---

21 Sakae Tsuboi，一八九五—一九六七，日本作家——譯注。

代便移出村莊，現在剩下的只是博物館和電影場景。櫻花開了。

# 18

小豆島也有朝聖路線。根據傳說，弘法大師造訪小豆島，並建立了幾座廟宇。後來，這幾座廟宇成為第二個、較小的八十八所巡禮的主幹。真言宗僧侶在一六八六年，或一七六四年之後（看你參考的是那本旅遊書），規畫出這條路線。四國的朝聖路線需費時數月，但小豆島只需花數天——如果你跟團搭巴士的話，時間花得更少。

晶平載我回他家。那是幢設計良好的西式宅邸。屋子夾在眾多鄰居的土地中，不得不轉個角度。他在屋內拿一些小豆島朝聖的廟宇照片給我看，沒有特別壯觀的廟宇，但全都有蓋著朝聖紀念圖章。

「每年還是有幾百人來到小豆島，」他說，「但許多人不是真正的朝聖者，他們只是觀光客。作為一個朝聖者，他必須禁酒、採行禁慾主義和吃素，不能在夜晚出門去找樂子，最重要的是，他必須真誠地請求弘法大師的護持。沒有誠意的話，朝聖就是——如果這個字沒錯的話——一場幌子（sham）。或者該用shamble（蹣跚前行）？」

「在這個例子中，兩個字都可以用。」

「朝聖不是簡單的事。它的用意是要試煉你。許多人為特別的理由前來朝聖：他們生病了、陷入貧窮之中，或是老了。我的家庭與小豆島的朝聖有很深的淵源。我的曾祖母曾義務照顧那些不幸的朝聖者。它差點讓我家破產，但她積的陰德現在得到回報，我的家族都很平安、長壽。」

「你的家庭？你結婚了嗎？」

「我現在是一個人。我太太——你想喝咖啡，還是冷飲？」

他給我看一位藝術家畫小豆島圖畫的景觀複製圖片。我們坐在寧靜的屋內，他彷彿陷入回想中，後來說：「她過世了……不久之前。一年，還不到一年。」

他微笑起來。那是哀傷的微笑，一種非常日本式的表情。我以前總對哀傷的微笑感到困惑不解，但我想我現在了解了。這類微笑流露出真實的感情，即使它們的目的是隱藏情緒。這類微笑說著，我很悲傷，因此我微笑，我相信你會了解到這只是一種表面，我正在隱藏一種深刻到哭不出來的哀痛。有許多人寫散文來研究日本人的微笑。它是一種延遲的嘆息，比痛哭出聲或淚流滿面還要深沉。晶平是我自佐多岬之後，遇到的第二位鰥夫。在日本，女人比世界上任何其他團體還要長壽，而男人——尤其是老一輩的男人——非常仰賴女人，因此失去她們會變得如此失落。在日本，鰥夫是最悲傷的形象之一。

「我相信弘法大師，」晶平說，「我相信他的慈悲涵蓋所有的事物。它使得悲哀或失落更容易忍受，你不覺得嗎？我告訴你一件許多年前發生的事情。精確地來說，它發生在一九八〇年四月十五日。我坐在我的書桌前，一位年輕的聖人像鬼魂一般地出現。我確定他是弘法大師，他跟我說話，叫我為老外寫一本解釋小豆島朝聖的英文書。我完成了這件事，」晶平將一本書交給我。「請拿去，這是一份禮物。」

我們從晶平家出發，開往小豆島較為寬廣的東岸，經過一些以錫製波浪板搭成的鐵皮屋。它們形狀古怪，說它們是住家，還不如說它們是金屬帳棚。晶平想帶我去看「殘念石」（zannen ishi），我們在靠近岩谷（Iwagatani）村莊的小樹林間發現它們。它們是粗略劈砍的大理石，胡亂地躺在森林中，就像巨大的骰子一般。有些半沉入土壤中，覆蓋著苔蘚和黯淡的野草。有些上面還有褪色的漢字，諸侯的家紋則依稀可辨。十六世紀，小豆島的採石場供應大阪城的石牆建築（城牆仍挺立在大阪，但天守閣已經過重建）。這些丟在小豆島的石頭被認為是不夠完美或切割不良，而遭到拒絕。殘念石存留到現在，沿著岸邊成一條線分布，或遺忘在安靜的森林中。

我們繼續爬上東北岸，瀨戶內海在下方和前方開展，晶平指指一些沒人居住的小島，其中有一座島嶼被稱做「風之子」（Kaze-no-Ko）。

小豆島再度遭到蠶食。它曾經供應大阪城的採石場，現在則為大阪最新的建築工程供應石頭——即一座建造在小島上的國際機場[22]。一座人工小島。大阪向來將小豆島視為一塊殖民地，以最大膽的字義而言，它是一個被剝削，而不是得到發展的地方。我們開車往北朝著採石場前進時，卡車載著壓碎的大理石隆隆駛過。卡車從早到晚地喧囂，小豆島再次遇上經濟頹廢的窘境：這裡一塊石頭，那裡一塊石頭，全部用來討好新的大阪諸侯。

大阪大口而冷酷地蠶食著小豆島，灰塵飄浮在無火的煙霧中。龐大的卡車在粉筆灰般的粉末中，如上了韁繩般的大象移動著，它們的噪音和咆哮聲跟掃雷器一般吵雜。炸藥的雷管和單調突然的火藥爆炸聲在空氣中迴盪，我卻很喜歡。採石場是如此原始的地方：只有人和石頭和機器。我對它感到著迷，看著大型機具挖起石塊，總是讓我目不轉睛。我是那種躲在工地的柵欄外，出神入迷地盯著場內動靜的奇怪人物之一。

我們在福田（Fukuda）渡船口停下來吃中飯。晶平在一個龐大到近乎空曠的停車場中，嘗試將車停在唯一的另一輛車旁邊。從餐廳的窗戶可看見無垠的大海，還可看到耕種的農夫和聞到海水的味道。它是個小而令人心動的景觀。

從餐廳我們開往——南方？北方？我不再在意了。我舒適地融入被全心全意招待的客人的角色之中，不再做筆記。

＊＊＊

沿著海岸，我們抵達靠近山丘坡邊的一個小社區。上方有個稱做兜岩（kabuto iwa）的懸崖峭壁，以武士所戴的頭盔而命名。公路蜿蜒曲折地通過村莊，低矮地掠過水域，繞過一座大型單調的混凝土公寓建築。它唐突地恍若從天而降。

「我很抱歉，」晶平說，「它不是很乾淨。」

「抱歉？」

他愁眉苦臉。「我很抱歉。」

我那時知道我們經過的是什麼地方了。我對它相當了解，因為我曾在這種鎮裡的學校教過

22 指關西機場——譯注。

書。它是個賤民（burakumin，「部落民」）鎮。這些是賤民商店、賤民公寓，和在街上玩耍的賤民小孩。

日本是個有階級的社會。日本有個階級系統，而賤民位於最下層。賤民的祖先是屠夫和皮革工人，被早已開始學會吃肉、卻仍不接受處理它們的佛教社會所排斥。不可思議的是，這個污名被代代傳承下來，而且仍穩固地留在人們心中。這些包括和排斥的圓圈，創造出局外人、局內人和放逐者。

但問題不只是賤民。不久前，我在報上讀到一篇報導，有關一位中國商人在日本成為當地家長會會長的新聞。媒體將這件事吹捧為「國際化」的重大突破。一位日本教育部的官員也對這項任命案發表談話，他說：「這表示任何有資格的人都能成為家長會的會長，不管他或她的國籍為何。」媒體緊咬著這個新聞不放，對第一位「非日本人」當上家長會會長之事不斷地自我吹捧。那個男人被引述說道：「我希望能在家長會中納入更多人，包括像我這樣的外國人。」一個很棒又溫馨的故事。除了一個小細節之外。這位特別的非日本人在日本出生，在日本受教育，在當地的縣裡住了三十年，而且有個兒子。他的兒子也在日本出生，現在在上學。但他的祖父母是從中國來的，所以他永遠是位外國人，一位「日本的中國居民」，永遠無法成為日本公民。他的兒子也無法成為公民。

日本還有為數更多的韓國人次要階級。許多人是奴隸（抱歉，「強迫勞工」）的後代。日本在戰時從韓國殖民地中擄掠不少勞工來到日本，這是行之有年的習俗，直到一九四五年才結束。這些韓國家庭在日本住了好幾個世代。他們說日文。他們在日本工作、居住並死亡；大部分的人從來沒有去過韓國，但他們永遠不會被視為「真正」的日本公民。直到數年之前，他們都被迫要隨身攜帶屈辱的身分證，並被要求要捺指紋[23]。日本人自認為自己是個非常開放和沒有種族歧視的社會，一般日本人若被問到日本是否有廣泛存在的種族歧視時，都會非常驚愕。他們將種族歧視等同於公然的暴力行為，這在日本很少見。但它的確是個有種族歧視的國家，它的種族歧視帶有最深沉和純粹的意義。在日本，種族被用來界定某人的才華、價值和地位。那是最精緻的種族主義：即對血源的最高信仰。

日本的三大下層階級——賤民、中國人或韓國人——都不是具體可見的少數民族，但他們很容易被偵察出來。直到一九八〇年代，長達六百頁的賤民社群名單還在公司間流傳。這份名單後來遭到禁止發行（或至少是，被好好藏了起來），但這種陋規仍在實行。日本有歐威爾式[24]的公眾紀錄系統。每個婚姻、離婚和親戚都登記在當地的區公所裡。一個人無法脫離他的過去、他的家庭，或他家庭的過去。你無處可逃。那就像繼承你祖父的名聲或你叔叔的暱稱。公司會定期參考這些家庭紀錄以排除賤民，父母則會調查孩子們婚姻對象的背景。一個愛上賤民女孩的男孩，或想和韓國男人結婚的女孩，注定會遭到不幸。

日本人從來不談論賤民：他們是社會的幽靈。如果你向同事問起賤民的事，他不是會輕描淡寫地將它帶過去，就是會皺著眉頭，試著轉移話題。那些抱著深沉否定態度的人們還會堅持

23 如犯人的待遇——譯注。
24 Orwellian，指 George Orwell，一九〇三—一九五〇，英國小說家，著有《一九八四》等書——譯注。

根本沒有賤民這回事。

在我問到小豆島上的賤民時，晶平非常不安。（賤民城鎮傳統上並不存在；地圖或指標也不標示，這習慣仍延續到今天的市政態度上。）

「有些賤民非常好，」晶平承認，「但有些很壞。儘管如此，大部分的人是像你我的一般常人。」

避重就輕、恰到好處的聲明：有些是好人，有些是壞人，大部分是一般人。這句話可以適用任何一種團體。這不是一個回答，但它至少代表了晶平對他們的苦境，抱著同情心。

英國的印度人；澳洲的原住民；加拿大和美國的原住民。我們也有我們自己的社會階級。那是種人類慾望，一種創造放逐者的需求；你可以在印地安保留區和南非的黑人家園上看到它，還有在日本的賤民村莊。

# 19

在探索小豆島整日之後，我與晶平的搭便車之旅也接近尾聲。這並不是一件壞事。我不想講得好像一點感激之心也沒有似的。晶平是個親切仁慈的男人，耐心十足、慷慨聰明。但他也是——我以最尊敬的心來說——人類史上最糟糕的駕駛。他以拉扯鐮鋸的方式來換檔，他的卡車從來不以直線前進，它往後倒退，舉步踉蹌，突然停止，猛然向前衝，假裝停車或改變想法。它駛過蜿蜒的山區公路和沿著陡降的海岸線，蹦蹦跳跳地前行。但也許這是一種心靈指導的形式：因為等它快結束時，我在轉彎處，都會低語著南無大師遍照金剛的禱文。當我爬出車外時，我的脊椎就像一疊破碎的盤子，都快散掉了。有好幾天，我的背部都會突然痙攣。我絕對沒有誇張。盲劍客是我這趟旅行中最危險的駕駛，而晶平則是造成最大肉體痛苦的一位。

在路的交叉口，爬上星城山（Mount Hoshigajō）的山腰處，我們將我的腳踏車留在路邊，然後開車深入峽谷，直抵山邊的纜車乘坐處。（我將腳踏車留在路邊，準備待會兒騎下山。）

寒霞溪（Kankakei gorge）非常壯麗。奇怪的是，我對寒霞溪的記憶是黑白的，就像層次分明的中國水墨畫，松樹凸出在危巖峭壁的石塊上。在纜車之下，高聳的絕壁和石製的拱門往後退去。

纜車並沒有抵達山峰。當我下車時，幾隻閒蕩的猴子歡迎著我——如果悶悶不樂的安靜也可以稱為歡迎的話。牠們是島內較大猴群的放逐者。牠們的舉止比兒島的猴子來得乖巧；不斷和人類接觸之後，使得牠們幾乎變得馴服。

幾隻猴子半閉著眼睛，在傍晚溫暖的陽光下曬太陽。在牠們之下，小豆島延展而出，像諸侯跟前的土地。我毫不懷疑，當小豆島的猴子俯視牠們的土地時，心中會感覺到某種驕傲。牠們只是在忍受人類。高山屬於慵懶的牠們。

我走上綠草如茵的山丘，然後進入一片松林。我走了很久，大腿痠痛不已，但這是值得的。等我抵達山巔，在森林空隙處所觀賞到的小豆島全景，遠比在下面的猴子處來得壯麗許多。我氣喘吁吁和汗流浹背地抵達山巔，但覺得納悶的是，上面並沒有猴子。牠們的缺席似乎在訴說著，我們也許是較低等的靈長類，但我們不笨。

我獨自站在山巔，心中充滿自傲，每當你發現自己站在土地最高處時，就會有這種感覺。站在山巔上，你會覺得自己很偉大；你覺得你像個在山巔上搖搖擺擺的巨人，你直覺地伸直雙臂，試著保持平衡。我靠著風，幾乎在瀨戶內海上那一片金黃色的海洋，翱翔起來。

從這令人引發幻覺的山巔上，我自另一旁的一條僻靜小路走下山。那條小徑每隔幾呎就有個岔口，我走進一叢茂盛的灌木叢，最後我終於走出森林，抵達一條公路。

上面只有一條公路——一條沿著森林上行的「景觀天際公路」——我的選擇受到嚴重的限制。我往南走，森林裡面不尋常的安靜。路上沒有車輛。

這一點也不困擾我，因為我知道，在這麼偏遠的路上，第一輛開過的車絕對會停下來。確實如此。一個滿臉驚訝的林務官載我往下走，抵達小豆島的希臘神社。

這個神社，這個「希臘」神社遭到大部分旅遊指南的嘲笑，以及大部分西方遊客的持續誤解。但重要的是，這個小豆島不協調的希臘建築，儘管以直柱和長方形線條形成，卻是個神聖的神社。它不只是一個觀光景點。古典希臘建築相當美麗，優雅而莊嚴，就像日本建築的線條流暢一般。組合這兩種建築應該是值得讚賞，而非嗤之以鼻的成就。小豆島的希臘神社是融合兩種建築的靈巧示範。它在這點上，與長崎和神戶那些日本與西洋合璧的歷史房舍非常類似。

我在神社裡漫步而行，經過那座希臘—佛教鐘，它在良辰吉日會敲響代表人類罪孽的一百零八下鐘聲。這座神社將希臘異教信仰、佛教神學與神道教泛靈理論結合在一起。

辯論這類建築是融合典範或低俗作品毫無意義。它完全仰賴你從哪個角度去觀賞。

＊＊＊

我很想在小豆島橄欖綠的山上多待幾個小時，但此時太陽已沉沒在天際，天光從金黃轉變到深藍。在電影裡，他們稱這時為魔幻時刻（Magic Hour），介於太陽消失和夜晚降臨之前，光芒仍在高空中閃爍的時刻。天光向四處擴散，景觀似乎發出自己的光芒，沒有陰影存在。

負責關神社大門的女士載我下山，到我的腳踏車停放處。她想將腳踏車塞進她那輛迷你掀背車內，但沒有辦法，於是她心不甘情不願地遺棄了我。沒關係。我沿著山間公路的U型急轉彎而下，風吹拂著我的臉頰。山路陡峭，我的腳踏車煞車又不太靈巧，因此一趟愉快的騎馳，到後來變成一場自殺奔馳。我在森林下坡路段轉彎時，一座廟宇突然映入眼簾。我決定停下來。我離開公路停下車來，再騎過碎石子。我的抵達引起和尚的注意。

「哈囉。」我上氣不接下氣地說。

和尚微笑著，一語不發，揮著手要我過去。他抓住我的手臂，引導我走上在主要建築物旁的光滑小丘。我握住鐵鍊，迷惑地跟著他往上前進。我問他我們要上哪去。他沒有回答，只催著我往前走。

在山丘頂端，有一座以石板掛成的流動雕像。和尚現在幾乎消失在黑暗中，他黑色的僧袍融入黑夜，臉部變得模糊不清。他撿起一個小鐵鎚，輕輕地敲了雕像一下。一個金屬的聲響響起，像音叉般的迴響著。他又敲了另一塊石板，這次的音調較為低沉。然後是另一個較為柔和的聲音。之後，在各種聲音交疊之下，他又敲了幾塊石板後，往後退，聽著聲音一個又一個緩慢的消失。

那位和尚給我一根木棒，我們試著敲出〈Jingle Bells〉這首歌，之後，他握住我的手，並請弘法大師保佑和庇護我。

這是個騙人讓我搭便車的大好機會，我精彩地達到我的目的。我們將我租來的腳踏車塞進和尚卡車的後面，然後他載我下山。

下坡的路突然從黑暗的森林進入狹窄的街道。和尚沒放我在青年旅館下車。他不贊同地揮揮手，然後載我到另一座廟宇。每次我想要開始和他聊天，他就會舉起一隻手阻止我，發出尷尬的小小笑聲說：「No English. Sorry.」但——但我說的是日文，我真的是。「English No.」那真令人沮喪。

我們從兩層樓高的木製大門走進廟宇。一位年輕和尚出來迎接我們。他有張吉米利・克里克[25]的臉和削平的光頭。年紀較長的和尚對著他點點頭，然後滿足地說：「美國。」

這位清見寺（Seiken-ji）的年輕和尚次芝秀峰說著非常流利的英文。他在舊金山做過六年的真言宗和尚，非常適應美國的生活，但他父親死去時，他被迫回到小豆島繼承家裡的廟宇。「我是長子。」他就這麼簡單地解釋。和尚在日本並不是一種天職；它是代代相傳的職位。訓練和適當的知識當然不可或缺，但深沉的精神感召非屬必要。就像在日本的許多事物一樣，祭拜儀式的基本在於適當的行為：如何舉行儀式、如何背誦主要的佛經、如何避免在禮節上犯錯。日本佛教僧侶並不保持單身，秀峰也不例外。他已婚，有三個小孩，在離開美國後，他仍在適應廟宇住持較為清高和嚴肅的職位。清見寺有超過三百年的歷史，廟內收藏著佛經、漆器和比廟宇年代更為悠久的佛教雕像。和尚的責任非常重大。

秀峰邀請我在他家住上一宿。他上小學的小兒子馬上喜歡上我，就像某些小孩喜歡巨大又友善的聖伯納犬一般。我顯然並不怎麼聰明。畢竟，我早已長大，卻不怎麼會說日文。但他確信，我不會造成傷害。

他是個瘦削的小孩，歡欣鼓舞地和我玩耍，他的笨拙討人喜歡。當秀峰的太太在準備晚餐的素食時，我和他們的兒子坐在地板上，用他收藏的變身機器人玩著吵雜又荒謬的遊戲。

你一定會喜歡孩子們讓機器人和玩具兵打鬥的方式。秀峰的兒子會選出一個玩具，像拿著球棍地握著它，然後對著被害者的身體猛搥好幾下。砰！砰！砰！如果我弄錯了，請糾正我；但這不是會讓打人的人和被打的人都感到疼痛嗎？我試著對他解釋這點，但他只是看著我，彷佛我很笨似的，然後繼續手下不留情地猛敲。砰！跟小孩子講邏輯實在講不通。

變身突擊隊用身體將邪惡的壞人撞得失去知覺，然後將自己折成火箭船飛走。另一個變身機器人變成一艘潛水艇，另一個則變成發射火箭的塔台。這些標準的玩具是在日本發明的。我覺得它們非常日本，是一種「身分折紙」（identity origami），在各種情況中變換角色。你完全改變自己來適應角色。秀峰自己正過著變身的生活，首先是在舊金山，然後在轉瞬間，成為遵循古老生活方式的廟宇和尚。在日本，英雄們變身。在西方，他們有「秘密身分」（secret identity）（超人／克拉克·肯特，蝙蝠俠／布魯斯·韋恩，等等）。我認為這是一個關鍵的區

25 Jiminy Cricket，愛爾蘭喜劇演員——譯注。

別。變身機器人處理事物的方式與隱藏的偉大和秘密身分非常不同。秘密身分是種表面的面具。超人騙過人們，蝙蝠俠戴著眼罩，但變身機器人則完全改變自己。他們並不隱藏真正的自我，而是重新安排自我以適應情況。

現在，我像一位人類學家一般，在研究這些玩具。秀峰的兒子覺得無聊，換別的東西去玩了。秀峰傾身過來跟我說：「如果你喜歡那個玩具的話，可以送你。」我很想接受——雙重身分的變身機器人是在日本旅遊的旅客最完美的護身符——但我拒絕了。我有我的道德尺度，從小孩那取走玩具，即使是非常酷的玩具，我還是做不出來。

# 20

隔天下午，秀峰帶我到山上去參觀一座廟宇參拜堂。它就蓋在主要廟宇後面，陰暗和凹穴式的洞穴之中。香柱發出如螢火蟲般的微光，像插針墊般地排列著，深深插入香灰的碗中。絲般的煙霧先是直直往上升起，然後在空中繚繞。經過長年的參拜之後，焚香的煙霧在洞內抹上一層更深的陰暗，一抹銅綠色的煤灰和古老的祈禱文使得小型的金箔雕像似乎更散發出淡淡光芒。金箔雕像圍著一根粗壯的石柱，排成半圓形，形成空間的曼陀羅。中間的石柱是重點所在。

秀峰和我點燃焚香，將火焰揮滅，深深地鞠躬。然後他轉向我說：「這個洞穴原本只是一塊石頭裡的小洞。我父親堅信山裡隱藏著一個更深的洞穴。他花了好幾年來挖掘，就為了尋找它。那塊石頭就像蜘蛛的蛋，巖石裡有水泡和空隙。他挖得越深，就更確定，在這之內一定有更大的洞穴。這座山之內藏著一個壯麗的洞穴。他知道他總有一天會找到它。」秀峰滿足地微笑。

「他找到了嗎？」

「沒有。他一直沒有找到。但他從來沒有停止挖掘。最後，他自己挖出一個洞穴來。就是這個洞穴。」我們安靜地站了一會兒。秀峰看著洞穴的後牆，也就是挖掘終於停止的地方。

「我父親哪。」他說。

## 21

在日本，名字的口耳相傳讓人無往不利。當我還在小豆島上時，提到真言宗的和尚替我開了好幾扇門。我花了幾天搭便車，還討到免費的餐點，大部分是靠秀峰的名字。

我用川原晶平的書，《小豆島的八十八所靈場》來作為旅遊指南，它和川原先生一樣體貼而仔細。那本書有著重疊的地圖，和在每個靈場所需背誦的祈禱文與詩歌這類細節。有些段落很難看得懂，但那只是使得靈場更加有魅力。比如，這裡有一段弘法大師的教義，顯然是逐字逐意地翻譯而成（如果你搞通了，別忘記通知我）：

因為我們誤入迷途，走不出（欲界、色界、無色界）三界堅實的城堡；一旦我們得到啟悟，所有的方向不復存在。事實上，沒有北，也沒有南。那究竟哪裡是東和西呢？

小豆島的歌是敲木魚的咚咚聲和和朝聖者低聲的禱文。四國的朝聖具有史詩規模，但小豆島是親密而變化繁複的。小豆島的廟宇藏在隱密的森林中，坐落於竹林之間，在山洞的深處，狹窄的小徑之下，和喧囂的市街旁邊。島上有擁有奇蹟般治癒能力的溫泉、愛情廟宇、婚姻廟宇和孩童廟宇（我按照正確年代順序排列）。島上甚至還有一座智慧廟宇，孩童們大笑著，想要擠進一個石環，希望能因此變得聰明。

一座廟宇裡關著一隻龍，石製天花板上還有爪子的痕跡（這條龍當然是弘法大師親自捕捉到的）。一座廟宇內有一幅圖像是用十萬人捐贈的頭髮刺繡而成，其中包括去世的印度總理尼赫魯[26]的頭髮。一座廟宇曾經是豢養老虎的動物飼育室。一座廟宇的祭壇則放置著一六五一年，從海上漂流上岸的佛像殘塊。島上甚至還有剛豎立的觀音巨像，它有幾層樓高，裡面有階梯供虔誠的朝聖者攀登而上，然後從啟蒙雙眼中觀看外面的世界。

儘管如此，櫻花開始凋落了，是該離開的時候了。秀峰載我到福田港，去搭夜間渡輪。他認為我們就快要遲到了，以飛快的速度向前奔馳，在狹窄的日本道路上冒著美國式的風險，車子快速地奔馳在中線上。秀峰是對的。我們快遲到了，但幸運的是，我們一路超車趕來，最後在渡輪開走五分鐘前抵達碼頭。當秀峰趕抵時，運輸大理石的卡車已在駛上渡輪。我搖搖擺擺地爬上船，背包感覺比以前還重。秀峰從碼頭上揮手，船的繩子被丟下。

一位變身和尚；一個舊金山式的道別；殘念石、希臘神社和地中海式景觀；這些都讓人想不透。**因為我們誤入迷途，走不出三界堅實的城堡；一旦我們得到啟悟，所有的方向不復存在。**

＊＊＊

渡輪從小豆島滑開，駛入夜間，經過淹沒的山巔，或說是島嶼。東部是鳴門漩渦，水流在水面下不遠處交會和相衝。

我還有一個有關小豆島的故事要說。在這樣的夜晚裡，坐在一艘離開小豆島，開往本州的渡輪上，這最適合說故事了。一位八十四歲的老頭——一位朝聖者——從艙房走到甲板上來，然後安靜地滑開。他的名字是市川團藏八代目（Ichikawa Danzo VIII），他是一位有名的歌舞伎演員。在他死時，他做了最精彩的最後一場表演。這場表演確保他的不朽地位。

市川還在襁褓之時就上了舞台。當他在一九六五年四月退休時，正好慶祝表演生涯八十二週年。在最後一場告別演出後，他旅行到四國，獨自一人走上弘法大師的八十八所巡禮。那對這種年紀的老人來說是個相當艱困的旅程，大家並不期望他會完成這項朝聖，覺得他會死在半路上。

但市川在五月時完成他的朝聖之旅，在櫻花凋謝之後，圓圈完成了。他不知道下一步該怎麼辦。於是他來到小豆島，顯然也想完成島上的朝聖，但後來他改變心意。

他為什麼離開最後一個圓圈，沒有完成朝聖，至今成謎。也許他只是累了。他在人生最後的日子裡，住在小豆島的一間小旅館中，然後突然搭上夜間渡輪，前往大阪。那晚的大雨沖刷

---

26 Jawaharlal Nehru，一八八九—一九六四，印度獨立後首任總理——譯注。

過甲板，市川走到船尾，跨過欄杆，落入黑暗的海中。自此便沒有人再看過他。他的身體彷彿消失了一般。他小心地選擇了他的退場；當時的渡輪正在越過瀨戶內海東部強烈的洋流，他被捲入鳴門漩渦中——在無數的漩渦中旋轉。

市川之死成為傳奇，那是自主生死的終極行徑，朝聖者自我決定旅途該在何時結束。奧利佛・史泰勒在《日本朝聖》中寫道：「他的行為不是沮喪之舉，而是決心之舉。他像離開舞台般地，泰然自若地離開人生。」

當我自己的圈圈結束時，我可不打算這樣退場。我計畫用手指甲在路上留下痕跡，一路尖叫和踢腿地被拖入深淵中。市川，你比我沉著冷靜多了。

當甲板陷入黑夜中時，我回到船內，尋找人聲和燈光明亮的房間。

# 第三章

## 翻山越嶺
### ——本州中部

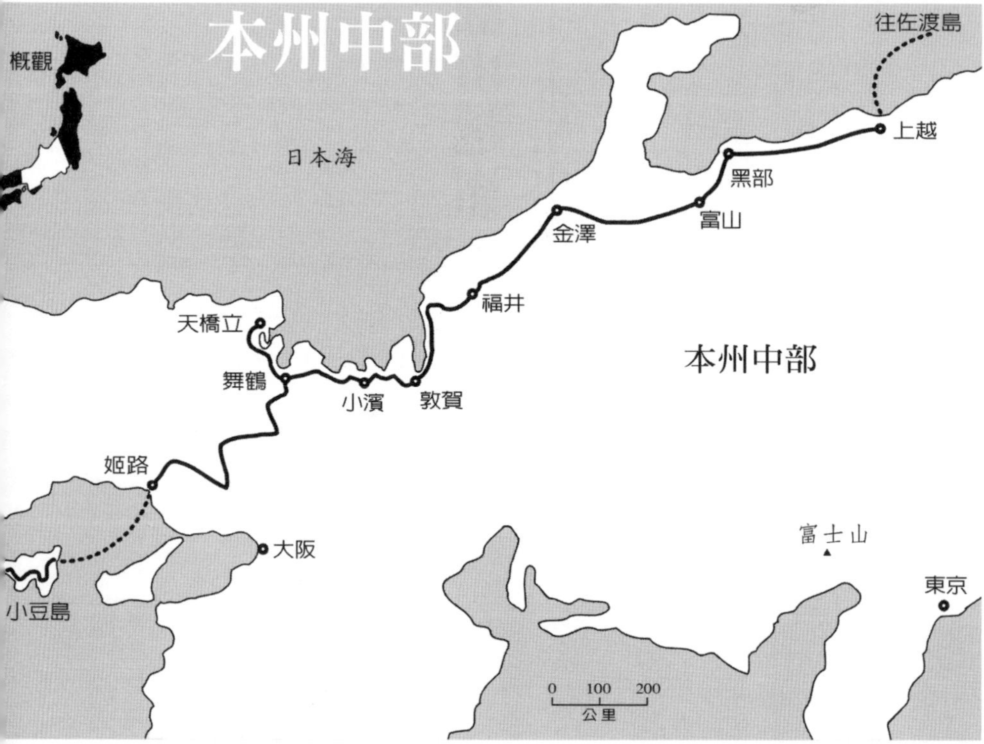
本州中部
概觀
往佐渡島
日本海
上越
黑部
富山
金澤
福井
天橋立
本州中部
舞鶴
小濱
敦賀
姬路
大阪
富士山
東京
小豆島
0 100 200
公里

# 1

在航向本州的渡輪上，我不幸地認識了一群卡車司機。他們在渡輪二樓空曠的自助餐廳裡，擠成一團，喝著啤酒。自助餐廳早就結束營業，但自動販賣機仍在運作。卡車司機坐在那裡吃著魚乾，喝著啤酒。他們很快便看到我，像歡迎凱旋回來的將軍似地對我叫說：「喂伊！老外！」

他們的目的地是大阪這個大都會，他們的卡車裡滿載著壓碎的大理石，衣服因沾滿灰塵而顯得灰暗。他們的領隊脖子很短，眉毛粗濃，理著平頭。他馬上就喜歡上我。他的大阪口音濃厚，講話像連發砲般快速：「老外！別走！留下來喝這罐酒，告訴我們你要上哪去。你對日本女人有什麼感想？你能吃日本食物嗎？跟我們聊天，老外！」我握握他的手，或者我該說，是他抓住我的手，用力地揮了一揮。他遞給我一罐啤酒，然後將我拖到他身邊坐下。其他人員則陸續就坐。「看！老外喜歡我們的啤酒。他喝得那麼快——再拿一罐過來。我們要把這個老外灌醉才行。」

正常時候，我的直覺叫我避開喝醉而無法無天的卡車司機。**避開喝醉而無法無天的卡車司機**：那是我的座右銘。但我在此做了一個例外。小豆島上的和尚秀峰警告過我，姬路（Himeji）的渡船碼頭離鬧區很遠，這麼晚了也沒有巴士，更別想看到計程車的蹤跡。我希望靠甜言蜜語誆騙船上的乘客讓我搭便車，但大部分的人都在他們的車中熟睡，我唯一可以接近的團體就是這些大阪卡車司機。所以……

「哈哈！老外想要搭便車。我們當然會讓他搭便車！我們不是卡車司機嗎？我們不是大阪人嗎？快，再給他另外一罐啤酒。我們來敬這位新的老外朋友！乾杯！」

「喝醉酒開車不是不合法嗎？」我故做天真地問。我清楚答案。那是非常違法的行徑。日本有現代工業化國家中最嚴格的法律，毫無商量餘地。就算你只喝了一杯然後去開車，你就會被吊銷執照。如果你是個公務員，你還會失去你的工作。

「今晚的司機在下面睡覺。我們輪流開車，現在是喝酒的時候！」他仰頭直接將啤酒喝光，吞也不吞，然後用手背抹過嘴巴，誇張地說：「現在我們喝酒！」

太好了，在所有我所能找到搭便車的人之中，我碰到他媽的希臘左巴（Zorba）。我想，他隨時會將啤酒罐丟在地上，開始跳舞。我侷促不安地想扭開身體，但他緊緊抓住我的肩膀，讓我哪兒也去不了。更糟糕的是，在我根本沒做什麼有趣的事的情況下，他老愛誇張地在我背上用力地搥一下，表示他很快樂。做為一位外國人，他覺得我的存在就很富娛樂性。這真是慘到家了。我的背被搥了很多次。

至少我能搭到便車，或者他們讓我這般相信。在這片歡鬧慶祝的某個時刻，我發覺左巴正在和他的手下爭執，要帶我去大阪的哪家酒吧。「抱歉，」我說，「大阪？」

「你會喜歡大阪的。」它聽起來不像承諾，反而像是種威脅。

「但——但我要去姬路。」

「不，你不是，」然後大聲說：「再拿啤酒過來！」

「等等，我得去姬路，這很重要。我得去看醫生，很嚴重的問題，攸關生死。」

「忘了姬路吧！姬路什麼都沒有。姬路女人——噁——醜得像這樣。」他扭曲他的臉。「但大阪女人！啊，大阪女人！」他揮手朝上，咧嘴而笑，認為他贏了這場辯論。

「大阪女人很騷，」一位卡車司機說，「是的，是的，」他們全數同意。「很騷，非常騷。她們穿著亮紅的衣服。她們根本不在乎。」

老天，你怎麼和那些話爭辯？我再度試著逃離。沒有希望，他們緊緊地抓住我。一個男人講話含糊不清，一直抓住我的手臂，拉我到一旁去，對著我的臉，跟我低語一些亂七八糟的東西。另一個一直喝酒，有事沒事地就舉起他的啤酒。最讓人不安的是一位火氣很大的男人，他老是提起美國大兵在沖繩性侵害一位日本女孩的事。他喝得越多，就越狠狠地盯著我瞧。他越瞪著我，他就變得越生氣和固執。我要求自保的直覺一直在尖叫著。逃離，跳開，躲起來。

「抱歉，我得上洗手間。」我說。

「我也是！哈哈！我們來比賽小便！」

一位卡車司機立即喊道：「賭老外一萬日幣！」

「好，但我得先去拿背包，它放在樓下。」

「不，不用。它就在這裡。」他們將背包傳過來。

「是的，但我還有另一個背包。我馬上回來。」

我總算重獲自由，拾階而下，拖著我的背包。我瘋狂地尋找可供躲藏的地方。我在關閉的雜誌攤旁找到一個角落，便擠進去。透過渡船的窗口，我可以看到我們正在接近本州的碼頭。

我沒多久就聽到有幾個人喊著：「老外！老外！我們得走了。老外！你在哪裡？」

聲音從各種距離外傳來又傳去。一位卡車司機走近我藏身的地點。我憋住呼吸。現在只聽得到渡船引擎的震動聲。「老外？」我的心暫停一下，差點心臟病發，原來我站在一道光源前面，我的影子越過我躲藏的地方，遠遠地投射到地板上。幸運的是，這個男人醉到沒有發覺。他看不到人，繼續到樓下去尋找。「老外！老外！你在哪裡？」

他們聽起來真的很擔心，我感覺到些微的罪惡感，但它還沒大到要讓我現身的地步，只是感覺到有點不安，尤其是在喝了那麼多免費啤酒之後。

渡輪在碼頭靠岸，我從樓上看著大理石卡車駛離船塢。他們慢慢地開走，堵住後方的交通。我看到左巴從第一輛卡車的乘客窗口中，不斷地左看右看，仍試著想要找尋我的蹤跡。卡車隆隆駛離渡輪，轉往大阪而去。那時我才從藏身地點中走出。

當我以我的狡猾自豪時，一陣熟悉的沮喪淹沒過我，我發覺我再度在半夜中孤獨一人，面對著另一排倉庫和死寂無人的碼頭街道。

## 2

座艙飯店（Capsule hotels）是日本人的發明，除了日本人，誰還能發明這類飯店？你不是租整個房間，而是一間小小的太空座艙，你爬進裡面，就像是準備要被冷凍起來的太空人一樣。每個座艙內都有控制盤、收音機、鬧鐘，甚至一台電視。座艙的排列方式有如儲藏櫃，但飯店的其餘地方就比較寬敞。飯店裡有一個煙霧瀰漫的大型交流廳，裡面有很多人在咳嗽，許多自動販賣機，一家咖啡店和一座寬廣的羅馬式澡堂。你在那慢條斯理地泡澡之後，就可以回到你的座艙睡覺。在西方，我們的床很大，而洗澡間很小。在日本，情況剛好顛倒過來。

一般座艙飯店的顧客是無賴漢、惡棍、大學學生、可疑的人物、打柏青哥打到太晚的人、以及工作過於勤奮以致錯過最後一班電車回家的上班族。

座艙飯店的收費只有一般飯店的一半，二十四小時開放，並且不用預約。這使它們對獨自旅遊的人來說，非常理想。缺點是？許多座艙飯店不喜歡租給外國人。我們使其他顧客感到不自在，我們穿著鞋子到處走動，我們在浴池裡用肥皂洗身體，我們很少會說日文，我們也不了解事情運作的方式，我們一直按控制盤上的紅色緊急按鈕，睡衣穿起來也不合身。我們犯規的列表長得很。

這是當我搭計程車抵達姬路的夏威夷座艙飯店時，為什麼要誇張地脫下我的鞋子，並換上為客人準備的塑膠拖鞋的原因。我要讓前面的櫃臺人員知道，雖然我是一個身軀龐大又笨手笨腳的野蠻人，我卻不會無知地將泥土踩進飯店。但在我走近他之前，他就冷冷地舉起一隻手，用交通警察的手勢將我攔下來。「日文，」他以粗嘎的聲音說，「你會說日文嗎？」

他叫小川，他試著看起來嚴肅，可惜沒有那個效果。他是個國字臉的中年男子，整個頭髮油亮地往後梳。他的髮型讓人聯想到他那低俗無趣的生活方式——儘管只是工作需要。

「是的，我會說日文，」我說著同樣粗嘎的大阪口音。那招很有效。他咧嘴笑了起來，用著粗嘎的口音，高興地讓我登記住房。他說明了各種收費和選擇，以及無數的規則，然後他在一旁跟我低語：「如果你想看『特別』的錄影帶，要多收五百圓。」

我以前看過日本「特別」的錄影帶。「有沒有打上馬賽克？」

他聳聳肩膀。「有打上，但如果你像這樣瞇起你的眼睛」——他示範我如何做——「你就可以看到。」

「座艙裡面有沒有卡拉ＯＫ？」

我當然是在開玩笑。但小川回答地挺認真的。他嘆口氣：「沒有，也許以後會有吧。」

他說的可能是對的。我可以想像一位日本的上班族，平躺在一個不比棺材大多少的座艙內，用靈魂唱出對故鄉和他所拋棄的女人的心聲。

小川不怎麼喜歡卡拉ＯＫ。他是我所碰過，少數對卡拉ＯＫ公開表示厭惡的日本人。原來是卡拉ＯＫ使得他失去生計。他以前不是座艙飯店的經理。不，他曾經是環遊日本到處表演的自由手風琴手——這可不是我編出來的。他跟過樂團表演，但他的乖戾脾氣和表演者間不斷扯後腿的權力遊戲，使得他感到厭煩。不，他想要自由，只有他和他的手風琴。但，悲哀的是，卡拉ＯＫ迫使像他這樣的旅遊音樂家沒有飯吃。而他敘述這個故事的方式，使得你不得不同意，酒吧手風琴表演的沒落是日本文化中不可彌補的損失。「現在，」他說，「當我彈手風琴時，別人總叫我停止。我認為是卡拉ＯＫ的錯。」

我登記住房，對經理的過去深表同情，並將大背包塞進置物櫃內之後，我出門去探訪夜間的姬路。街道熱鬧非凡。在大道尾端，被燈光打得像霓虹燈的海市蜃樓是白鷺城（Shirasagi-jo）。它是日本最精緻的城堡，可能也是全世界最精緻的一座。

＊＊＊

姬路市在戰爭期間被轟炸成廢墟。城堡被燒焦，卻原封不動地保留了下來。當人們在火焰和煙霧中，看見仍然屹立不動的姬路城時，它變成一種毅力的象徵。他們不知道的是，美國轟炸機並沒有轟炸城堡。他們需要它作為轟炸的座標。從城堡往右轉，你很快便會抵達大阪的造船廠。向左轉就是廣島。

不管理由為何，城堡能持續保存是個值得慶賀的奇蹟。它建於一五八一年，於一六〇九年擴大規模，始終是日本諸侯建築卓越優秀的示範。它屹立在一個小型的陡峭絕壁上，像一隻正要展翅飛去的鳥。我越走近城堡，群眾變得越多。大部分的人正從城堡的庭院中走出來，準備離開。他們飽覽櫻花和喝夠清酒，臉上泛著深紅色的紅光，幾乎是紫色。日本人喝酒時很容易臉紅，因為他們在遺傳上缺乏能分解乙醛的肝酵素。這個酒精的副產品使得他們的臉容易泛紅。

有些人在唱歌，許多人已開始蹣跚而行；一些人急著趕搭最後一班電車；一些人則揮手叫計程車。氣氛熱鬧紛擾，彷彿搖滾演唱會過後的停車場。我走過護城河，進入城堡庭院。仍有一些人在打著燈光的櫻花下，固執地持續開著派對。

在姬路城，櫻花正是盛開時節，到處都有活動和歡笑聲。人們的手揮舞著要我加入，也有人叫我過去。那是一片非常友善的氣氛。一些從來沒見過面的人，像我早已失去聯絡的老朋友般抓住我的手，懷念地微笑著。我成為一些人的座上賓，喝了一點清酒，分享一些笑聲，還騙了幾罐啤酒。但當每個人都笑鬧過了頭時，我仍為城堡所吸引，它屹立在粉紅和白色的櫻海上，散發著榮耀。

城堡裡有三千株櫻樹。我從席間離開，走到前面寬廣的草坪平地上，然後站在那，以尊敬的心往上看。櫻樹開滿櫻花，呈現出如此美好的姿態，聚光燈打得讓人印象如此深刻，如此完美，令我幾乎要鼓掌起來。

在姬路的鬧區，酒吧正值關門的時刻，客人紛紛離去。我走回夏威夷座艙飯店。半路上，我經過一個男人。他穿著皺巴巴的西裝，喝得爛醉如泥，腳步踉蹌。當他的眼睛集中在我身上時，他極力保持平衡。

「你，」他說，「是個老外。」

「你，」我回答道，「喝醉了。」

但當我離開時，我知道在明天早上，會清醒過來的是他，這讓我覺得非常沮喪。

再走幾步，我看到一般人很少在日本遇到的場面：打架。這個，其實還沒這麼嚴重。兩個喝得爛醉如泥的上班族，抓著彼此夾克的領口，旁邊有個第三者在忙著調解，他喝得更醉，重複著說：「住手，住手。」

日文很缺乏髒話。你所能罵的最嚴重的字眼是笨蛋。因此這兩個人一直打著轉，猛拉著對方的翻領，對著對方用力地叫囂出侮辱性的言詞。

「笨蛋！笨蛋！」

「我才不是笨蛋！你才是笨蛋！」

「笨蛋！」

我站到一位旁觀者身邊，問道：「他們認識彼此嗎？」

「當然。同一家公司，不同部門。」

而我這次終於可以驕傲地說：「從我來的地方，人們不會為此打架。」

手風琴手小川仍在他的崗位上，我回飯店時，他對著我咧嘴而笑，還揮揮手。（我們現在是老朋友了。）我去羅馬澡堂，它布置得豪華奢侈，帶著偽歐洲式的裝飾：假大理石、假金箔、假壁畫，和熱的燙人的水。在浴池裡游了一會兒泳之後，我換上飯店的睡衣，走下座艙行列，直到我找到我的號碼。我還不太累，很想再在交流廳裡鬼混一下，但裡面全是吸菸者傳來的乾咳聲，我只好放棄。我從自動販賣機買了乾淨的內衣——就只是為了那股新鮮感——然後爬上我的座艙。它很窄，電視機就掛在我臉前，但我還是成功地爬進去了。有幽閉恐懼症的人還是別試座艙飯店為妙。

我為裡面那個未來派的控制盤感到神魂顛倒，所以我按了幾個說明不清楚的按鈕。我將收音機轉得太大聲，然後又轉得太小聲。我玩著空調，它直吹到我臉上，一陣寒冷僵硬。我將鬧鐘定在六點四十八分。然後我轉開電視，映入眼簾的是一對女人的巨乳。顯然，小川先生決定請我看些成人影片。

這的確是番好意，除了我討厭看色情片之外。影片裡的每一個人好像都過得比我還要愉快。該死，在大部分的色情片中，演員們在前十分鐘玩的把戲，就比我這輩子的還要多。（我懷疑許多反對色情影片的嚴肅人士只是抱著酸葡萄心態。「如果我沒被邀請去參加五人行，那就誰也不能去！」）

更糟的是，小川為我挑選的是美國色情片。那表示每個人在五分鐘內就會脫光衣服，鏡頭裡永遠有四個人。如果在日本播放的色情片不是拍得亂成一團的話，這應該會很有意思，因此我盯著畫面，做一些抽象玄想。在我的小座艙內，立體派狂歡正在上演。從我所能體會的是，它是一種類似宗教的經驗（「喔，我的上帝！」「喔，我的上帝！」）。我試著瞇上眼睛，那的確使得畫面集中起來，但也讓我頭痛嚴重，並做了一些怪夢。

# 3

翌晨，我試著走出姬路市的都會鬧區，但走了一個小時之後，我仍然在一個交通擁擠、車流量大、走走停停的交通災難旁邊。我站在那裡舉出手臂，努力在疲憊、沾滿灰塵和汗水的臉上擠出一抹微笑，極度渴望有人會讓我搭便車。結果真的有人停車。

他是個冷淡不快、個頭矮小的男人。我要將他的名字改為——啊，幹，他才不會讀這本書。他的名字是橋本資別。他是個木匠。他宣稱，他是個世界旅人，跑過天涯海角，並曾探訪了從曼谷到阿姆斯特丹的每一座妓女院。「女人跟男人一樣喜歡它，」他在我們剛見面時就說，「你只是得提醒她們誰才是老闆。」

他咧嘴而笑時，笑容從耳際間裂開，他的眉毛濃的像圖畫書中的鬼靈精（Grinch）。他有兩排黃牙，呼吸有著刺鼻的香菸和魚味。每次我們開車經過一位女性時，不管她是十六歲或是六十歲，他都會用手肘輕輕推推我的肋骨，問我想不想和她有便宜且毫無意義的性交。我當然想有便宜又毫無意義的性交，但這檔子事被他一說，便變得非常骯髒。

妓女、年輕女孩、脫衣舞孃、女人和性：這個男人的話題還真廣。當他鉅細靡遺地描寫他想像中的功績，和從遠處騷擾路邊的行人時，我想道，哇，男人真的這樣說話。我還以為他們在喜劇和女性主義電影裡才會這樣。

那天天氣炎熱，交通混亂。我們緩慢地駛離姬路，在路上經過一家加油站，裡面站著一群打扮整齊的站員。每當一輛車開進去時，她們就像啦啦隊一樣地跑出來。一個女孩在車後指揮車子回到車流之中，並對離去的顧客鞠躬。

資別對我咧嘴而笑。「你覺得她怎樣？呃？呃？」

她的臀部很好看。「她的臀部很好看。」

「喔！你這個變態！」他幾乎是高興地尖聲大叫，「你喜歡我們的女人嗎，呃？你喜歡性交，呃？」

然後他指指我的私處說：「你的陽具一定很大。我敢賭，你們老外的陽具都很大。大！」他握住拳頭，伸出前臂。

這不是我第一次被這樣形容。在日本，白種男人身邊總是圍繞著骯髒的性暗示，就像黑人在白人之間一樣。剛開始，我把它當作是種低俗的讚美，但它不是。它的意思是：你是個縱慾主義者、漫畫人物和變態。當我在高中教書時，一位體育老師對我的陽具有著一股執念，他在派對裡會開青少年式的玩笑和做出荒謬的姿勢。我剛開始時試著用虛張聲勢打發他。當他伸出他的雙手，像漁夫一般誇張地比畫魚的大小時，我會說：「不，不，這不是真的。我比那大多了。」但這只是更鼓勵他的行徑，直到最後我決定反擊，並打中他的要害。在他下次又開始滔滔不絕地說，白人的陽具有多大時，我就說：「那不是真的。那不是因為我們的陽具很大，而是因為日本人的陽具太小了。」他的笑容消失。玩笑結束。他在那次之後，就很少來找我。我無所謂。

而此時，我現在的旅伴不斷地淌著口水。我發覺，與其說他是個男人，不如說他是個蛞蝓，一團採取人類形式的黏液。他有次差點真的要抓住我的下體，我猙獰地微笑，考慮將他的前額敲到儀表板上。這麼沒骨氣的人能學會開車，實在很令人嘖嘖稱奇。

最後，我想，管他去的。不值得為此搭便車。「大？」我說，「大？」我個頭很小的朋友，眼睛發出光芒。「這不是真的，」我說，「那不是因為我們老外的陽具很大，而是因為——」

我再一次地看到微笑消失，我們之間曾經歡樂的關係冷淡下來。他往前盯著，對著交通狀況不斷咆哮，然後，突然間，將車停下來，放我下車。這趟便車時間很短。

「謝謝你讓我搭便車！」我故做開心地說。

他嘟噥著一些回答：「是的，是的，是的，隨便。」然後開走。我對自己感到很驕傲。雖然這種認識方式會讓你想在事後跑去洗手，但這趟短暫的便車已將我遠遠載離市區，讓我能呼吸一些新鮮空氣。城市轉為郊區，交通流量不再是牛步前進。

當那位人類蛞蝓還沒完全離開我的視線時，下一位駕駛已停下車來。那是輛大型貨車——以日本的標準而言，你懂我的意思，也就是說，它非常小。你在這裡看不到我們在北美洲的那種十四輪、像火箭或吸食安非他命一樣到處衝撞的快車。

駕駛是位二十幾歲的年輕男人，在他忙著將車輛開回車潮之中時，還跟我握了手。「去大阪嗎？」他問。這是個壞兆頭。

## 4

日本是條扭曲的長繩索。要翻越日本，要穿越這個國家的脊椎，需要翻山越嶺。沒有直線進行的公路。要從一個海域到另一個海域，從平靜的瀨戶內海到寒冷和波濤洶湧的日本海，我需要一段路又一段路地迂迴前進。

那位讓我搭便車的卡車司機在高速公路旁，放我下車。「你確定這是合法的嗎？」我下車時問。

「當然。完全合法。別擔心。」

我在一條高而彎曲的柏油路上，離最近的小鎮有數哩遠。一條銀色的河流穿越下面的山谷，彷彿一條水銀。更遠處，鐵軌在綠色田野中切割出一條直線，添加了空間和距離感。

我走進這片景觀。我正在日本的分界點上；一邊的山巒慢慢地傾向瀨戶內海，另一邊的山巒則轉向較為寒冷和廣闊的日本海。空氣清新，景觀盡收眼底。只要公路巡警不要開車經過，我就會沒事。

＊＊＊

我向一個看起來是小村莊的方向走去。結果它是一片墓地，在堤防旁邊層層堆疊。附近散布著幾座農舍，除此之外，就沒什麼了。

「你究竟在這種地方做什麼？」

一輛大型房車在我身邊停下來時，這是車上那對夫妻問我的第一個問題。他大惑不解，她則表示關心。「你迷路了嗎？你惹上麻煩了嗎？」

他們是伊藤映見和輝子。映見是個親切仁慈的男人，有一張嚴肅的臉和溫和的雙眼。他的妻子，輝子，雖然已經五十好幾了，仍有著女學童的精力。他們正要去舞鶴（Maizuru）市，他們很高興能讓我搭便車，並像父母一樣地為我苦惱。他們說，他們有個女兒跟我同年。她會說一點英文，她沒有機會在此認識我，真是遺憾。

伊藤太太代替她女兒和我調情。我有女朋友嗎？算有。她是日本人嗎？我覺得日本女孩怎樣？「這個，」我說，「她們都像妳一樣迷人。」

她大笑。「他有魅力，」她對她的先生說，他對我點點頭，表示祝賀。

我們比較我們的國家、生活方式、對約會和羅曼史的不同態度。他們的女兒沒有機會在此認識我——還有，她剛好單身——不是很可惜嗎？

櫻花前線現在才抵達這邊的日本。「他們是使用官方指定的櫻樹，」伊藤先生說，「日本全境的一百零二間氣候站內種植了櫻樹，開花的程度受到小心翼翼的監視。那是他們如何決定開花的百分比和櫻花前線位置的方式。」聽起來很科學。它的確是。

伊藤先生警告我說，今年的櫻花開得比較晚。收音機廣播說，它們目前只有百分之六十盛開。他的太太停頓一下，為我的處境感到憂慮，然後立即問起我西方婚禮的問題。新郎和新娘在每個人面前接吻，這是真的嗎？

我們開始駛過緩慢的彎路下山，開進一片田野和起伏的丘陵。我們經過枝葉繁茂的竹林，它們站在風中，像是巨大的羽毛撣帚。然後我們開往舞鶴港和日本海。我原本期待看到一片寒冷的藍色海面，海浪高捲，飽受風吹日曬的房舍沿著海岸而立。雖然我心中有這麼許多不吉祥的意象，事實上並沒有這麼糟。海岸邊是有幾道海浪，但沒有比平靜如鏡的瀨戶內海糟糕到哪裡去。

「你該在暴風雨來時來看看，」伊藤先生說，「海水攻擊海岸。很嚇人。」

「但很令人興奮，」伊藤太太說，「暴風雨充滿著生命力。」

櫻花從窗外飄過。伊藤先生皺起眉頭。「它們看起來不像開了百分之六十，」他說，然後我們兩個大男人開始討論，那些櫻花究竟是開了百分之五十，還是只開了百分之四十。我們為了友誼而取得妥協，決定它們事實上是開了百分之四十五。伊藤先生為了櫻樹，向我正式道歉。

「年輕的樹花開得比較晚，」伊藤太太說，聽起來滿有詩意的。「較老的花是粉紅色的，較年輕的花比較白——比較純潔。」

「所以徐娘半老，風韻猶存。」我說。

伊藤夫婦大笑起來。「你太有魅力了。」她指責地說。

他們原本打算讓我在舞鶴外圍下車，但當他們聽到我要去天橋立時，以多年夫妻不用說話就能溝通的方式，當下頗有默契地決定要載我到海邊。我不斷抗議，但是他們堅持一定要載我去。於是我們飛也似地經過舞鶴，轉入轉出峽灣，沿著海岸前進，然後很快地，我的右邊就是天橋立（Ama-no-Hashidate）。

它是一個森林繁茂的自然堤道，一條通過海灣的細帶森林。它剛開始只是一個沙洲，數千年來緩慢形成一條棧道，青草和森林逐漸生根。這塊狹窄的陸地幾乎將宮津灣（Miyazu Bay）一分為二：一邊是由日本海翻騰而來的滔滔巨浪，另一邊，在淤泥堆積的潟湖中，海水平靜如鏡。當從上方俯覽時，它形成一道如同浮在海面上的森林，是一條「松樹之道」。天橋立。

在開天闢地之時，日本在此誕生。兄妹伊耶那岐和伊耶那美在此喝得爛醉如泥，性交之後，生下了數以千計的神祇和日本的無數島嶼。一個男性、以珠寶鑲嵌的木棍被投入原始的潮濕中，然後抽離和揮舞，種子的水珠分散掉落在空無中。當伊耶那岐和伊耶那美在天橋立相會時，他們做了第一個原始的觀察。「你有我沒有的東西。」妹妹說。

「而妳有我所沒有的隱藏之處。」哥哥回答。這些不是歷史上最棒的求愛語句，但沒多久後，嬰兒就生得到處都是。這兩個兄妹如此多產，孩童從眼淚、汗水和嘆息中出生。土地成熟了，潮濕的生命紛紛在各地冒出。世界以森林、海水和雨水開始，濃稠而潮濕，孕育著各種可能性。

「天橋立有三點五公里長，」伊藤先生說，「根據官方計算，上面有四千七百六十三株松樹。」我們將車停好，等著行人旋轉橋轉過來。「在天橋立上不能開車，」伊藤先生說，「但是我們可以租腳踏車。」

儘管我抗議不斷，他們還是付了車租，我們便出發前往天橋立。伊藤太太不斷在我跟前跟後打轉，差點翻車，喘著氣大笑。伊藤先生以緩慢的騎速直直前行，堅定決然。沙使得我們的騎速有時緩慢下來，強風不斷地陣陣吹來。

我們經過的松樹長期飽受風吹，形成弧度溫和的森林，甚至連直直的沙坑，看起來都有點彎曲。整個天橋立被兩邊的沙灘所阻隔，形成一道長而無力的S形狀。它被傳統和觀光海報宣傳列為「日本三景之一」[1]。

明治大學的一個研究團隊花了數年時間分析這個景觀。科學家們研究景觀的紅外線圖像，一份新聞報導則做了以下的宣稱（其中沒有一絲諷刺意味）：「研究員利用照片電腦分析，成功地找到組合日本最美麗景觀的特別因素……他們發現，有名的白沙和藍色松樹其實占天橋立景觀特徵的極小因素。科學上的突破顯示，松樹只占了景觀的百分之八點二，沙灘則只有百分之零點四。另一方面，天空所占的比率高達百分之三十一。山巒則占了百分之二十三。」（誰說美麗是不能用數字來計算的？）

「有兩種天橋立，」伊藤先生說，「一種是你騎車經過松林，一種是你從上面俯覽的景觀。兩種景觀完全不同。」

1　另兩景是宮島和陸前松島——譯注。

我聽說過。觀賞天橋立的適當方式是爬上一座山頭，轉身，彎下身體，然後從你的膝蓋間瀏覽整片美景。倒立的頭和失去方向感的感官會讓橋有彷彿是浮在空中的錯覺。我等不及要親自看看日本觀光客採取這種難看的姿勢。

導覽手冊上有張可愛的日本女孩的照片。她穿著迷你裙，彎著腰，從雙腿間對著照相機微笑。她的臀部上被印上驕傲的字眼：**日本三景之一**。另一本手冊鼓勵觀光客「享受你雙腿間的美景」。當地觀光紀念品是一座木頭雕像，一位身體彈性很好的男人，顯然正試著自行口交。他看起來比較是像在雜技表演中展示新奇特技，而不是大自然的愛好者。但伊藤先生為我買了一座雕像，並堅持那個男人事實上正在「思索天橋立」。

升降椅將我們帶到傘松（Kasamatsu）公園的瞭望台，一群又一群的觀光客輪流走上這個特別的瞭望台，彎下腰來，從雙腿間俯覽美景。

我也做了同樣的事，而且，是的，橋真的有點浮動起來。但下來時的那份尷尬和隨後的頭暈目眩，使得這事變得很不值得。我懷疑這整個主意是無聊的當地人想出來的。「這些觀光客很容易上當，我賭我們能讓他們親吻自己的臀部。我賭，我們能讓他們**排隊**，親吻自己的臀部。」

看過天橋立的美景之後（根據我的估計，包含百分之八點九的美景，而不是報導的百分之八點二），我們開車回頭去找一家飯店。伊藤夫婦以夫妻間在孩童長大時所產生親情和關愛來照顧我。我想伊藤太太會喜歡我是因為我似乎有點壞；她喜歡暴風雨、冒險和壞男孩。我們在飯店的餐廳用餐，俯覽著美景，享受一道價格不菲的大餐。當我拿出皮夾時，伊藤夫妻把它揮開。「你是我們的客人。」「一個朋友。」「一個很好的男孩。」我們聊到夜幕低垂，宮津灣的燈光在水面上閃爍。天橋立現在成為模糊的側影，伊藤夫婦向我告別。

伊藤太太嘆口氣說：「真可惜我們的女兒不在這裡。我確定你一定有很多話可以跟她說。」隔天，當我退房時，我發現她先生還幫我付了房錢。

當一個小孩在日本出生時，臍帶被保留並小心翼翼地保存下來，形成一個乾燥易碎的紀念品——一件個人考古學的物件——供算命仙和靈媒在特別情況下，對著它沉思。臍帶在日本有某種深層的魔力。當我從飯店窗口看著海灣和天橋立時，我不禁認出這道關聯：我正在看著生命線本身，神祇與土地之間的聯繫。我正在看日本的臍帶。

## 5

那是個陰暗而烏雲籠罩的一天。他戴著太陽眼鏡，開著一輛金屬灰色的廂型車，雙手很大。他有著瘦長和長滿老繭的手指關節，握著方向盤的拳頭顯得太大。我不記得他穿的衣著，或他是禿頭、頭髮日漸稀薄、還是滿頭亂髮；我所記得的就是那些皮革般肌膚的大手。

他的名字是大石茂樹。「大石」這個姓很適合他。「跟大石武士有任何關係嗎？」我不自然地笑著說。

他半轉身，抬頭直盯著我。我的大笑轉變成柔弱的輕笑。「我是第十二代孫。」他說。

「真的？大石家？」

他倨傲地沒給我回答。

這就像與獅心王理查[2]的第十二個兒子會面一樣。大石的傳說是日本最偉大的史詩，它是個有關忠誠、復仇、背叛和榮譽的故事。它在一七〇一年以一項簡單的違反禮節開始，然後無可避免地導致一場午夜攻擊、殘忍暗殺和集體自殺。簡言之，它擁有日本文學的所有偉大因素。而更棒的是，它是一個真實故事。

簡單扼要的說一下故事：藩主淺野長矩是從鄉下來的天真年輕男人，做為使節要到宮廷去。吉良上野介這位禮節大師則負責訓練淺野宮廷的規矩。但吉良嘲笑這位年輕男人，並拒絕教導他適當的禮儀。淺野無法再接受吉良三番兩次的侮辱，爆發怒氣，用他的劍割傷了吉良的額頭。這嚴重的違反禮節；在江戶城內嚴禁使用刀劍。在吉良的尖聲抱怨之下，將軍命令淺野切腹自殺。淺野照辦了，先用刀切開他自己的腹部，然後低頭讓人砍頭。

淺野藩主的財產遭到充公。他的莊園被販賣，家人被趕走。他的財富被奪走，忠心的家臣們分散四處。他們成為無主的武士，也就是浪人（rōnin）。但他們只是名義上的浪人，因為他們仍在為主人服務。他們秘密計畫復仇。他們由大石內藏助[3]領導，在半夜簽了協定，然後大家各自散去。

大石為了不引起懷疑，整天花天酒地，在街道上大喊大叫，拋棄妻子和兒女。吉良放下心來。記憶逐漸消褪。然後，在一個下雪的冬天夜晚，浪人們出征前往吉良的莊園，發動無情的攻擊。他們在衣櫃中找到躲藏的吉良，一刀便取下他的首級。他們將首級做為戰利品，帶著它前往淺野的墓地，將它供奉給死去的藩主。這些浪人沒有逃跑、躲起來或變成逃亡者。經過長時間的審判之後，浪人們被命令切腹自殺。他們一個接一個地執行這項儀式，將腹部切開，然後低頭讓人砍頭[4]。

復仇、忠心、忠誠，和對死亡的無所恐懼是武士道（bushido）的核心價值。武士道作為武士的倫理法則，以一種或另一種形式塑造了五百年的日本。大石的故事是這些法則的極致表現。

知道這點之後，我更怕我的駕駛了。我非常希望他會喜歡我。「水俣高中的老師們在學校慶典時，演了四十七位浪人的故事，」我滔滔不絕，喘著氣地說，「我飾演大石的心腹。我的台詞是，看！吉良在那！」

大石沒有如我所望地對此感到印象深刻。我曾在高中的表演中，飾演有關他那受人尊崇的祖先的故事，並沒有讓我們之間產生一種親切感。我更不敢告訴他，其他老師和我將它演成喜劇，吉良的首級是個粉紅色的紙球，我們將它斬首下來後，拋進觀眾之中。還有，我們的切腹自殺非常可笑，學生們在台下叫囂、狂笑並吶喊著：「再自殺一次！再演一次！」怎麼跟這位手指關節粗糙、眼神堅定的武士後代說這些事？我決定保持沉默。

「我學日本武術學了很多年，」他說，「我是跆拳道和劍道三段。」劍道是日式劍術，〈星

2 Richard the Lionheart，一一五七—一一九九，英國國王理查一世——譯注。
3 一六五九—一七三〇——譯注。
4 此即《忠臣藏》的故事——譯注。

際戰爭〉中的光劍打鬥靈感便來自於此。難怪他的手指關節會這樣了。

他俯身看看我的筆記本。我正在試著偷偷地記下一些東西。「我以前是位記者，」他說，「總部在大阪。我的行腳遍布東南亞。我也搭便車。」——他可不覺得我有什麼了不起，而且他要表明這個態度。「我在馬來西亞、泰國和印尼搭過便車。你在那裡搭過便車嗎？」

「沒有，但有那麼一次，在峇里島——」

「我還去過新加坡，菲律賓和香港。你去過香港嗎？」

「沒有，但我有一次——」

「那裡很熱，非常熱。我喜歡熱，它能使心靈得到自制。菲律賓也很熱，人們都對我很好。我在學生時代去的——一九七四年。你可能還沒有出生吧。」

「一九七四年時，我已經九或十歲了——」

「那時還在打越戰。情勢非常緊張。美國人把日本當作遊樂園，像妓院一樣。他們在東京或沖繩登岸放假。」他突然說，「看看你！你什麼都不怕。」

「嗯，」我說，心裡想著蛇，「並不完全如此——」

「日本人在初中念了三年的英文，在高中念了三年，如果跑去上大學的話，再念兩年或四年。總共念了十年的英文。但老外要問時間時，他們還是答不出來。我們日本人膽子太小了，」他說，「我們需要無所恐懼。我們不再冒險。日本人不想犯錯。他們太驕傲了。他們，」他停頓了一下，小心翼翼地發音說：「**太害羞**。」

害羞——在日本，這是所有事物的藉口。我要是有天被拉進日本法院，我計畫要用這個作為辯解。

我：我對殺人罪名感到非常抱歉。但你瞧，我很害羞。

法官：你對你所做的事感到羞恥嗎？

我：是的，庭上。我感到非常羞恥。羞恥和害羞。

法官：（對法警說）立刻放了這個男人！

不要挑剔。在日本，真心悔恨的表情可以讓你少判好幾年。

「害羞是軟弱的一種形式。」大石這位末代武士說。窗外，稻田以長又緩慢的步伐攀登山丘。景觀寒冷而潮濕，帶著暴風雨即將來臨的味道，靜電將我前臂上的毛都豎立起來。謊言或遇見鬼？

我們繞著狹窄海灣的邊緣而行，海灘逐漸縮小，海岸線沿著海邊捲起小波浪。在小濱（Obama）這個小城市裡，即使在寒冷和泥濘中，春天還是慢慢降臨；棕色正在轉成綠色。

「小濱是個小京都，」大石說，「到處都充滿著歷史。」他帶我到幾個景點參觀，給我看幾個歷史標示，然後就在我以為他要說再見的時候，他將車轉回公路。「我再載你到遠一點去。」他說。

在小濱外，我們經過一座漂亮的老農舍。它正在緩慢而莊嚴地腐朽，茅草屋頂轉成祭壇塵土的灰色。眼前出現更多的農舍，緊緊地靠在一起。田地銜接著農舍的前門，我納悶整年面對著茂密的秋收、灰塵僕僕的秋天斷株和潮濕的春天泥濘，會是什麼感覺。我納悶這將會如何影響你的世界觀。

他們稱本州的這一邊為「日本之背」。它是飽受天候摧殘的日本。老木頭，老磁磚，老夢想。

一陣濛濛薄霧籠罩在空中。我們只比雨領先一步；我們身後，雲朵已經開始瓦解。大石被動力所困，最後一路載我到敦賀（Tsuruga）市，離他的目的地超過一個小時的車程。在整趟車程中，天空一直快要下雨，但大石一放我下車，開回公路時，陰鬱的天空便逐漸散開。清澈的藍天從雲朵間閃耀而出。就像《咆哮山莊》的希區克里夫[5]一樣，大石也帶著暴風雨而來。

後來，回到水俣後，一位我以前的老師同事對我和大石的會面感到困惑。「大石的子女被將軍殺得精光，以防止日後更多的報仇。殺光敵人全家是標準模式。我不認為你碰到的人會是大石的直系子孫。他要嘛在騙你，要嘛他是個鬼魂。」

「但我有他的名片，」我說，勝利地揮舞著它。「有多少鬼魂會帶著名片？」

「在日本，」那位老師向我保證，「甚至鬼魂都會帶著名片。」

# 6

他們特地開車經過兩次，以仔細端詳我。每次他們都在大笑，而我正好情緒惡劣。

就像許多對朋友一樣，一個個頭矮小又愛講話，一個個頭很大但本性敦厚。倫和史汀皮

（Ren and Stimpy）；丁滿與澎澎[6]。「喂，你！你要上哪去？」小個頭的人說。他從租來的白色汽車的乘客座位上對我大叫。我正在他們對面，穿越一個非常繁忙的十字路口。

「北方，」我簡短地說，「我要往北方。」

「北方！北方？哪裡的北方？」他們拿我來開玩笑，並大笑著。

「就是北方。」

他們很快地商量了一下。「好，」他們說，「你可以搭我們的便車，但你得幫我們把到女孩。」

他們的名字是誠（麥克）和朋之（湯姆），他們正開車在日本到處玩耍。「我們一路從北海道過來，」當我將背包放進後車廂時，麥克說，「我們沿著海岸線開車。我們要往南，但我們可以載你往北。我們不在乎。我們沒有時間表。我們是自由的！」

「自由，」個頭較大，也較安靜的湯姆附和說。

「你看！」麥克說，往後走幾步，指著車牌，好像他現在才注意到一樣。「北海道的車牌！照一張照片！你可以讓你在九州的朋友看。他們一定會嘖嘖稱奇。[7]」

「旋律，」當我爬進後座時，麥克說，「你喜歡什麼樣的旋律？」

5 Heathcliff，英國作家愛蜜莉．布朗黛（一八一八——一八四八）所著的《咆哮山莊》的角色之一——譯注。

6 Timon and Pumbaa，兩者都是雙人搭檔的電視卡通影集——譯注。

7 我是嘖嘖稱奇。但他們沒有——原注。

他們轉著收音機，直到他們找到吵雜又荒腔走板的曲調，然後不斷地供應我飲料和點心，直到他們完全收攏我為止。敦賀逐漸變成潮濕和下秧不久的稻田，稻田再變成山巒。我們在半路上，經過一座拿著香蕉的自由女神雕像。

麥克去過美國，他的英文很棒，很有自己的特色。「佛羅里達州熱得棒透了。他們在公路上有鱷魚經過的交通標示。瘋狂的狂野。我在丹佛時，他們剛好在舉行牲口車比賽。那是一種機運。幸運。我愛車。我在美國開車，時速一百哩。太棒了。」他將頭髮往後撫平。他的頭髮中分，兩邊的波浪老是翹起來，在他轉頭時，總是擋住他的視線。

公路蜿蜒曲折，景觀越來越戲劇性。但麥克和湯姆不想談論景色，或甚至汽車。他們想談論女孩子。

「你的技巧是什麼？」麥克問，「你怎麼跟她們打照面？」

我沒有所謂的技巧，因此我就撒謊。我跟他們說我大學室友常玩的把戲。他會到自助洗衣店去，只要看到他喜歡的女孩，他就會假裝要將地板清潔劑倒到洗衣機裡面去。那個女人絕對會衝到他面前阻止他，他就裝成一副笨拙和無助的模樣，說著「我以為清潔劑都是一樣的」，她會半開玩笑地罵他，然後，他們就上床了。

「日本女人喜歡美國人，」麥克說，「她們覺得你們有異國風味。我們要帶你一起走，當作誘餌。」

個頭高大的湯姆同意。當我們最後終於抵達福井（Fukui）市時，我們在當地的甜甜圈店停車。「喜歡美國人的女孩都會來這裡，」麥克精明地說。我們三個漫步走進店內，在小隔間內撲通坐下，一副很酷的樣子。麥克開始很大聲地跟我說英文。這是為了一、建立我們的存在感；二、顯示我們是具有國際性的都會觀、說英文的傢伙；三、嚇跑競爭對手。在界定了我們的領區之後，我們環視店內。在櫃臺那，有一對大學女孩正在小口啜飲著牛奶咖啡。麥克直盯著她們，直到她們注意到我們強而有力的存在。然後，他對著我的方向搖搖頭，自負的咧嘴而笑，說著：「美國人。」湯姆則露出害羞而易受傷害的微笑。我試著讓自己看起來像是酷帥黝黑的美國人（跟笨拙蒼白的加拿大人相反）。

那兩個女孩彷彿受到演員提示一般，收起微笑，面無表情地看著我們。那已經超越輕蔑，那是極度漠然的表情。

她們緩慢地將注意力轉回咖啡上，繼續她們的對話。我的臉漲得通紅。孩子們大笑。陌生人停下來指指點點。坐著巴士的群眾從鄰近的都市前來。衛星轉換軌道，以將這一幕捕捉在影片上。

我做為女性磁鐵的魅力既然失敗了，這趟車程也接近尾聲。麥克叫我到北海道時，打電話給他。但他的口氣冷淡，我覺得很氣餒。

「我們再試一次，」我說，「我只是需要暖身一下。看，又有女孩子進來了！」

但麥克和湯姆交換了意味深長的眼神，我的請求遭到忽視。「教你怎麼走出福井，」麥克說，「走到第一個交通號誌那，先右轉再左轉。你可以在那搭便車，不會花你多少時間。很容易。」

天氣很好，車流穩定。還會出什麼差錯？我謝謝他們讓我搭便車，彼此握握手後，他們開車離去。我深深吸了一口氣，短暫考慮了一下，再回甜甜圈店內試試運氣，但最後，我往公路方向出發。

如此這般，我人生最長的一天於焉展開……

# 7

小的時候，我想做亞歷山大大帝，不是因為他有個俏皮的暱稱。（你想有多少人被稱為「大帝」？喂，伙伴們，包伯大帝剛打電話來。他想知道他要不要帶乳酪醬。）不，我想成為亞歷山大大帝，因為他擁有自己的軍隊。我一直覺得一個所向無敵的軍隊是很方便的事。比如，如果亞歷山大不喜歡一個地方——比如服務很差或他找不到停車位好了——他就可以派出他的大軍去破壞建築物，在田裡灑鹽，使一般民眾成為奴隸。這聽起來很好玩。

我要闡述的重點是，如果我有自己的軍隊，福井市早完蛋了。

真是個令人不快的地方。這裡的市民真的以身為日本最粗魯無禮的人為傲。「我們福井人很沒禮貌，」他們會說，「我可以吐在你的咖啡裡嗎？」

那天剛開始還不錯。我正站在完美的路段上：寬廣疏鬆，離城市不遠，還有好幾個小時才會碰上傍晚的車潮。這些固執的人總有一個會停下來。但他們沒有。儘管如此，他們的確將車轉往我的方向。顯然這是為了好好看清楚一位奇怪的老外。但要是他們在經過我時，撞到我的話，我懷疑他們會在空中舉起拳頭，大聲叫著：「太棒了！十分！」

天色陰暗下來，風勢變強，膨脹而底座沉重的烏雲滾進，看起來像浸在泥坑中的大塊毛料。一滴雨滴飛濺在我前方的地上。一會兒之後，另一個飛濺在我右方，再飛濺在我左方，彷彿試著尋找射擊範圍的狙擊兵。最後，一滴雨滴擊打在我頭上，你可以聽見遠處福井的神祇叫道：「太棒了！十分！」

剛開始時我高興地不得了。雨！現在我看起來會很可憐，人們會因同情而停下車來。我將表情從和藹親善的摩門傳教士，轉變成眼神可憐的孤兒，並渴望地望著每輛經過的車輛。

後來發生的事讓我對日本人的第一條搭便車法則做出引論：一個在雨中站在路邊、舉著大拇指的老外，看起來並不悲傷或孤單；他看起來像是瘋了。車子看到我時，疾駛而去，駕駛的眼睛盯著後照鏡，望著我遠離，以確定我沒有跳上保險桿。然後，雲朵飄開，大雨滂沱而下[8]，彷彿諾亞方舟一般。

我看這下不會很快就搭到便車了，便掙扎地拿出塑膠雨衣，它顯然是為了新奇所設計的，因為它擋不了雨水，並且像潮濕的紗龍一般黏在我身上。雨下得又大又急，從人行道上猛力彈開。公路覆蓋著水。我瘋狂地對著車輛伸出大拇指。沒有人停車。我開始在車輛經過時，發出詛咒，變換著我的大拇指和中指。這不是搭便車的好策略。「老天，蜜糖，我們還是停下來載那位被雨淋濕的野人，雖然他對我們伸出中指。看，他在頭上戴著很新奇的帽子。」我在雨中站了三個小時。請讀者停頓一下，好好想一想。三個小時。在雨中。而且沒有一個福井人停下

8 聖經中，上帝要毀滅世界所下的豪雨——譯注。

車來。拿出鹽來，男孩們！將稻田燒毀！放狗出去！你們記得迦太基嗎？福井市的掠奪破壞會讓迦太基看起來只是小巫見大巫。**福井毀定了**。雖然我懷疑在這種大雨中，亞歷山大的軍隊能否點燃任何東西。但想像一下總是不錯，而且讓我的心思從刺骨的即將失溫狀態中轉開。

就像人生中的許多事物一樣，情況變得更糟糕。尖峰時段開始：車輛一部接著一部地經過，對我潑出大片雨水。卡車像除雪機一般，將雨水推在它跟前，一位駕駛在經過我時大笑出來，他的車牌自然是福井當地的車牌。太陽西下，或應該說，暴風雨使天色陰暗。大頭燈一路照過來。我現在對著車輛咆哮，活生生一副野人的模樣，經過的車輛照出我的輪廓，就像在燈光照耀下的科學怪人。沒有人要停車，我離市區有十公里遠。

我將背包拖回肩膀。它滿是沉甸甸的水，它那美國太空總署的太空時代防水布料顯然在日本的暴風雨中，不堪一擊。我轉身，正準備走長路回到有趣的福井市時，一輛車行緩慢的跑車停了下來。那輛車輛簡直像是浮在水面上。它的車身很矮，活像一艘紅色的救生艇。

「你沒事吧？」駕駛問。我擠進車內，雨水滴得到處都是，我好不容易擠進乘客座，將背包放在我大腿上。

「你們究竟是怎麼一回事？」我大喊，「我等了三個小時，三個混帳小時！」我戴上眼鏡，馬上起了一層霧。

「你要上哪去？」他問。

「我本來要去金澤，但那是三個小時以前的事！現在我能到下一個城鎮就是我運氣好了。」

我從夾克口袋裡取出濕透的地圖，翻到福井的地方。「只要讓我離開這個混蛋縣就好。越過縣界的第一個城鎮是哪？讓我看看。加賀（Kaga）市。」

「我會載你去金澤。」他說。

「好，那載我去。」我用早就濕透的手帕抹抹我的臉，並擦掉眼鏡上的霧。我頭一次好好地打量車主。他年輕、穿著整齊，而且全身乾燥。「你是福井人嗎？」我問。

「是的。」他說，希望這是正確的答案。它不是。

「嗯，你們福井人是怎麼一回事？不再有人在乎別人了嗎？」（你可曾注意到，個人衝突如何無可避免地標示了文明的殞落？）「福井人，」我說，「很不親切。」這在日文裡真的是很不客氣，相信我。

我們開車進入夜晚。車內一片死寂，只有雨水打在車頂的咚咚聲響，像敲在特百惠（Tupperware）餐具上的指紋，還有我氣得火冒三丈的喘息聲。我慢慢冷靜下來，發覺用嚴詞侮辱解救你的人，並不是一個好主意。它甚至可被視為毫無禮貌。告訴你實話，一等到我的腎上腺激素停止分泌，我心中充滿了罪惡感。

「這個，」我突然很愉快地說，「今晚雨下得真大。」

那個可憐的人恐懼地瞥著我，就像人們盯著脾氣時好時壞的瘋子一樣。我自我介紹後，他也自我介紹。

「中村昭一，」我重複道，「很棒的名字。它的意思是『中間村落』，對不對？我的名字意味著『弗格的兒子』（son of Fergus），但是我沒辦法告訴你是哪一位弗格。我想，是某人的父親，哈哈，我只是在開玩笑。今晚的雨很大吧？」

昭一點點頭，彷彿胃部遭到刺穿般地微笑。幾分鐘後，他打開收音機。

既然無法和他混熟，我說起非常有禮貌的日文。「我能問你你在哪工作嗎？」

「我在Nexus，」他說，「我們製造電腦。」

「你在Nexus上班？沒開玩笑吧？我也是！」但他顯然並不相信我，這段對話便無疾而終。幾小時後，在忍受過交通擁擠的試煉和目睹四輛車追撞的場景後，我們抵達金澤。接近午夜。這時，我的罪惡感如滾雪球般巨大，我試著用任何事情，甚至是錢，來讓他相信我不是那麼壞的人。

「我來分擔油錢。」我說，給他數百億日幣。

「不用，不用，」他說，「你是我的客人。那是我的」——他的聲音卡在喉嚨中——「榮幸。」

說來，我很嫉妒天主教徒。我不確定我是否了解細節，但就我所知道的，如果你是天主教徒，你只要走進懺悔室裡，對著神父咕噥著你的罪惡，然後他罵你幾句，所有的惡行就被原諒了。然後你出門，再犯更多的罪惡。它似乎是一種全面的循環。清教徒就只能永遠懷抱著他們的罪惡感，而且如果你是**長老教會**的話，算了吧，你乾脆去開槍自殺。

「福井很美麗，」我說，像政客要競選一般舌如鼓簧。「很棒的縣。」

「是的，」他說，「但人們並不友善。」唉呀。說到悔不當初。

「喔，那個，我只是在開玩笑。聽著，我們一起去吃晚飯好嗎？我請客。」

「謝謝你，」他說，「但我得回福井。我的朋友在等我。」

「你的朋友在等你？」

「是的，我正要去參加朋友的道別晚會。他今天要調到別的地方。」

「你是說，你不是要來金澤？」

「不是，我只是要轉個彎。」

我開始瘋狂地在皮夾中翻尋更多的錢。「請拿去，麻煩你了。」我說，將一疊鈔票塞進他手中，但沒有用。他不肯接受。我現在只想找個洞鑽起來，死了算了。這不叫搭便車，這叫欺負弱小。我一路威嚇他開車到金澤，而我在本書中所說的那些禪宗、搭便車的藝術、和日本人一起旅行而不是單獨旅行的哲理，現在聽起來都像是廢話。

「你人很好，」我說，「非常好。你是個很好的人。」我像說咒文一樣每隔幾秒鐘就反覆說這些話，直到我們抵達金澤車站。

「希望你在金澤玩得愉快。」他說。

好機會。「聽著，」我說，「把你的地址給我。我會送你一些東西，小禮物，一些錢，好謝謝你。」

「不，」他說，「沒有必要。」

你這個混蛋。「再次謝謝你讓我搭便車。我真的很感激。」

他於是開車離去，留給我幾個大苦惱，其中之一是我的背包。

＊＊＊

金澤車站為光亮的霓虹燈和龐大現代化的飯店所包圍。你知道它們是哪種飯店：他們的名字就像凱悅皇家麗晶帝國飯店，燈火照得通明，彷彿它們是萬神殿，而不只是讓人類休息的大型客艙。我徘徊走進一家這種飯店。它根據中產階級所以為的上流社會裝飾來布置：玻璃大吊燈、皮製沙發、毛織地毯、沒必要的燈座和許多黃銅製品和鏡子。

就像日本的每一座飯店一樣，它的人員多得可笑。整隊門房在大廳裡打轉，絕望地想找些事情來做。他們試著看起來忙碌，這樣經理才不會發現，他有十四個人來開兩扇門和清理三只菸灰缸。不過，這家飯店也許有十四個經理也說不定。狗屁，它甚至還有自動扶梯小姐。沒錯，自動扶梯小姐。她們整天站在自動扶梯旁邊，在客人經過時，便深深一鞠躬。

我走到櫃臺，一個穿繡了紋章上衣的男人可笑地以為，我會為了一個單人房付上兩百美金。「我不想要總統套房。單人房就好了。」但那個在櫃臺的男人堅持他的想法，我只好離開。出門時，我數數我碰到的鞠躬次數：七次。七個不同的人對我鞠躬，並謝謝我，而我沒有在這地方花上一毛錢。如果我真的在這裡租了一間房間，他們會不會趴在我面前，用他們的領帶擦亮我的鞋子？日式服務有時實在很過火，讓人難以消受。

我離開金澤鬧區的燈火通明和大都會氣氛——一個日本人依循慣例，指稱為「古雅」和「傳統」的都市——在數個街角外，一個迷人的混凝土建築中，找到一個房間。它叫做商務飯店，但它外面的招牌沒注明是什麼樣的商務，我猜是殺蟑螂。一晚六十美金，老天，這錢花得很值得，飯店的每一個房間都有以下配備：一張床。

當我要求飯店早上叫我起床時，櫃臺人員遞給我一個上發條的大鬧鐘，我猜從四〇年代就沒有人用過這個鬧鐘了。當我要求毛巾時，他額外收我錢。我原本想問他時間的，但不確定我是否付得起而作罷。

我一旦到了第十四層樓的房間——我一點也不擔心會被困在火災中，不，一點也不——我發覺我並不需要那個鬧鐘。我只是照老習慣要了鬧鐘。我計畫在金澤待上幾天；頭一次要在某地待上一個禮拜左右。我將不會在破曉時分在路旁試著搭便車。我可以大睡特睡。事實上，我可以整晚在外頭鬼混，而不用擔心起床的事。因此我擰乾牛仔褲，吹乾頭髮，上了很多刮鬍水後，跑出去在金澤的街道巷弄間四處徘徊。數小時後，我爬回床上，全身帶著刺鼻的菸味和酒味。在太陽還沒升起之前，我還沒熟睡到半個小時，就有人跑來重重地敲我的門。那是晚上的櫃臺人員；他注意到我沒下樓，擔心我睡過頭。我甚至不能叫他滾開。我還得爬起床，謝謝他打擾我。他只是擔心而已。「謝謝，」我嘎聲說道。

至少我是在日本，所以我不用給他小費。我所需要做的，只是在退房時，留給櫃臺一大疊鈔票而已。這是要化解我們將服務以金錢這種低俗物品來衡量的尷尬。日本商界不喜歡用小費這種低俗而又失禮的手法，而是採納自動服務費，我猜大概數目是百分之七百吧。對一個如此顧及顏面的社會而言，這種費用相當便宜。

## 8

金澤是個古老的城下町，以它古老的街道、建築、花街柳巷、一座別墅、花園和老劇院而聞名。它是個歷史悠久的城市，新蓋的部分除外。它所缺乏的就是一座城堡。只有後門還留著，即使在缺乏任務的情況下，它仍然顯得壯麗十足。而它所保護的天守閣早已消失在時間和都市計畫之中。

我對金澤感到失望。我不確定為什麼。它是個繁華的都市，我並不抱怨它的成功，但金澤只有在你是從東京或大阪直接過來時，才會覺得它很古雅。在經過四國的小徑和九州的漁村之後，金澤讓人感覺太大、太擁擠，更重要的是──太昂貴。它同時也是我這趟旅程的中點，我期待著在歡呼的群眾和五彩碎紙中，勝利地進入金澤。而相反的是，我疲憊不堪又嗚咽著蹣跚走入，咳嗽不斷，心中還有一股揮之不去的罪惡感。自從我去拜訪過宇和島的凸凹神堂後，我還沒有這般疲倦和痲痺過。

在超越一般日本都市鬧區的風貌之外（以「大盒子以令人困惑的方式排列著」而聞名），令人驚異的是，金澤的許多景點保存地相當良好，有些社區甚至可追溯到德川將軍的時代。在受過福井人的鳥氣之後，金澤人相當友善。我在金澤的時間內，沒有人試著在我的咖啡裡吐口水。

但櫻花呢？我看到幾朵散亂的櫻花，但還不足以讓人發起寫俳句的心情。於是，我去造訪在城門對面的兼六園（Kenroku Gardens），但遍尋不著櫻花。櫻花前線還沒抵達此處。一個臉色凝重的新聞記者指著日本的衛星地圖，解釋說，金澤的櫻花只開了百分之八，遠遠落後於去年的百分之四十二。或許情況正好相反。反正，他對此表達深切的關心，為了證明這點，電視台顯示了各種弧線、漩渦和複雜的格狀覆蓋的地圖，彷彿在說：「我們為這些地圖付了很多錢，所以你最好把每一張都看清楚。」

我試著喜歡金澤，但我沒有耐心。我在市內閒晃了好幾天。我在某些很高級的餐廳吃飯，薄薄的魚片如紙般排列，女侍穿著精緻的和服到處走動，這些餐館和我經常光顧的居酒屋正好成為正比。在金澤，這些餐廳散發著高級的氛圍。它們所費不貲，但是很值得。反正，我對骯髒邋遢的小酒館感到有點厭煩，因此我藉機享受日本一些較不尋常的餐點。我甚至考慮去吃河豚（一種處理不好會要你命的河豚）。但你哪會知道，你會不會碰到一個老家在戰時遭到破壞的廚師，所以我打消此念。

我不起勁地當個觀光客。我讀了幾份觀光手冊，但記得的東西很少，除了金澤很「古老」之外，我在此可是正確地引用資料。我在金澤的寺廟街上漫步，進入一打寺廟，並拍了一些讓我家人和朋友痛恨的幻燈片。（「這是大門寺（Daimon）。它是——等一下，不是。這是繩文（Jomon）寺，它建立於——等一下，抱歉，這個是大門寺，前面的幻燈片才是繩文寺——要我回去介紹嗎？」我的家人：「不！不！」）

但有個寺廟真的很有趣：惡名昭彰的忍者（Ninja）寺，建立於一六五九或一六四三年，端看你參照的是哪本旅遊指南。很棒的地方：狹窄走廊形成一片迷宮，突然轉進天花板很高的大房間（在裡面比劍比較有趣），有很多秘密和隱藏的通道。它甚至有個讓人毛骨悚然的自殺室，相當恰當的是，它沒有出口。

我這時已遊遍旅遊指南內的景點，除了博物館之外。金澤有許多博物館，名字聽來都讓人想打呵欠：傳統文化縣立博物館、縣史文化博物館、文化工藝傳統博物館、歷史性歷史工藝博物館……我很驕傲地說我一個也沒去。我對博物館有個理論：它們爛斃了。人們說他們喜歡博物館，但他們在撒謊。他們真正在想的是晚餐吃什麼？還有要參觀到什麼時候？你不喜歡博物館，你只是像吞咳嗽藥或觀賞歌劇一樣，勉強忍受它。我對博物館所會發出的讚美，尤其是一間特別好的博物館是，它不像別的一樣那般無聊。

我從十二歲開始就不參加校外考察旅行，現在我既然是個大人了，我不需要做任何我不想做的事。我不需要吃球芽甘藍，學習代數，為我祖母跳舞，或在我想尿尿時舉手。我確定我不用去博物館。你可以說我缺乏文化，看我書幹嘛，但你別扔掉我的書，我可以跟你保證，除非博物館理有巨大的石製陰道，否則我不會拖著你過去。有多少人能給你這種承諾？

這也不是說我不想有些消遣。在重複幾天沒有去博物館，只有我陪我自己後，我變得有點瘋狂。我覺得無聊，我覺得焦慮不安。我開始問陌生人，看他們要不要和我練習英文。我坐巴士時，特別挑前面的座位，好和司機聊天。我甚至考慮翻翻我的日文語言書；看來我是不是閒得發慌了？

然後它抵達了：櫻花前線從南部像潮水一般地抵達。櫻樹變得生氣十足，街道染上色彩，金澤瓷瓦屋頂飄浮在粉紅色和白色的花海中。春天的海嘯，花朵的颱風。突然之間，金澤不再那般無趣。

浮光掠影的景象：我走在金澤古老的花街柳巷之中，看到一位藝妓，她穿著絲質的和服，正好消失在一道門口，為粉紅色的櫻花所環繞。一部單格的電影，一幅浮世繪——旋即消失。

仍有少部分的高級藝妓存在。她們學習藝術、音樂、談話和做愛技巧。她們不是妓女，日本藝妓甚至會使蒙地卡羅的高級妓女相形失色。雖然現在許多藝妓已年華老去，但我瞥到的那位美得有如陶瓷。我原本想跟著她進入那個陰影世界，穿越那道門，走過櫻樹的小徑，到她有錢的贊助者等待她的地方。但當時，這個感覺並不十分強烈，因此我讓我的視覺停留在彼方，完整而不受干擾。**藝妓走過，初春**——另一首威爾．弗格森沒完成的俳句。

# 9

我在晚上又回到兼六園，景觀為之一變。樹下坐著許多飲酒狂歡的人，人們在低垂的櫻花下，唱著歌大笑，一起左右搖晃摔倒。我徘徊在宴席之間，人們高舉著手，叫著「來！來！」邀我進去他們的圈子，作為一位暫時的貴客。男人的臉漲得粉紅，將領帶打在頭際，昂首闊步地到處走動。女人們則拍著手，慫恿著他們，大叫著：「脫掉！全部脫掉！」

然後從這片混亂中，一個人用英文問我：「抱歉，你是美國人嗎？」

他是個矮小的男人，比我大上幾歲，穿著燈芯絨夾克，臉上帶著微笑。他的領帶已經扯開，顯然是喝酒狂歡的標誌。他也的確是。

他的名字是中村，好在跟我強迫載我來金澤的中村無關。中村二號是當地高中的英文老師，他正在和其他老師慶祝他們的年度賞櫻大會。

我被邀去認識中村先生的老師們，這讓我一直矛盾地回想起我自己當高中老師時的光景。我原本期待校長先生（kōchō sensei，像英美學校的校長，但權力要大得多）會在突然間，站起來發表慷慨激昂的長篇演說，鼓勵學生們充滿野心和擁有國際觀等等。但中村先生的同事們都相當放鬆，他們歡迎我到他們的樹下，沒有發表演說。

「我的名字是義博，」中村先生說，「請叫我義。你是加拿大人？我大學時去過一次加拿大。我搭火車經過洛磯山脈。你知道，」他的聲音變得小聲，「我的夢想是騎摩托車跨越北美洲，去看大峽谷和寬闊的天空。」

我喜歡義。他有著柔和與使人鎮定的聲音，他說話的態度彷彿他一直在對著我傾吐心意，彷彿他說的每件事都是秘密，而我是他的共犯。

他給我看他皮夾裡的一張照片。「這是我女兒，彩音。她才三歲，非常可愛。這是我美麗的太太。」他將照片拿出來讓我看。「我是意外成為老師的，」他說，「我想和我妻子結婚，但那時我沒有穩定的工作，而且睡在朋友公寓的地板上。那時過得非常愉快，我只有一輛摩托車和鬍子。嗯，算是鬍子。我太太覺得我看起來像一位冒險家，但她的家人不做此想，他們希望我有個好工作。在日本，老師是個非常受人尊敬的行業，我又喜歡英文，因此我成為一位老師。」

義博是九州熊本人，他的太太是天草人，我以前就住在那。世界真的很小；義博曾在西天草高中教過英文，我也在那教過。這個共同點立即讓我們產生堅固的同志情誼。

他仰頭喝光他的啤酒，當我為他斟酒時，他說：「我真正的夢想是成為一位動畫家。你知道，日本電視。在日本，動畫家的壓力很大。我的大學朋友為電視動畫影集〈七龍珠〉畫卡通，救護車來過我們宿舍三次，因為他工作過於勞累。」義大笑；工作過度在日本非常普遍。

「我喜歡科幻小說。你知道日本動畫嗎？」

「當然，我認為它們很棒。」我說。

他整個人精神一振。「真的？酷斯拉怎麼樣？你知道酷斯拉嗎？」

我知道酷斯拉嗎？這段談話變得越來越熱烈。我們以運動迷興奮地喘著氣討論他們最喜歡的隊伍般，交換著怪物故事，不斷地同意和打斷彼此的對話。「摩斯拉（Mothra）！你那次有沒有看——」「是的，當外太空酷斯拉——」「沒錯，還有怪物摩斯拉！」我們甚至合唱了〈岡摩拉〔Gamora〕怪物主題曲〉（「岡摩拉是所有小孩的朋友」），其他老師在我們唱完後，給我們熱烈的掌聲。

「岡摩拉是怎麼回事？」我想知道，「一隻巨大的烏龜在天空中像飛盤一樣地飛翔。誰能那樣飛行？而且等你降落之後，你將頭昏腦脹地無法打鬥。」

我們拚命討論下去。我在此省略細節。除了一項：你知道酷斯拉會飛嗎？這是真的。他從嘴裡噴出火焰，以背朝天空的方向，飛入太空。這種方式只比岡摩拉要聰明一點。（說到這我想到，我早上起床時的口氣大概也有相同的效果。）喔，對了，我還從義那裡聽來一個細節：酷斯拉（Godzilla）這個字和上帝沒有關係，它只是英文的誤譯。在日文，他的名字是Gojira，從日文的鯨魚（kujira）和猩猩（gorilla）組合而成，這使得他成為一個猩猩鯨魚。這不是最棒的事嗎？

「我太太罵我，」義說，「她罵我，因為我買酷斯拉的玩具給我女兒。但彩音喜歡它們，她跟大酷斯拉一起睡覺，就像它是泰迪熊一樣。我不知道，也許我該買一些娃娃給她。」

「買酷斯拉就好，」我說，「有多少娃娃拯救了全世界，打敗摩斯拉，而且又推倒東京鐵塔？酷斯拉是個更好的榜樣。」

「你該和我太太見個面，」他說，「她的英文說得比我好。她在大學裡學阿拉伯文，那是她學英文的方式。」

「她用阿拉伯文來學英文？」

「那時候還沒有阿拉伯文—日文辭典。所以，首先她得學會英文。然後她從阿拉伯文翻譯到英文再翻譯到日文。」

「幹嘛那麼麻煩？」

「說來話長，」他說，「她小時候看過〈阿拉伯的勞倫斯〉。那部電影，你知道吧？她很受感動。她的夢想是有天去撒哈拉，看金字塔、尼羅河——你怎麼說伊斯蘭的寺廟？」

「清真寺？」

「沒錯，看清真寺和旅行商隊……那曾是她的夢想。」

過去式說明了一切。「她從來沒有去過？」

「沒有，」他說，他的聲音柔和的像嘆息。「她從來沒有去過。也許以後吧。」

夢想。在日本，這個字帶著幻想的意味。承認某事是你的夢想，等於承認它是無法企及的：越過大陸的摩拖車騎士，夢到旅行商隊的家庭主婦，夢想成為圈內人的局外人。日本充滿著這類夢想；夢想像無數的神祇，居住在每個山頭、巖石、島嶼和港灣。它們棲息在家中。設立祭壇來供奉它們，小型奉獻就能使得它們滿足，它們像霧一般不可觸摸，像空氣般無可避免。被延遲的夢想。日本的理想之一就是自我犧牲，而犧牲的第一項事物通常是人們半秘密的、強烈個人的和無可企及的夢想。我記得在一個寺廟牆上看過的塗鴉，它是我首先讀懂的日文句子之一：**日本是以嘆息的力量向前推動的國家**。

義抬頭看著上面的櫻花。「我們長大，」他說，「我們長大，然後我們妥協。」在一段停頓之後，「我愛我的家人。日本人害羞，不願意承認此事。我們認為如果你把它說出來，就會喪失某部分的真實。但我不覺得如此。我愛我的家人，但總有那麼一天，我會騎著摩托車越過美國。」

「你太太呢？」

「她會和旅行商隊一起旅行。總有一天。」

總有一天。我以前以為在日本，「總有一天」意味著「很快」或「最後」，但我錯了。在日本，「總有一天」並不存在於未來，它存在於一個完全不同層次的存在。它意味著「在來生，在另一個時空」。

「你的女兒呢？」

他大笑。「她會學會飛翔，像酷斯拉一樣。」

「然後摧毀東京？」

「喔，我不認為如此。她會是個心情很好的怪物。她心地很好，不會毀滅世界。」

一個貝都人。一位長距離的摩托車騎士。一個心情很好的怪物。

「等你認識我父親時你就知道了，」義說，「他非常快活，該說太快活了。他會說英文，我母親不會說英文，但她人很好。你要不要來認識他們？」

因此我們從派對中起身，漫步經過陣陣笑聲和被燈打亮的夜櫻。他的父母住的房子離兼六園不遠，在一群如迷宮般的狹窄巷弄內，坐落在寺廟的隔壁。我最後一次跟別人的父親見面是在宇和島，結果他是個原子彈生還者。我在義家裡的門口中猶疑起來。

「你的父親，」我說，「他不是在長崎或廣島之類的吧？」

「不，不是，」義說。他將前門拉開，我們走進庭院。「但他是個戰俘。」

該死。「聽著，義，你的父親可能睡著了。我走好了，好嗎？也許哪天再來。」

「別擔心，」義說，「我會把他叫起來。多桑！」他對著黑暗的屋子叫道，「多桑！」

一會兒之後，一盞燈亮了起來，一位銀髮表情堅定的男人走了出來。他穿著一件浴袍，像一位武士回應隊友的救命呼喚一般出現。「義博？」他戴上眼鏡，用手撫平凌亂的頭髮。

「啊！」他看到我時他說，他的微笑寬闊。「進來吧，伙伴！」

我們立即將整個家吵醒。義博的太太出來歡迎我，鞠躬時還略帶著睡意。他的母親微笑著，一直撫著睡衣。小彩音蹣跚走出，睡眼惺忪地摸著眼睛，用懊惱的神情偷窺著我。

義博的父親相當熱情。「坐下，坐下。我們來聊聊，好嗎？我每天都在讀英文，你想看看我的筆記本嗎？我記下英文句子、新字、諺語、所有的東西。『A penny saved is a penny earned』。我給你看我的英文筆記。」他走去拿筆記，但走到房間半路上時，他突然注意到一本相簿，然後他忘記了原先的目的。

他帶著一疊相簿回來，翻開一本，放在我的大腿上。裡面的照片亂七八糟，完全沒有次序，很像我們的對話。

「這裡，你看。這是義博小的時候，只是個小嬰兒。這是他在熊本市騎摩托車的模樣。我們是熊本人。義博在這張照片裡很瘦。他現在胖了一點，他太太會煮菜了。這是我的婚禮。日本婚禮，非常正式。沒有人微笑，太嚴肅了。這是彩音，很可愛。這是義博和智英美的婚禮。她會說英文，你知道？」

綠茶和甜點好像在憑空中冒了出來。我是唯一喝茶的人。這很普遍；茶和甜點是給客人吃的，就像放在祭壇上的橘子——多半是種精神作用，而不是真正的營養品。剛開始，我在日本有好一段時間都在懷疑，是否有人在茶裡下毒，因為我作客的時候，沒有人會碰它。只有在你從客人成為朋友時，他們才會和你一起享用茶和甜點。

中村老先生想知道我是否結婚了。「你有太太嗎？沒有？每個人都叫你娶日本人，對不對？告訴你日本太太比較好，是嗎？」

我點點頭，這是真的。從街道清潔工到公司社長，每個人都建議我，娶日本女人的好處。

中村先生倒是有別的看法。「別娶日本女人。不管怎樣，別娶她們。日本太太**在婚前**非常好。在婚後——」他投降般地雙手朝上。「非常強悍。」每個人聽了都笑了。義博的母親雖聽不懂英文，但也笑了，她看見她的老伴說英文，覺得很有趣。當她大笑時，她的眼睛瞇成兩個完美的半月形，像顛倒的U。

「在婚前，我太太很溫柔。總是對我鞠躬，說著『你要喝茶？你要甜點？』而且如果她要——」他把手放在臀部後面做爆炸狀。

「放屁?」我說。

「是的,當她需要做這類事情時,她會到洗手間去。她轉開水,鎖上門,然後——噗。」他做出最小的音效。「但她現在不在乎了。大聲音——啸——像打雷一樣。你看見在牆上那邊的裂縫了嗎?我太太弄出來的。」

我們哄堂大笑,尤其是中村太太,她覺得放屁的姿勢很好笑。當義幫她翻譯上一段話時,她笑得流出眼淚,然後傾身打了她先生的手臂一下。

「不行,」她說,「住嘴。」

但他繼續說下去,以卓別林式的表情,哀嘆娶了日本女人的男人命運。當他扮演先生和妻子時,他的臉從哀傷變為嚴苛,活像單人演出的輕鬆喜劇秀。「現在我老了。我很累。當我對我太太說:『我渴了,請給我一點清酒,拜託,拜託,』她會像這樣看著我」——他換上一張高傲的臉——「然後她說:『那又怎樣?杯子就在那裡,清酒在廚房。』」他嘆了口大氣,悲傷地搖搖頭。「喔,威爾先生,別娶日本女人。她們就像貓一樣,將爪子藏起來。」

然後他又回到相簿。「你要去佐渡(Sado)島嗎?」他問,「是的?佐渡是一個好地方。我去年和我恐怖的太太一起去過。」他打開另一本相簿。「看,我們在這裡,在一個像澡缸的圓船裡。」

佐渡島以一個傳說而聞名。相傳,一位年輕女人從本州坐著一個像酒桶的大型澡缸,去拜訪她那被放逐的愛人。(我不記得故事的結尾,可能是以悲劇收場。)

在團體照中,嚴肅的日本男人穿著短袖襯衫,釦子扣到頂,相機掛在脖子上,像信天翁一樣。團體裡只有一個女人，那就是中村太太，裡面只有一個人微笑——應該說是咧嘴而笑——那是中村先生。他們兩個像是在蠟像館中的真人。

我看著照片。「其他男人為何沒帶太太去？」

「誰知道？」中村先生說，「也許他們不喜歡他們的太太。也許他們的太太不喜歡他們。這是老習慣，日本男人很少和太太一起旅行。但我不是。我怎能不帶我恐怖的太太去佐渡呢？」

「她看起來沒有那麼恐怖。」我說。

「哈！我們有客人，所以她把爪子藏起來了！」接著全場又哄堂大笑，中村太太又傾身打了她丈夫一下。

日本幽默最大的來源之一是個人在公眾和私底下的不協調。每天的生活都需要小小的虛偽，而這是無數娛樂的來源。

一個典型的例子——傑克．西渥[9]在《日本人》中引述了一首幽默的俳句（我自己翻譯的）：

當她為心愛的人撿骨時
她不斷流淚——
並在其中尋找金牙

---

9 Jack Seward，美國暢銷作家——譯注。

我試著背誦這首俳句給中村家族聽，但我介紹的方式不對，他們誤以為我正在描述一個悲傷的個人故事。他們變得非常安靜。當日本人說這首俳句時，大家總是哄堂大笑（一定是我傳達得不夠清楚）。幸運的是，中村先生很快地又讓屋內充滿笑聲。你得抓住中村先生的每一句話，否則它就像狂奔而去的馬兒一般，跑得不知去向。他的太太堅持要他讓我看他的書法，他曾經是縣內的冠軍。

他從高處拿下一疊他的作品，然後立刻改變他的心意。這不是由於虛偽的謙虛，而是來自突發的靈感。

「每天我都死亡，」他說，「每早我都再生。每天都是個一生。當我上床睡覺時，我感謝我的神，為讓我多活一天感謝你。」

他將此話翻譯成日文，他太太沉思地點著頭，每個人尊敬地停頓片刻，然後我們又開始聊天了。

「你喜歡釣魚嗎？我昨天才去釣魚，看見我的曬傷了沒？」他讓我看他的前臂，像磨光的皮革一般泛著深棕色光芒。「我釣到十二條小魚：一，二，三，就像那樣。當魚媽媽回家時，她會問：『我的寶寶到哪去了？有人抓走牠們了嗎？』也許有點悲傷。」

他用剛才飾演懼內的先生的孤單表情，來表演魚媽媽。那非常好笑。我從來沒有碰到過像中村先生這樣的人。他興奮得喘不過氣來，彷彿他這輩子妙語如珠，每天都有智慧可以分享，彷彿他只有這晚可以傳達它們，彷彿時間不夠了，而他正在加緊腳步。

「關島，」他說，「我太太和我在關島。」在他給我看的照片裡，他們穿上最好的衣服，站在珊瑚礁前微笑，遠處是面美國國旗。他戴著日本退休男人都會戴的棉帽。他和他太太並肩站著，彷彿一對白金漢宮的警衛，不知道自己不能笑一般。日本人將世界當成照片的背景；重要的不是地點，而是你去過那裡。這個是膚淺，還是比較誠實，很難說。

「澳洲，」中村先生說，「看，動物園裡的無尾熊。看起來像義博。」我看看照片，然後看看義。他說得沒錯。彩音就像一隻無尾熊寶寶，睡意濃厚地抓著母親。

「我看起來才不像無尾熊，」義說，他把我當作中立的法官般提出訴求。「告訴他，我看起來不像無尾熊。」

「抱歉，」我說，「你爸是對的。你看起來像隻無尾熊。但是以一種好的方式。」

「哈，」父親說，「我告訴過你，我兒子是隻無尾熊。」

中村先生和太太的下一趟旅行是要去歐洲。中村太太很緊張，但她先生不以為然。

「我太太也說過她不想去澳洲，太危險了。她擔心每個人都恨日本人。但我們還是去了。」

他輕笑。「現在她想回去那裡。」

「真的？」我用日文跟她說。

「喔，是的，」她說，「澳洲人很好玩又活潑。日本人太害羞了。我喜歡活潑的人。」

「像爸爸一樣。」義說。

「是的，你父親很活潑，」她說，用那個無以名狀、無法翻譯、有著多重目的的字眼：元氣（genki）。那是我最喜歡的字眼之一。它意味著健康、精力充沛、樂觀、勇敢和活潑。當日本人打招呼時，他們不是說「你好嗎？」然後保留地回答說「不壞」。在日本，他們問「你元氣嗎？」回答是「元氣呀！」分手時則說：「保持元氣！」

所有的語言都有盲點。日本人能分辨這個和那個飯店，卻無法指稱一個或那個（the）飯店。母語是英文的人說到「本事」（savoir faire），就不能不亮幾句法文，而法國人說到熱狗（chien chaud）時，總是顯得很愚蠢。

有些字眼則適合所有語言。美國式的OK有各種用法和簡潔的節奏，除了最偏遠的部落之外，已被全球廣為採納。你去伊斯坦堡的市集或阿根廷火地島州的村莊，都會聽到當地人民說著OK，使它成為人類歷史中最普偏的字眼。

日本人不能分辨羞恥和尷尬。在日本，尷尬就是羞恥，兩者不可分離。這也許，或也許沒有，意味著日本的整個價值體系。但同時，日本人有組單字，wabi（詫，意為道歉）和sabi（銹，意為鏽），合用起來時意味著轉瞬即逝和短暫的美感；腐朽的美學，不協調的細節，和自然的色彩，還有對未完成、短暫和不完美的欣賞。要解釋日文的這四個音節的字眼，需要一篇英文的迷你散文。

「我父親，」義說，帶著一種兒子早已放棄改造父親的關愛，「太元氣了。」

「澳洲很元氣，」中村先生說，「我喜歡那裡。非常大，又很寬廣。還有很多無尾熊。」

「說夠無尾熊了沒？」義說。

清酒被端了出來，我們互相斟酒。「你的父母是世界旅行家。」我對義說。

「也該是他們旅行的時候了。我母親是熊本一家女子大學裡的護理人員，我父親從市政府退休。那是他們的機會。」

「我們必須看許多國家，看他們的思想，並學習，」中村先生說，「我和我恐怖的太太。」

「一起嗎？」我問。

中村先生真的對我的問題感到吃驚。「當然，一起，」他說。沒有她，他會有股失落感，分開像孤獨一般不可想像。她溫和地摸摸他的手，就像你碰觸熟睡中的小孩一般。

智英美和彩音去睡了，義也快睡著了，但中村先生和我絲毫沒有睡意。我們開始喝了第二輪清酒。我們唱了幾首歌，中村太太唱了一首感人肺腑的傳統民謠，我則回唱了一首〈Blue Suede Shoes〉。我試著要義再一起合唱〈岡摩拉怪物主題曲〉，但他太累了，因此我又唱了一遍〈Blue Suede Shoes〉。然後我們又回頭看相簿，一張照片有著無法形容的海灘和單調的藍色海洋。「關島？」我問。

「塞班。」

「你為什麼要去塞班？」

中村先生臉上的微笑微微改變。「去看我的老地方。我在許多年前去過塞班，在戰時，美國陸軍在塞班俘虜我。」

「哇，這麼晚了，」我說，轉向義求救，但他早已睡著。「我真的該走了。」

「我是我們那團唯一的倖存者。想像一下。每個人都死在塞班。」他用形容孤單的魚媽媽回家找不到小魚的快活語調說著，「再喝些清酒。」他說。

義的手腳突然動了一下，搞不清狀況和害怕地醒轉，他昏昏沉沉地拍打嘴唇，然後蹣跚走去睡覺。中村先生為我斟滿酒杯。話鋒一轉。

「我們說：『為天皇而死，萬歲！萬歲！』你知道萬歲嗎？它意味著，『祝你活到一萬歲，天皇。』我們念書是為了成為軍人。每個人都保證，『為天皇而死！』我以為那只是一種客套話，你知道嗎？但是，不，其他人是真的這麼相信的。想像一下。他們說：『現在我們必須死去。』我們在山洞裡，像個深不見底的洞。幾乎沒有樹。所有的東西都著火了，只剩下灰土。」他仰頭喝下酒，臉漲得通紅。「我們沒有子彈。所以我想，這一切都結束了。我們努力過了，但我們輸了。我的朋友們」——他清清喉嚨——「他們開始把樹枝磨尖，他們想要和機關槍對抗。樹枝對抗機關槍，你可以想像。」

「我看過地獄，」他說，「不是在另一個世界。而是在這個世界，在塞班。八百艘美國船繞著島嶼打轉。每天都有炸彈掉落。我們躲在洞穴裡。一個寶寶哭了，一位日本士兵將他抱走，免得被美國人聽到。殺小嬰兒，你能想像嗎？在懸崖上，家庭、士兵、母親，每一個人都跳到巖石上。現在他們叫它自殺懸崖。今天，它很受觀光客歡迎。那個懸崖的落日景觀很美。」

他斟滿酒杯。「我記得，」他說，「我記得學校裡的廣津先生。他很早在村莊裡就被俘虜了。美軍拉著他在晚上出來，用擴音器大聲說：『出來，不會發生任何事的。出來，別自殺。』但在洞穴裡的士兵很生氣，他們說老師是個叛國賊。然後他們……他們開始圍成一個小圈圈，繞著手榴彈圍成一圈，然後他們拉開保險針。」

另一杯酒，比以前更感傷，仰頭喝光，抹抹嘴唇。「我留在後方，我沒有去攻擊，我也沒有自殺，我投降。」突然間，他的臉因痛苦而扭曲，悲痛地吶喊出來。「我投降！」然後他微笑。「就像那樣，我就是那麼說的。我投降。」

他太太安靜地坐在一旁，眼睛看著放在大腿上的雙手。

「巴比，」他對我說，「我那天還不準備死，你知道嗎?在這麼小的一座島上，離我的家和家人那麼遠。我才十八歲，甚至還不是一個男人，現在要我死？」另一杯酒，相同的儀式。「我在日本時，在學校裡學建築工程，所以我被調到塞班，去建造軍營、學校和監獄。我只有十八歲，我那天還不準備要死，你了解嗎？」

「我清理我的制服，但它還是很髒。在日本，骯髒是最糟糕的一件事。我們必須乾淨，為了我們的驕傲。我是日本人，但我的衣服很髒。我們吃雜草。沒有米可吃，只有雜草和甘蔗，也許甘蔗救了我一條命，也許甘蔗應該是中村家的家徽。」很大的微笑。「我變得很瘦，你知道，像樹枝一樣。哈。」但他沒有笑出來。那股氣在他胸口迴盪。「我曾經年輕過。以前，在塞班。」

「我真的該走了。」我說。

「我以為美國人會對我做壞事。我們聽說他們是魔鬼，像真實的桃太郎（Momo-taro）一般的打鬥。你知道桃太郎嗎?他是個小傢伙，他從桃子裡面出生。小傢伙，但他在小島上和大魔鬼打鬥。桃太郎是個很受歡迎的故事。但那是個童話。美國人並不是魔鬼，我們也不是桃太郎，我們什麼也不是。我獨自從山坡走下來，拿著白旗。他們推推我，但不是很用力。他們叫著：『別動！日本鬼子！別動！』但他們從來沒有打過我。他們給我一些食物。後來還給我鞋子。他們很仁慈，不像我們，不像我們做過的事，不像——」他伸手去拿酒瓶，我從沒看過有人的手顫抖得像他那般。他倒清酒時潑灑了一些出來。「我沒有死在戰俘營，我沒有，我沒有死。我清醒過來。」

「我真的該走了，很晚了。」

「我沒有死。」

「我該走了。」

中村先生又說，幾乎是在耳語。「我清醒過來。」

「我該走了。」

他像吞下熱清酒一般，吞下他的過去。「我在戰俘營裡首次學到英文。從巴比那學來的。你知道巴比嗎？」他喝了太多酒，變得口齒不清，時態也用錯。「巴比是個二等兵，跟我同歲。你知道巴比嗎？當然，巴比，從沖繩過來的。」

他等著我回答。我無法發出聲音，當我終於能講話時，我的聲音像煙一般。「不，我不認識巴比。」

「他教我英文：『你好嗎？你好嗎？』巴比總是微笑。有次他們帶糖果來，我們的軍官排成一排，想要先吃。『不，』巴比說，『不，小孩先吃，然後是女人，然後是士兵，軍官最後。』我們的軍官感到屈辱。我學到那個字：屈辱。你知道嗎？就像羞愧。女人們把糖果分給軍官，但他們不肯接受。這令人非常悲傷，軍官們沒有說話，只是把頭轉開。『我們的世界結束了，』他們說。但對我不是。我在戰俘營裡清醒過來。我沒有死，我沒有死。巴比教我，『哈囉，先生。現在幾點？一點，兩點，五點半。嘿，伙伴，你今天好嗎？吃飯時間到，關燈，上床。』」

他在背誦到一半時停止。「我給你看一樣東西。」他抽出那疊相簿裡的最後一本。他將它翻到最後一頁，小心地從袋中取出一個信封。他將它層層打開：白色棉布包住蠟紙，裡面是衛生紙。衛生紙中間是一張手掌大小的照片，完全沒有毀損。黑白照片隨著時間變得墨黑：一個穿著美國大兵制服的青少年，掛著狗牌，短頭髮，一抹微笑。照片底端是中村先生小心翼翼地寫道：「羅伯特。美國奧克拉荷馬州。我的朋友。」

「他長得像你。」中村先生說。

他長得不像我。

「他有你的眼睛。」中村先生說。

他沒有我的眼睛。

「我和巴比失去聯絡。有一天，就這麼消失了。也許，」中村先生說，「他現在是像我這樣的老頭了。」他小心地將照片包好，放回原處。

「我想，」我對著自己說，「我該走了。」

「哈，哈！」中村先生大聲說，「我唱一首歌給你聽！一首很棒的日本民謠，還有舞蹈。這舞蹈是我自創的。」他踉蹌地爬起身，將矮桌推到一邊，杯子翻倒，盤子嘎嘎作響。他的太太將坐墊移開，空出地板，彷彿清晨兩點的醉舞是他們家很正常的規矩。我想，她為氣氛的改變感到高興。

「你必須鼓掌，」他說，「像這樣。」我抓到簡單的節奏，他太太也在一旁教我。中村先生將掛在玄關的劍取下。「非常老的劍（sword），」他說，將w發音出來。「我的家傳之劍，我父親和他的父親等等的。隨著時光和潮流流逝。你會喜歡這個舞蹈的，威爾先生。這舞蹈講的是一位武士，他老到無法出戰了。他不再強壯。他必須將這把劍當成枴杖，因為他老到無法舉高它。」

中村先生整個清醒過來，穿著睡袍慢慢轉著圓圈，他的劍像一把枴杖，他的身體前傾，代表老年的姿勢：手放在背部下方，肩膀彎曲。老得無法打鬥的武士，他同時也醉到站不穩，他蹣跚撞到衣櫃，踢翻幾個點心，像水手般搖搖晃晃。他又踉蹌撞向衣櫃，但這次他抓住邊緣，沒有移動。我可以聽到他用力的呼吸聲。舞蹈結束。

中村太太威嚴地站起身，扶他先生站穩。

「我該走了。」我說。她點點頭。我待得太久了。

中村先生搖搖晃晃地來到門前。「來吧，巴比。我們來跟我可愛的太太喝些清酒。你從來沒有看過我太太，我希望你能見見她。別走。」他伸出手抓住我。「謝謝你來我家，我是個老人，謝謝。」

我偷偷掙脫他的擁抱，走下玄關，穿上我的鞋子。我的鞋子早已被轉向面對著門口，透露出日本主人的矛盾心態。

中村先生在玄關看著我，臉上不再帶著卓別林式的表情。「為什麼？」他說，「為什麼？」我了解這個問題，但是我沒有答案。我如何回答？我一向養尊處優，從來沒有畏縮地拿著磨尖的樹枝躲在洞穴裡，從來沒有投降過，也從來沒有死過，然後又在每天黎明重生。

我甚至沒辦法說晚安。我的喉嚨緊縮，我深深一鞠躬。當我舉起身子時，中村先生已立正站好。他用越過世代和海洋的眼神看著我，他的下巴收緊，彷彿一位正在與恐懼搏鬥的男人。

他舉起他的手。

「不，」我說，「不，不要。」

他對我敬禮，精確有力。我連忙逃離玄關，摸索著大門，快速地再鞠躬數次，踩到我自己的鞋跟，然後將門拉上。他不必那麼做，他不必。

我盲目地在街道上快步而行，這麼多年來，我第一次哭了起來。

# 10

在淺見村（Asaminura），有一棵櫻樹叫做乳母櫻（Uba-zakura）。據說，它每年都在同一天開花，也就是舊曆的二月十六日。阿袖（O-sode）是位忠誠的乳母，用自己的靈魂交換一個生病孩童的性命。孩童存活了下來，阿袖卻死了。這天便是她的死亡紀念日。小泉八雲[10]在《怪談》中寫道：「它粉紅色和白色的花朵，像女人乳房的乳頭，沾著奶水。」

另一棵樹在一位武士切腹自殺的週年開花。一棵樹有著一個孩童的靈魂，另一棵樹則有一位年輕男子的靈魂。

櫻花的意象令人困惑。它長期以來與生和死，美和暴力的概念交織。櫻花是日本崇拜自然的中心點，俳句、花瓶及和服花樣的主要主題，但是……武士的武士刀上也刻印著櫻花，作為

10 Lafcadio Hearn，一八五〇—一九〇四，希臘生英國後裔，後歸化日籍——譯注。

在切腹之前，轉瞬即逝的生命的最後提示。

但櫻花最頑固的意象是在北部盛岡市的石割櫻（Ishiwari-zakura）。在此，一棵櫻樹從一大塊石頭的裂縫中生根茁壯。長年以來，那棵櫻樹不斷長大，將那塊大石一分為二，像從石灰色死亡中冒出的生命般茁壯開來。美麗的力量在於粉碎石塊，像武士刀般地殘忍和雄壯。

我在第二天下午再度拜訪中村家，當時他們剛好要出門。

「嗨，威爾—將！」中村先生說，彷彿我們昨晚都沒有發生任何事情。在日本，喝著清酒的時刻是作夢的時刻；黎明曙光一旦乍現後便忘懷所有的事情。我發現，中村先生不再叫我先生，而是稱呼我將，這在日文中是指稱朋友和小孩。作為一個西方人，我兩者皆是。

「你今晚住我們家，」中村先生說，「飯店太貴了，你來跟我們住。我會照顧你的，好吧，威爾—將？」

智英美和彩音正要出門。彩音穿著標準的外出制服：一件粉紅色的洋裝、小皮包和有綁絲帶的草帽。一個日本小女孩戴著遮陽帽，腋下夾著酷斯拉玩具的情景，真是可愛極了。智英美撐著陽傘，提著用圍巾包好的便當。

「彩音和我今天要去賞花。和我們一起去吧？」

這是我在這麼多天中，第三次來到兼六園，但我沒告訴她這件事。它的風景不錯。一樣的池塘，一樣的瀑布。彩音走在我們前面，跑去檢視一堆特別有趣的石頭，並將照顧酷斯拉的共同監護權交給我。也就是說，在她做地理探險時，我得抱著酷斯拉。智英美和我走近水池旁，智英美指指石燈籠。

「你看見那座石燈籠嗎？」她說，我們停下來觀賞。「我最喜歡公園的此處。那個石燈籠是我最喜歡的景致。你看見它的模樣了嗎？一半在水中，一半在水面上。當你看到它時，你有什麼觀點？」

我痛恨這些問題。我的回答總是顯得很笨。「啊，wabi-sabi？」我猜。

她心地很好，假裝我在開玩笑。「不，真的，你看到什麼？」

「日本？」（總是很好的第二選擇。日本在日本是個普遍的主題。）

「沒錯，」智英美說，「那個石燈籠就像日本。一半在亞洲，一半在西方。一隻腳在過去，一隻腳在現在。它看起來很穩嗎？」

「不，」我說，「它看起來像隨時會傾倒。」

她點點頭。「那個石燈籠建立於兩百年前。如今它仍佇立著。」一朵櫻花掉落水面，輕柔地捲起一些漣漪。彩音撿起一塊石頭，拿給我們看。我們都同意，在公園之內有石頭真是一件令人嘖嘖稱奇的事。誰會想到呢？

彩音一轉身，趕忙去進行另外一場自發性的嚴肅科學探索時，我轉向智英美說，「告訴我阿拉伯的事，」我說，「妳和彼得．奧圖[11]之間有什麼關係？」

她的臉輕微發燙。「義博告訴你了？」

「是的。」

11 Peter O'Toole，〈阿拉伯的勞倫斯〉的主角演員——譯注。

「那是很久以前的事了。」

智英美從遠處愛著阿拉伯。她愛它，因為它與日本如此不同：它乾燥不毛而日本繁密茂盛；它是游牧生活而日本是農業生活；它很危險而日本非常安全。阿拉伯代表熱情；日本則拘謹。阿拉伯由伊斯蘭一神教所統合。而日本則是多神教。阿拉伯頑固，而日本壓抑。

智英美知道撒哈拉部落的名字，在麥加要從哪根柱子開始繞圈，穆罕默德妻子的頭銜，還有伊斯蘭五大信條。她知道阿拉伯所有的事，除了它吃起來、聞起來的感覺。那是個未完成的地理景觀，因為她沒有進入其中。直到她進入其中之前，它永遠不會完成。

我只在名義上去過阿拉伯：在杜拜停機兩個小時，但這就足夠讓智英美感到興奮。

「那裡怎樣？」她說，「天氣很熱嗎？他們是否穿著傳統服裝？」

「我只看到機場。很多人穿著阿拉伯服裝，武裝士兵，像花朵般的書寫文字——妳讀得懂嗎？」

她點點頭。「還有什麼？」

我沒有多少故事可說。「有些女人戴著頭紗，很多賓士汽車，大概就是這樣。」

但這就足夠了；智英美幸福地微笑著。每一個阿拉伯的故事似乎都在確立它的存在，證明它是真的，將它與夢區隔開來。我們走著，跟著彩音迂迴繞過公園。彩音對石頭似乎有很大的興趣。她這份浪漫遺傳自她的母親。

在吃完便當，整齊地收拾好盤子，飽覽櫻花之後，智英美轉身問我：「日本對你而言仍有異國情調嗎？」

「以前常有，」我想起消失的藝妓。「現在還是有。」

「你會待多久？」

「在金澤？」

「我指在日本。」

我大笑。「直到他們趕我走為止。」

## 11

在我所使用的旅遊指南裡面，介紹搭便車的篇幅不到一頁（與介紹日本廁所的長度相當），而且內容是錯誤的。作者們建議搭便車者在高速公路交流道的入口處招車。我照辦了，結果遭到逮捕。

我唯一與警察有所接觸的時候是在我十四歲的那年，我在敵對的初中噴了七九年畢業的口號。那是一所天主教會學校，害我吃了不少苦頭。從此之後，我便是個小心遵守法律的公民。我甚至在搖滾演唱會裡拒絕抽大麻，這使得我贏得無聊大王的封號，並使我欣賞音樂的水準下降不少。（Das Vomit-Burger和令人厭煩的Power Tools。）

我對警察還保留著一份古老的尊重；我傾向於稱呼他們先生（sir），除非在緊急事故或沒人看到的情況下，我才會橫越馬路。在日本，我更尊敬警察。日本警察有著嚇人的權威，沒有人敢告訴他們，日本的封建時代已經結束，現在是民主時代（類似啦）。當我被一位真正的日本警察帶進警察局盤問時，我緊張得全身發抖，準備在他們有時間拿出刑具前，就坦承一切過錯。

「告訴我們！」警官波頭（Bone Head）尖聲叫道（我改變他們的名字以保護他們的身分）：「你為什麼在日本的高速公路上攔便車？」波頭是個神經質、倔強而不成熟的警官，穿著一件大了好幾號的警察西裝，帽子由招風耳托著才勉強掛在眼睛上。他的搭檔，疲憊的老傢伙（Old Tired Guy）矮胖結實而沉默寡言。他理著平頭，脖子很短，額頭上青筋畢露。疲憊的老傢伙拉來一把椅子，示意我坐下。盤問開始。

「喝些茶。」他說，給我一片餅乾。

警察局是在公路旁的一棟小型活動房屋，只比巡邏警車的停車場要大一點。他們的生活平靜，從來沒有碰過這種騷動。警察們從堆著高高的文件和報告的桌上，傾身過來，仔細將這位外國人看個清楚。

我喝完茶之後，他們又幫我倒了一杯。盤問繼續進行。

那位比較年輕的警官有點過於興奮。他抓到一位真正的美國人，這輩子他所看過的好萊塢電影閃過他的腦海。他甚至想要搜查我，但那位老警官給他一個毫不掩飾的鄙視表情，他才打消原意。每當年輕警官試著對我兇時，他的聲音老是嘶啞，因此他的雄風為之大減。老傢伙則和藹多了。他們不是好警察／壞警察的那類搭檔，而是好警察／真的惹人厭煩的警察雙人組。

老警官寫下我的名字和地址，然後疲憊地嘆了一口氣，拉出一大本法規書籍，開始賣力地翻閱它。你可以看得出來，他的心思有幾次自書本游移而開，想著別的事情，然後他會突然想起他現在的任務，便以更大的專注力來研讀書本，結果幾分鐘後，他又分心了。

「啊，在這，」他最後說，「在公路上行走。阻礙交通。罰金是一千美金，出庭應訊一次，並吊銷工作許可。」

十四萬一千日幣。我吃餅乾吃得差點噎到。

「我們需要你的外國人登錄證，護照，兩張——」

在那時，我扮演起愚蠢的外國人。「我迷路了，」我以微弱的聲音訴說，「我試著在找捷徑，我不會說日文，太陽遮到我的眼睛。」

「別說話！」年輕警官粗聲叫著。

老警官決定再給我一次機會。「你為什麼跑到高速公路上？」

要否認我想搭便車很不容易。警車開到我身邊時，我正伸出大拇指，當他們停車時，我白痴地以為他們只是關心我的福祉。他們正打算逮捕我時，我還咧嘴而笑，像幼稚園裡最笨的小孩。「別擔心我，」我說。隨後，他們不由分說地將我推進巡邏車，載我到公路巡邏警局第七十一分局。

窗外，卡車和其他車輛隆隆駛過。警察局裡的冷氣相當吵雜，嘎嘎和嗡嗡聲響大作，對實際上的空調並沒有幫助。房間悶熱而潮濕，也許他們就是要我流汗至死。我喝著茶。他們沒有像電視上一樣讓我打電話，然後我突然想通：這不是電視節目。他們是認真的。

我的旅行可能會結束，我可能失去我的工作許可證，我可能得離開日本，並和我的支票說再見。我說了什麼？「直到他們趕我走為止。」別誘惑神祇試煉你。我現在面臨我最糟糕的恐懼：我得回家鄉找個真正的工作。

因此我坦白承認一切。

我的《寂寞星球旅遊指南》保證「在此搭便車的法則和世界上其他地方並無二致」，它也建議在高速公路口招車。我在這類入口處等待，離主要道路只有幾公尺遠，旁邊是自動收費站，車子統統疾駛而去。除了在隧道內之外，高速公路入口處是最愚蠢的搭便車地點。寂寞星球該記上一筆：沒人會在高速公路停車，**所以它們才叫做高速公路**。

人們駛進自動收費站，在票上打個洞，然後駛離；有時候他們甚至沒注意到我站在那兒。在車流空檔期間，我看到一輛車開上高速公路，因此我跑出去，經過自動收費站的入口，大膽地伸出我的大拇指。車子停了下來，那是一輛巡邏警車。這就是我整個可憐的故事。

老警察往後靠到坐背上，第一次對我微笑。他似乎真的覺得我的故事很有趣。「你跑到路上來，因為你看到我們過來？」

「是的。」

「你什麼時候才發現我們是警察？」

「當你們將燈熄掉時。」

「你試著在高速公路上，搭日本警察的便車？」

「沒錯。」

他幾乎忍不住要拍桌子，大笑出來。他壓抑著笑容的嘴唇扭曲不已。

「啊，是的，嗯——」他開始輕笑，並試圖阻止自己。他抹抹眼睛。「嗯，」他說，「這次我會開一張警告單給你，但是別再這麼做，好嗎？」

我想到當我從瀨戶內海到天橋立是走高速公路時，很想把這段過去也坦白出來，但好在有幾個腦細胞及時提醒我，因此我閉上嘴。

「外國人登錄證！」年輕警察尖聲叫著。

我身上沒帶護照，但我有帶外國人登錄證（又名老外卡〔the Gaijin Card〕）。在日本，外國居民必須打指印，進行登錄，並隨時帶著外國人登錄證。如果可行的話，我想他們會在我們的耳朵植晶片。它與官僚種族主義、公共機構的恐懼外人症，等等等等有關。但我喜歡我的老外卡。它讓我覺得自己像電影中的俄國大革命逃亡者，在邊境被巡邏攔了下來，被安全人員拉到一邊，用懷疑的眼神打量著你，並以濃厚的斯拉夫口音說：「你的證件不夠齊全。」這一切都沒有發生過。這是日本警察第一次要求看我的老外卡。我很高興。

老警官打出一份逮捕報告，並要求我簽名。當我拿出**印鑑**（inkan）時，他一邊的眉毛挑高起來。日本人並不簽署文件：當他們簽訂協議書、支票、達成合約、或繳交公司報告時，他們使用印鑑。印鑑是一根小棒，在一端刻著名字，然後沾紅色印泥，再將它蓋在紙張上。有些是用石頭，甚至象牙做的，但大部分是用竹子。我喜歡我的印鑑，它讓我覺得自己像是位中古諸侯，用圖章來封信。我希望我能將我的印鑑嵌上環圈，然後捺入紅色蠟泥中。這感覺非常貴族式。紳士們，我個人的印章！

許多西方人將他們的名字用簡單的假名拼成，但我的是真正的中國象形文字，它引發局內一陣騷動。警官跑過來，試圖解讀它。我的印鑑是由我第一個高中的辦事員設計的。我原本想用河豚先生（Fugu-san）來代替弗格森，但我的主任覺得這樣子未免太沒有老師的尊嚴。因此，我的印鑑組合了幾個漢字的第一個字，「富」士、「阿」蘇（熊本縣的火山阿蘇〔Aso〕山）、我（ga）和村（son）而成。富—阿—我—村，或Fu-a-ga-son。當警官們解開這道謎題，並想通它與「弗格森」的關聯時，他們贊同地大笑，並恭賀我。然後，他們記起我是個危險的外國罪犯，便閉起嘴巴，默默走回他們的位置上。

疲憊的老傢伙讓我吃完餅乾和茶，然後他和他那令人惱火的搭檔開車載我到下一個公路出口。我希望這是我第一次，也是最後一次，坐在巡邏車的後座。他們在馬路上讓我下車，鞠了幾次躬，波頭不成熟而可笑地死盯著我好一陣子後，我又成了自由人。

然後我才想到，一股驕傲感油然而生，高興地幾乎按捺不住：我搭了日本公路巡邏警察的便車。我可能是史上第一個成功而且活著離開的人。

考慮一下這個事實：我用大拇指攔下一輛警察車，他們給我一些茶喝，我們聊了一會兒，然後他們朝著我要去的方向，載著我開了十哩路，跟我說再見。如果這不是搭便車，那這是什麼？他們要是有想到的話，就會在原地放我下車，但他們沒有。事實上，**他們觸犯了法律**。他們為一位搭便車者停下車來。**我贏了！我贏了！**

我原本想將我的逮捕報告的副本丟到垃圾桶裡，但在我察覺我的成就之後，我口袋裡的副本便顯得彌足珍貴。我甚至可能將它框起來。我跟我自己說，我一定要寫謝函給他們。我得意極了，哈哈！我跳了一小段勝利之舞，興奮地大喊幾聲，然後我才發現，我根本不知道我置身何處。

# 12

綠油油的稻田和龜裂且過度延展的人行道，幾間農舍和在天際的一抹山巒，就是這樣。我不知道我的所在地，或甚至我正要往哪個都市前進。我翻閱我的地圖，這時，一輛白色汽車在遠方出現，就像西部電影裡的孤獨騎士。它在高熱中發光，變得越來越大。「拜託拜託拜託別走開。」我低語著。在最後一分鐘，我陷入瘋狂，不再以大拇指招車，而是猛然跳到車子前面，揮手讓他停下來。我所能說的就是，感謝上帝，那不是另一輛巡邏車。阻礙交通可能也是種違法行為。

「抱歉，」我說，「我迷路了。你能告訴我哪條路往上越（Joetsu）嗎？」

車裡面是一位穿著牛仔布襯衫，滿臉迷惑的男人。「我會載你到上越，」他說，但我已經學到教訓。

「你要去哪裡？」我問。

「我會載你到上越，別擔心。請上車。」

「除非你真的要去上越，否則別說你要去上越。」

「我不介意，請上車。」

「除非你告訴我你要去哪。」

「富山（Toyama）。」

「哈！那裡離上越一點也不近。我會上車，但你要保證你只載我到富山。同意嗎？」在日本搭便車有時真是超寫實。

小森良三是一所小鎮初中的美術老師。他的英文大概和我的日文一樣好，所以我們以兩種語言交談。他對我說英文，我則用日文回答。我們交談得相當流暢。

景觀延伸。平原變得更為寬廣，田野更是空曠，山巒更為遙遠，看不到海洋。以某種方式來說，它很單調，完全是個功能性景觀，被削減到最低的要求：山巒、田野、馬路和天空。

不可思議的是，良三來此尋求藝術靈感。他帶了一盒色筆和油畫漆料，原本希望在路上停下來作畫。他要去富山市參加老師會議——「我們必須更富野心和更國際化」——但卻悠哉悠哉地開車，享受這片景致。

「景致？」

「風景很開闊，」他說，「寬敞。」

「我不知道。我有點懷念日本的擁擠，小村莊，小山谷。」

「北海道比這裡更開闊，」他說，「你看了就知道。」然後他問我搭了幾趟便車。

「我想你是第二十七輛。」

「二十七輛車。二十七個『哈囉』。二十七次『你叫什麼名字？』每次一定都問相同的問題，對吧？你能吃日本食物嗎？你喜歡日本嗎？你覺得日本怎麼樣？你一定對老是談論日本感到疲憊。」

「有時候。」

「別擔心，」他說，「我知道日本。告訴我別的事情。」

「比方什麼？」

「其他地方。」

我試著追溯帶我來此的路線，到這個特別地方的特別時刻。但它似乎像打在窗口上的雨一般隨興所至。要怎麼去選擇一個特定的地點，一個使你之所以為你的意象？

我孩童時期的北風味道？在阿姆斯特丹被持刀搶劫？（一則很棒的軼事，但事實上，是個相當沒有男子氣概的體驗。）倫敦蘇活區的某家酒館。在魁北克市的一間公寓。我在一片有時被指稱為蘇格蘭的沼澤裡露營了一個禮拜。還有什麼？韓國。印尼。萬里長城。當我旅遊完時，只剩下明信片。這個思想啃咬著我的心靈：我所做的每件事就像一疊明信片，一個活動畫片轉筒[12]用以代替影片。

「我曾短暫在南美洲工作過，」我說，「我在世界頂端的一座村莊內，和一家人住在一起。我那時才十九歲，以為自己會永遠住在那。」

良三說：「你想到那個村莊時，你記得什麼？」

我想了一會兒。「早晨公雞的啼叫聲。甘蔗的味道，像潮濕的草。」回憶洶湧而至，像從海灣迴響而來的回聲，遠在厄瓜多爾安地斯山脈高處的馬拉加多（Malacatos）小鎮。黃昏時候，在市鎮廣場的吉他聲。我那時才十九歲，一個說著破西班牙文的旁觀者。「嗨！外國佬

12 zoetrope，在圓筒上描繪上連續動作，窺視時將其轉動，為電影的前身——譯注。

（Gringo）！」外國佬。老外。局外人。突然之間，我彷彿花了半輩子在別人的土地上，當一位局外人。

「還有什麼？」他問。

「沒有了，就是公雞和甘蔗的味道。」

「馬拉加多，」良三說，「感覺很遙遠。」

「不。它不遠。它一點也不遠。」

稻田在我們眼前延伸，平坦地像桌面一樣。「你呢？」我說，「你是誰？你去過哪些地方？」我的日文造句亂七八糟，但日文是種隱喻的語言，所以還是聽得懂。他了解我的意思。

「我在喜馬拉雅山健行過，」他說，「我在加德滿都，還有山區裡住了一個月。但那不是我。後來，我去印度的加爾各答。你有沒有去過加爾各答？沒有？好多人，非常熱鬧。乞丐。賤民。」

「像日本的賤民？」

他謹慎地伸起一根手指。「其他地方，」他說，提醒我我們先前做過的協定。「西班牙，」他說。「我去過西班牙。那是趟我們在日本所稱的『藝術之旅』。西班牙和葡萄牙，去看畢卡索和格雷哥[13]的原作。但我最記得的不是畫作，而是人民。」

他看向遠方。

「我記得葡萄牙的納札雷（Nazarre），」他說，「女人們在岬角等著作漁夫的丈夫回家。他們在太陽低垂時，一起回家。太陽發出金光。美極了，這些在海邊的女人。她們現在可能又在那裡等丈夫回家。可不是我，」他大笑。「真糟糕。」

我們繞過一個長長的轉彎處，風景換到左邊。遙遠的山脈因年代久遠而顯得蒼白。

「你知道，」他說，「如果我有勇氣的話，我才不會回日本。我現在會在納札雷畫畫或作漁夫。」然後他問我，「你看過佛朗明哥舞蹈嗎？」

「在電影裡面看過。」

「西班牙和葡萄牙，非常不同。葡萄牙的舞很強烈，心很強壯。但西班牙？對我來說，西班牙就像佛朗明哥。女人跳舞。身體快速、強烈，甚至是生氣地移動。但如果你看著她們的眼睛，她們的眼神很悲哀。真正的西班牙不在舞蹈，不在動作上，而是他們的眼神。那才是西班牙。」

「印度呢？」

「我單獨去印度，」他說，彷彿回答了某些沒有問的問題。「我是一個人自己旅行。那之後，我去了尼泊爾，我熱得流了滿身大汗。他們告訴我，印度有三個季節：熱、更熱、很熱。」他微笑。

「那是你對印度的記憶，很熱？」

「不，」他說，停頓了好一陣子。「印度，加爾各答。人這麼多，伸出手來，請給我錢。『請給我盧比，請給我盧比。』有一天我感覺想開個玩笑。有個小女孩是個乞丐，也許是賤

---

13 El Greco，一五四一——一六一四，希臘裔西班牙畫家——譯注。

民。她跟我要了好幾次，請給我盧比，請給我盧比。我每天都在飯店前面看到她，所以我想開個玩笑，你懂嗎？只是個玩笑。我對她說：『我幹嘛要給妳錢？我也很窮。我幹嘛——』」他的聲音嘶啞，他直直地盯著眼前的路。「——我說：『我幹嘛要給妳錢？妳才該給我一些錢。我很窮。』」

他緩緩地吐了一口氣，長長地嘆息一聲。我等著，但他沒有再說任何事。

「後來發生了什麼事？」我問，「她作了什麼？」

「她給了我一些錢。」

＊＊＊

日本的島國個性常被拿來討論，它被討論得太多了。評論家傾向於將這個國家視為孤立在世界中的一塊土地，但沒有國家像日本一般，如此熱切渴望和心情複雜地看著外面的世界。日本從來不是文化的十字路口，它總是處於邊緣地位。其他文化因素，特別是西方文化，被引進日本時，是個艱鉅而付出極大代價的過程。今天，整個世界向太平洋看攏，日本發現它自己站在從未準備好的位置上：王國的十字路口，文化和經濟潮流的匯合點。世界相互碰撞，而日本突然成為中心樞紐。它是場勝利，也是個創傷。

日本人永遠無法忘記有個世界存在於外面，像遠處的霧堤一般，超越島嶼的邊緣。那是他們的執念、精神官能症和幻想。如果西方人對日本抱有矛盾的態度，日本人的保留便是當然成理。對日本人而言，我們是軍團：我們是征服者、野蠻人、高手、下屬、投射的夢想、未曾生活過的生活、意象丑角、較偉大的思想和較高貴的藝術的供應者、較高、較大聲、較快、缺乏精緻、更為複雜。我們是這些特點，全被壓縮成一個拳頭大小的小球，坐在日本人的胃中蠢蠢欲動。

傲慢總是一種過度反應，自我厭惡也是。日本人從美國海軍准將馬修・培里[14]在一八五四年率領黑色艦隊進入東京灣，要求日本對外通商以來，就對西方過度反應。直到那時，日本仍是將軍和藩主的世界，處於人類歷史中最長期的極權統治中。日本引以為傲的島國心態隨著培里的前來而結束。它是場約會強暴，並定下搖擺在日本和西方之間的左右旋律，至今仍未停止。如果西方對日本愛恨交加，日本也對西方愛恨交加。日本忘不了我們，**存在於外面的我們**。

日本對其他亞洲國家的態度更是曖昧不清。表面上，他們將剩餘的大陸視為令人尷尬的土包子國家，只跟他們自己有一點遙遠的關聯。他們以身為日本人為傲，但卻以身為亞洲人為恥。這份衝突直直地撞擊他們的靈魂。印度、馬來西亞、泰國、中國、韓國：它們像一塊石頭般地躺在心臟旁邊。

旅遊者和評論家很少將日本放在國際網絡中，因為他們想將日本塑造成一個比實際上更富有異國情調的國家。我們都想成為神秘的探險家，但日本並不是個理想世界。但它也不在觸手可及之處。它位於兩者中間。智英美說得對：日本被困在永恆的過失中，一腳在亞洲，一腳在

14 Matthew Perry，一七九四—一八五八——譯注。

西方。

很久之後，我才在中村老先生、智英美和良三身上，認出世界的匯聚特徵：三個人和三個地方；塞班、阿拉伯、加爾各答；做為戰俘的日本、夢想的年輕女人和移動中的藝術家；三種世界觀點：無可避免、無法企及，以及最後那份真實的世界。

日本已成為一個旅行者的國家；我們與她相遇，走過相同的道路，搭過相同的便車。加爾各答是良三的景觀的一部分，就像厄瓜多爾和天草是我景觀的部分一樣：這些地方塑造和不塑造我們。這些地方界定我們。

良三在十字路口停下車來。在遙遠的左邊是富山的擁擠都市，右方是田野，越過田野則是山巒。我爬出車外，揹上背包。我們越過車窗握手。

「我有個問題，」他說，「你為什麼搭便車？不是為了櫻花，對吧？」

「不。不是為了櫻花。」

「那是為了什麼？」

「我想找到某種東西。」

「關於日本的？」

「還有其他事情。」

「那我為你感到抱歉，」他微笑，「我沒跟你說任何日本的事。」

我們在搭便車者和駕駛的接觸點——路旁——躊躇徘徊了一會兒，就像開完派對的人站在玄關一樣。

「還有沒有問題？」他半開玩笑地問我，「你知道，日本的古老秘密，這類事物。這是你的機會。」

「事實上，是還有一個問題。回答我這個問題，這是一直困擾我的問題。在這麼多偽裝層面之下的內心深處，日本人究竟是傲慢還是沒有安全感？我指的是核心。」

他聳聳肩。「當然是沒有安全感。」

「你自己聽出來了嗎？」我說。

「什麼？」

「你說當然的方式，非常傲慢。」

「是嗎？喔，我很抱歉。我沒這個意思。」

「現在你聽起來缺乏安全感了。」

他大笑。「美式幽默。」他說，但我不是在開玩笑。

「沒關係，」他看著在我們眼前延展的景致。「它不是那麼有趣。」

「我以為你喜歡開闊的空間，空曠，wabi-sabi等等之類的。」

他又聳聳肩。「不好畫。」

## 13

良三將車開走，立即淹沒在富山的格子街道之中。公路像羅盤的針一般，指向北方。我朝著風向而去，往消失的點前行。

初春——
單獨的路
消失

一輛卡車隆隆駛過，後面跟著幾輛房車，但除了這之外，富山的車流並不大。景觀的前後景清晰地呈現在我眼前。一輛車子停了下來。那是一輛掀背車，車身有公司的標誌。

「往北嗎？」我問。

車裡的女人為自己停下車來而吃了一驚。她是個中年婦女，但有著一頭短髮，使她看起來比實際上年輕。她一副狼狽不堪的模樣。「我做了什麼？」她大聲說。

我打開車門，正進入車內時，她說：「等等！停下來！」

「什麼？」我的處境尷尬，頭在車內，屁股翹出在車流之中。

「你危險嗎？」

「什麼？」

「我說，你危險嗎？」

我不確定我聽得對不對。「誰？我？不，我不危險。」

「你保證？」

「當然。」

「好，那，」她說，「你可以上車了。」

這是我怎麼碰上頑固、滔滔不絕、難以反駁的大繼美穗的經過。她相信壞男人，卻沒想到世界上有不誠實的壞男人。我向她保證我不會傷害她，她就感到心安，不再懷疑。

＊＊＊

車內到處是目錄、雜誌、用橡皮筋綁起來的手冊、地圖、文件夾——彷彿一場小型颶風剛颳過此地。她傾身將一些紙推開，好讓我有位子坐，結果她只是將車內搞得更亂。我擠進車內，等著她開車，但她遲遲不開。

她看看我，自己大笑了出來，說：「我是怎麼回事？讓一個陌生人上我的車？」

「妳要我下車嗎？」

「喔，不，當然不要，」她搖搖頭，不是表示不贊成，反而好像是在讓她自己清醒一點。「你為什麼在這裡？」她問，「離市區那麼遠？還是那是個個人問題？也許它是。反正，我想你有你的原因。我是說，我很好奇，但是沒有關係。我們先自我介紹，我叫美穗，意思是美麗的花朵。」然後，她對自己的自大笑了起來，她說：「這曾經是真的，許多年前。」

「我的名字是威爾，它的意思是非常安全的人。」

「你好，」她說。我們握握手，她的手顯得嬌小而微弱，像鳥的翅膀。「現在，」她說，「我們知道彼此的名字了，所以我們不再是陌生人，對吧？我可以載你一程。」

她發動車子，倒車出來，頭往後轉看後方有無來車。這似乎是她的做事風格：先行動，再檢查看看做得對不對。

「我知道該怎麼做了！」她驚呼，「我會載你到黑部（Kurobe）市。我們可以早點吃午飯。嗯，一頓比較晚的早餐。反正，我們去喝咖啡——如果你喜歡咖啡的話，我想大部分的美國人喜歡咖啡。或者那只是一種刻板印象？誰知道？沒關係，我喜歡咖啡。我有個朋友會說英文。至少，她是這麼說的，誰知道，反正我也分辨不出來。現在……我說到哪裡去了？」

「黑部？」

「喔，是的，你會喜歡黑部的。非常有名，你知道——」她說，然後突然指指我的鼠膝部。「拉鍊。」

「拉鍊？」

她嚴肅地點點頭。「黑部拉鍊。非常有名。」

我們沿著富山的邊緣前行。富山是個低矮寬廣的平原城市，兩側是遙遠的山巒。這整個地區，包括富山市在內，都是富山地方文化的一部分。根據美穗所說，富山地區是個商業地帶。繁榮興旺、人們工作辛勤。「富山女人很有名，」她聲稱，「她們工作。她們不靠丈夫生活。每個人都這樣說，他們說：『富山女人很了不起。』」

她用的字眼是偉い（erai），有點難以翻譯。這個字眼有點負面的意味，但美穗顯然將它當作讚美。

「富山女人有錢，很有錢。我不是，但其他大部分人都是。我有個朋友在投資股市，而且——你知道你該做什麼嗎？你該娶個富山女人，這樣你就不用搭便車了。你可以坐頭等的子彈列車——除了她可能不會答應之外。她會說：『把錢省下來，坐二等艙就好。』喔，是的，」美穗說，「富山女人很強悍。」

「妳是個富山女人嗎？」

「是的，不。我的意思是，我認為我是，但我先生不做此想。他常問我：『妳確定妳是富山女人嗎？』」

「也許他娶的是一隻狐狸？」（狐狸常化成女人來引誘男人。）

「是的！」她說，「也許我是隻狐狸。你該更小心點才是，搭狐狸的便車，會很危險，但當然，我不是狐狸，我們只是在開玩笑。真的，我是個——我記得它在這裡——不，不是那個——在這！我的名片。你看見沒？上面有些英文字。很世故，你不覺得嗎？」

美穗在黑部的一家保險公司做事，她看見我時，正剛開完會回來。

美穗打了車上的行動電話，安排一些朋友在飯店餐廳碰面。她在入口處讓我下車。「你去找個位子，我去找停車位。」然後她便開走。我這才發現，我將我的背包、相機、錢和所有的內衣都留給這個逃跑的女人。我常對日本駕駛將我跟他們的鑰匙留在發動中的車輛一事，感到嘖嘖稱奇，結果現在我也在做同樣的事。

餐廳內陽光遍灑，為綠色植物所環繞。菜單上包括一道海鮮義大利麵，它在日本非常受到歡迎，但它總是讓我聯想到一種場景，彷彿是一位服務生端著一盤章魚和生蠔，一頭撞上另一位端著義大利麵的服務生一般，創造出來的大餐。在咖啡吧台那邊有著一些精緻的化學儀器，咖啡粉在此如同金粉般地小心秤重，然後在燒杯裡沸騰，再小心翼翼地一杯接著一杯地倒出來。經過這道繁複的手續，這樣的一杯咖啡在日本要價六百日幣（五塊美金！），而它基本上只是濾煮過度的咖啡粉罷了。

我喝下爪哇咖啡，浸淫在我的盛名之中。從三十出頭到年近五十歲的三位女士，對我感到深深著迷。我們天南地北地聊著天，話題從燙髮是否適合日本女性，到鬍子是否適合西方男人，到美穗最近決定玩下坡滑雪是否欠缺考慮等等。這些話題的共識是：不，是的，不。美穗的朋友麻美並不會說英文，但她去過澳洲，這使得她有資格擔任翻譯。女士們會問麻美一個有關我的問題，然後麻美會問我怎麼用英文說。我會告訴她，她再對她的朋友們重複英文，然後我會以日文回答。大家都很快樂。

當我告訴她們我要前往佐渡時（那個圓澡缸船的遙遠島嶼），美穗跟我說了一個失落的愛情故事，跟中村先生跟我說的一樣。但在她的版本中，那個女人是逃離佐渡，以去拜訪在本州的愛人。強調點各有不同，但它們的相異之處給人不少啟示。在一個版本中，那個女人去拜訪她被放逐的愛人——一個犧牲和女性忠誠的悲傷故事。但在另一個版本中，她煩躁不安，想離開她的島嶼。當我問到這個相異處時，美穗的一位朋友說，「沒有什麼差別。在兩個版本中，她都在半路淹死。」

她們不讓我付午餐錢。美穗以女皇般的架勢將我的帳單拿走，服務生在一旁拘謹地微笑。經理在不久後出現，與美穗為過去未付的帳單，展開激烈的爭辯。後來，這個問題得到解決，因為美穗是對的，而且經理非常沒禮貌。我們離開時，美穗臉色嫌惡地低語說：「富山男人只想到錢。真討厭。」

黑部市是全世界的拉鍊中心。它是YKK，也就是吉田工業株式會社的總部所在地。YKK公司以不值錢的拉鍊成名和起家。但是，當然，它們不叫做拉鍊，那是B・F・古德理區（Goodrich）在一九二〇年代引進的商標名稱。拉鍊（zipper）後來變成通用名稱，但在黑部市，或至少在YKK的勢力範圍之內，拉鍊不叫做拉鍊，它們仍被稱做「slide fasteners」。以拉鍊為都市工業的基礎似乎很奇怪。我試著想像類似的城市——鞋帶都會、世界的鈕釦和領帶夾首都、細繩都市——但我就是辦不到。

我們在郊外經過美穗的辦公室，她將車停入停車場，她突然瘋狂地說：「趕快！身子低下來！」

「抱歉？」

「身子低下來，免得有人看見你。」她的聲音變小，「我應該在工作。」

我只好彎腰駝背，蜷縮在座位上。她停好車後說：「我會馬上回來，別動。」

我緊縮著身體坐在那好一段時間。最後，我的背無法再忍受下去，我便緩緩地伸直身體，偷偷地望向窗外。我可以看到美穗正在辦公室的二樓，和幾位同事說話，她正在指著她的車子。當他們看見我伸出頭時，便對著我揮手。然後他們比畫了一下，要我下車。我這時看到一位滿臉怒容、穿襯衫打領帶的男人出現，於是我趕緊再躲起來。我仍然不太確定我在躲什麼。在我的背痛得無法忍受下去時，美穗打開車門說：「嗨。」

「嗨。我能起身了嗎？」

「不，還不行，得等到我們離開這裡。我告訴他們我生病了，而且家裡又有事，下午才能請假。」她半轉身對著我微笑，「我要載你去佐渡的渡船碼頭，你覺得怎麼樣？」

但首先，我們得到她家去，告訴她先生今天發生的事情，並套好話，免得有人打電話來時卻發現她不在。她的先生是個穩重和說話柔和的人。當美穗手忙腳亂地為這趟旅程打點東西時，他在旁以困惑但滿足的微笑看著她。他顯然對發生的事情感到高興，彷彿在對自己說道：「突然帶著一個老外出現，又用瘋狂的點子蹺班，不就是典型的她嗎？結婚這麼多年了，她還是充滿驚喜。」

美穗衝出房外時，沒有和先生吻別——在日本，即使是像美穗這般熱情洋溢的人，還是不會這麼做——但她在要出門時，有輕柔和短暫地捏捏他的手臂。這是我好長一段時間以來，所見過最令人感動的姿態之一。我們在困惑慌亂中離去。

「你想搭渡輪到佐渡，對不對？」她試著用一隻手打開地圖，用另一隻手開著方向盤。她的車窗半開，地圖翹起來，黏到她身上去。她沒有搖下車窗，只是乾脆地將地圖丟到後座說：「別擔心，我知道道路。我們走高速公路。」

「但那會很貴，」我堅持要她讓我付通行費。在日本，通行費貴得不可思議。

「別擔心，」她說，「回來的通行費讓你付好了。」

我微笑。「我怎麼辦得到？」

她大笑。「你說得沒錯。我沒想到這點——反正，沒關係，我來付通行費，因為你付了午餐——」

「但是是妳——」

「啊，啊，啊，」她又似女皇般地揮揮手，打斷我的抗議。

我們在朝日（Asahi）鎮的外頭進入北陸高速公路。高速公路沿海而築，擁抱著陡峭的海岸線，在親不知（Oyashirazu）的多巖海岸間迂迴前行。在古時候，這段海岸是無法經過的阻礙，既使在現在，高速公路仍在幾個地點完全脫離海灘，在高架橋上越過海水而行——我們可能會被寬闊的海水堵住前路。當海邊的路無法再拓展時，公路便轉進山區。

黑部和上越港市之間有二十六道隧道。隧道從快速通過的短隧道到長達四點五公里的長隧道都有，不一而足。最長的隧道內有噴射風扇來吸入空氣，以防駕駛因吸入太多的一氧化碳而昏厥。我們在閃爍的燈光下，駛進和駛出黑暗的隧道，然後回到午後的陽光中。

我們在白雪皚皚的山巔之下，進入上越。空氣冷冽。它讓我想起川端康成小說《雪國》那一句有名的開場白：「火車通過長長的隧道便進入雪國。」我已經抵達遙遠的北方，進入雪國。在此，在日本阿爾卑斯山脈的西北方，冷冽潮濕的空氣突然升起，某些地方為全球降雪量最多的地帶。大部分的日本是炎熱潮濕和半熱帶性的，但在北方，城鎮消失在兩層樓高的豪雪中。村民在房舍間的雪中挖洞，公路封閉。此地居民稀少，冬天令人感到窒息。春天已經降臨，但在這裡，寒冷的天候仍然徘徊不去，像未融化的雪。北日本阿爾卑斯山形成一道惡劣天候的天然屏障。上越沒有櫻花。

美穗在渡船碼頭放我下車。她有點疲憊。這是段很長的車程，現在她要開回家，她會在晚上才回到家。在這種情況下，你要如何適當地感謝某人？你沒有辦法。

# 14

我坐上開往佐渡的最後一艘渡輪，還有很多時間可以打發。我溫暖而滿足地站在上層甲板上，看著車輛在最後一分鐘駛進渡輪。地面人員正要將繩子丟開時，一輛車疾駛而來，打著燈光，按著喇叭。它剛好趕上。那輛車一旦嘎嘎駛過船板，進入第一層甲板，吊橋便被拉起。三名年輕人走出車外，還有一個美國女孩——這個，我猜她是美國女孩。（你在日本待久了之後，也會養成這種習慣。）他們大笑著慶祝自己及時趕上渡輪。

渡輪上有自助餐廳和咖啡店，但這是最後一班船，所以都關起來了。我從自動販賣機買了一包花生和札幌啤酒。當日本北方的冰冷山巒遠去時，我從窗口看到一個暴風雨正從海面上逼近我們。

天色陰暗，暴風雨襲擊我們，大雨猛烈地下在甲板上，然後——我們就通過了。我們掙脫暴風雨，航行到海面上，四處都是伸展的浪花，直到天際。我回到甲板上，覺得自己已然不朽。在遙遠的海面邊緣，像鯨魚的背在水面上拱起的就是佐渡島。

夜幕低垂，當我們接近時，佐渡島開始隱入黑暗之中。在我們越來越靠近時，它變得越來越模糊。

等我們抵達佐渡時，佐渡消失。

# 第四章

## 冷風

——佐渡島和東北

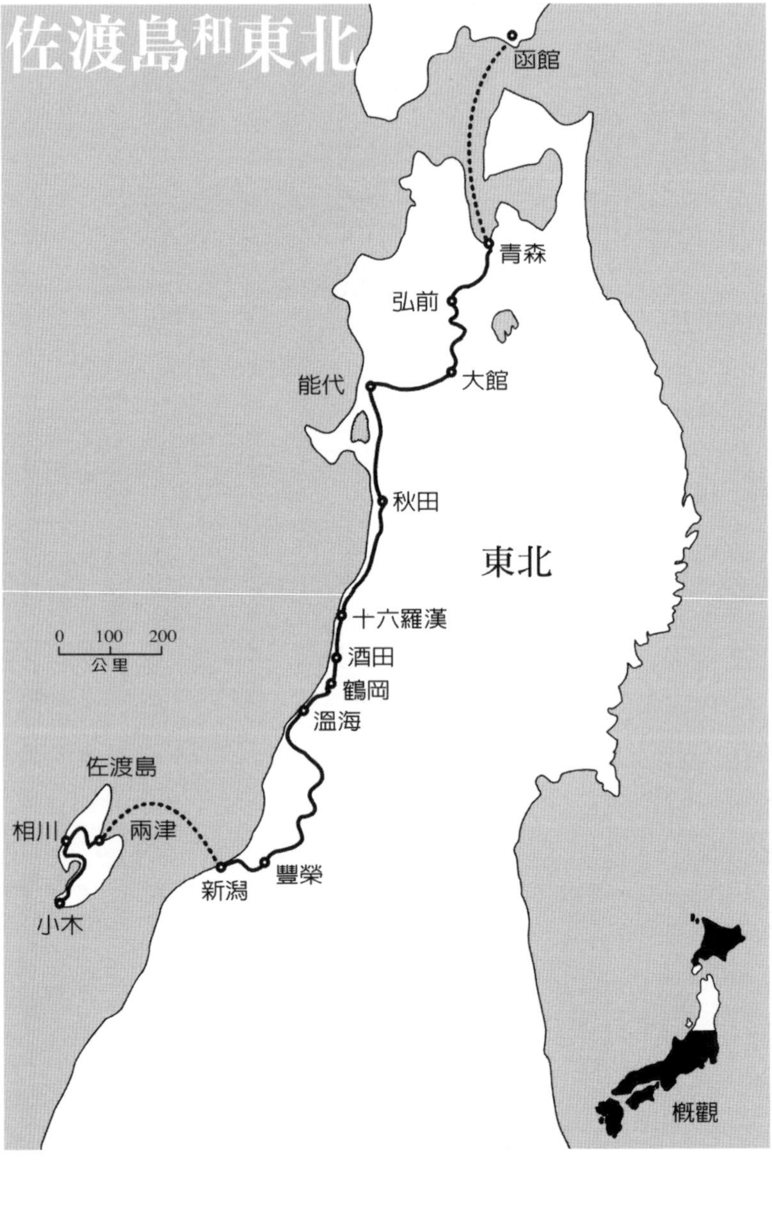
佐渡島和東北
函館
青森
弘前
大館
能代
秋田
東北
十六羅漢
酒田
鶴岡
溫海
0 100 200
公里
佐渡島
相川
兩津
新潟
豐榮
小木
概觀

# 1

夜晚。下著雪。小木（Ogi）城鎮雖小，卻令人摸不著頭緒。你走著走著街道就不見了。我在以沉重的步伐走進一條窄巷，又彎入另一條窄巷之後，最後看見一家麵店。我走進店內，揚起一道冷風。顧客正彎著腰，吃著熱騰騰的麵，看到我時，皺起眉頭，目不轉睛地瞪著我。那些男人看我的表情彷彿我打斷了一場陰謀。

「嗨，你好！」我說。

老闆娘往我的方向注視了一下，舀出另一碗湯頭和滑溜溜的麵條，以尖銳的聲音說：「麵賣光了！」我好說歹說才能坐進櫃臺旁邊，但我在吃麵時，得忍受一股不悅的安靜氣氛。青年旅館在哪？山坡上。哪裡？山坡上，山坡上！一隻手揮舞著，指著數個方向，不歡迎的表情溢於言表，也沒有正確的方向感。

外面的街道冷清，雪緩緩飄落，吹過街道，將屋頂染得雪白。我在一個孤獨佇立的電話亭打電話給青年旅館。回我電話的女人口氣疲憊，彷彿在跟一個白痴打交道，給我的方向比山坡上！山坡上！沒清楚到哪裡去。佐渡島是個山丘遍布的島嶼，我不悅地咕噥著，開始出發。

山路蜿蜒進入隱藏的山谷。在白色寒冷的月光中，稻田形成一片片田畝。在我接近一座農舍時，一隻狗瘋狂地吠叫著，幾乎被牠自己的唾液哽死。我們在黑暗中面對面站著。「別擔心，威爾。牠跟你一樣覺得害怕。」我說，但無法試圖讓我自己勇敢起來。

我站在那裡，我的存在使得狗兒越來越瘋狂地發出威脅，「首先，我會扭斷你的頭！再來，我會吃你的頭顱骨！然後我還要——」前門唰地打開，一個穿著圍裙的女人走出來，詛咒著讓狗安靜下來。

我帶著行李進入大廳，並登記住房。農舍內部是一層層厚厚的灰塵。牆上裝飾著洛磯山脈的拼圖，客廳裡是下陷的家具。那個女人拿走我的錢，粗聲嘟噥著某些話語，它可能是「歡迎來到佐渡島」或「滾開」等等。然後她消失在埃適爾式、迷宮般的數個走廊之中。一個小孩跟在她後頭走著，我被單獨留下。

## 2

翌日清晨，景觀迷濛，沉浸在淡綠色和金黃色之中，一片寧靜，溪流的流水聲微弱，彷彿龍吹過田野的氣息。我漫步走回城鎮，到小木港口。路上只有一家農業合作社開店，但他們的樓上有一家咖啡店，我便在那坐著，啜飲著咖啡糊，看著陽光劃破海灣。我比觀光巴士早一步抵達此地。這座城鎮在旺季時顯然是人山人海，但現在是早春，風中尚沒有櫻花的低語，於是我便成了唯一的觀光客。

「下一個禮拜有得忙了，」櫃臺後的男人說，「這個禮拜什麼也沒有。」

「嗯，我來了，」我開心地說，但這似乎沒帶給他多大安慰。

小木港以民間傳說中的盥舟（tarai-bune）而聞名。這些大型木製澡盆靠著改變體重位置，和單槳攪動水面來控制方向。我發現很難控制它的前進。但那些穿著鮮亮農村工作服和戴著軟帽的年長女士們，卻行駛地非常順手。人們仍在岬角沿岸遠處，用這些澡盆船來採集海草和貝類。但在小木，這傳統被保留成為一種民俗景點——一種讓觀光客欣賞的活人戲劇。只要捐一小筆錢，你就可以試試身手。我在划時，澡盆荒謬地往我這邊傾斜，而那位可愛的嬌小女士帶著勉強擠出的微笑，給我如何改變體重位置和揮動槳的建議。我們最後（這真是讓人驚訝）在水面上打著圈圈。我的肩膀馬上就痛了起來，並稍稍覺得有點頭昏眼花。而那位女士呢，她的臉被寬邊草帽遮住，不斷地吃吃傻笑。我以強大的意志力和體力都無法辦到的事，她卻靈巧地接過槳去，頗有節奏地控制全局，然後將我們划回海灘。（在我的領導之下，我們已危險地離海岸太遠。）說來，它是一種舞蹈形式，以半圓圈的方式不斷打轉著，在錯誤的方向下移動。

當我們回到海灘時，另一位女士跑到碼頭邊，對著我大叫，笑著說：「她是個很爛的老師！我可以把你教得更好。」因此，我又出海了，打圈圈，打圈圈，打圈圈。「好嫻熟呀！」她叫道。我的腋窩現在痛得要命，雙膝轉得無力，因此我又一次地將掌舵權交給年紀大我三倍，體重只有我一半的女士。當我們回到碼頭時，已有十幾個澡盆在那裡等著，大家同意我是他們那天最好的槳夫。這讓我高興了好一陣子。直到我搖搖晃晃地離開時，我才發現，到目前為止，我是他們那天**唯一**的槳夫。

＊＊＊

我往北，打算走出小木，經過一個汽車廢棄場，這時，一輛白色的車子從轉角處飛快地駛來。當那位駕駛看到我時，車子突然緊急煞車，停了下來。我甚至沒有伸出我的大拇指。

「嘿，老兄！」一個聲音對我叫著，帶著加州的酷勁，「我記得你也有搭渡輪！」

它就是及時趕上渡輪的那輛車，一如昨晚我所見到般地精力充沛。駕駛是位皮膚曬得黝黑的日本年輕男人。他戴著一只耳環，太陽眼鏡，穿著橘紅色的螢光T恤。坐在他旁邊的是他的美國女友，她有一頭棕色的長髮和漂亮的五官。坐在後座的是兩個更好看的年輕人：一位他們叫阿波的日本女人，和在她身邊沉沉睡著的一位運動家型的年輕男人，沙耶（〔Say Ya〕至少，從我的耳朵聽來，名字是這樣的）。我擠進後座，將沙耶吵醒，他以困惑憤恨的眼神盯著我，然後又轉身沉沉睡去。

「我叫篤史，」那位顯然是這群人領袖的駕駛說。他轉身和我握手，並堅持要每個人都效法他。沙耶沒有很高的興致，但還是醒來一段足夠的時間，無精打采地和我握手，然後滾回去，膝蓋和手臂交纏在一起，面對後座再度睡去。

「他喜歡你，」篤史說，「我呢，是atsui——那是『熱』的意思。你喜歡的話，你可以叫我熱壽司。我的朋友都這樣子叫我。」

他自動將我納入他們的交友圈內，讓我受寵若驚，但他的女友蜜雪兒則顯然沒有這麼友善。她好長一段時間後，才對我和顏悅色。這讓熱壽司覺得困惑不解，因為他認為既然蜜雪兒和我都是北美洲人，我們一定會一下子就混得很熟。沒有這回事。諷刺的是，西方人對其他西方人所抱持的懷疑態度，要比日本人大多了。熱壽司雖然精力充沛，又說著一口令人驚訝的好英文，他仍然是個日本人——也就是說，他比較容易信任人、無邪，並帶著點天真。

蜜雪兒是德拉瓦（Delaware）人。那顯然是美國的一座城市、一個州、或者是某個什麼地方，我並不確定。（後來，我發現，大部分的美國人也都不能在地圖上找到德拉瓦，這讓我感覺好受一些。）

熱壽司和他的伴是本州的滑雪教練，難怪他們擁有健康的黝黑膚色和一種性感魅力。我坐在他們旁邊，看起來——這個，一點也不像滑雪教練。當我們開車駛出小木時，熱壽司熱切地討論著滑雪。在我看來，這個運動反反覆覆地有點蠢。上坡，滑下來，然後再上坡。為什麼不乾脆就待在下面就好？沒關係，我曾在英屬哥倫比亞的內陸滑過雪，這就足夠讓我說話有些分量了。

「滑雪很刺激。」熱壽司說，他們都同意。

滑雪教練的享樂主義似乎是全球同步的。我毫不懷疑，如果這四個人碰到來自任何國家的滑雪教練，也一定會和他相處得很好。熱壽司還真不簡單：他在冬季是個滑雪教練；在夏季，他飛到美國在玻里尼西亞的保護地關島去教日本遊客水肺潛水。他就是這麼認識蜜雪兒的。他倆都在太平洋島嶼俱樂部工作，那是一個高級度假勝地，有自己的水族館。

「你去過關島嗎？」熱壽司問，「你會喜歡它的。很多陽光，很多衝浪的人。」

「那就像是夏威夷，」蜜雪兒說，「但沒有它的文化。」蜜雪兒在夏威夷念大學，畢業後沒多久就到關島去。「關島是個老外動物園，」她說，「日本觀光客到關島時，覺得自己是到了一個外國國家，但每件事都安排得很好，讓他們根本不用接觸到外國人，還能吃到日本食物。甚至連卡拉ＯＫ都是用日文。他們去關島看外國人。」

熱壽司嘆口氣，但不得不同意。「那是真的，」他說。日本人想在自然棲息地觀看老外的一舉一動。但他們不想直接和老外有什麼瓜葛。

「你在關島一定很容易找到工作，」蜜雪兒對我說，「你說日文。你是個馴服的老外。」這聽起來很刺耳，但她的觀察卻是真的。許多外國人因為身為馴服的老外而得以在職業上有所成就，日本電視裡到處充斥著他們。

熱壽司和朋友們來佐渡島玩，以慶祝滑雪季節的結束。

「佐渡島正在蕭條，」熱壽司說，「它的風景很美，但它日益蕭條。年輕人都離開這裡了，沒有人肯留下來，這是一個老年人的島。」

就在這時，好死不死地，我們經過一個在路旁慢跑的年輕男孩，蜜雪兒馬上不懷好意地指出，「那裡就有一位年輕人。你看。」

但這絲毫未讓熱壽司感到困擾。「當然，」他說，「但他是要跑去搭離開這島嶼的最後一艘渡輪。這只是證明了我的觀點。」

公路在海岸邊蜿蜒前進，穿過成群的村莊，村裡的木頭建築飽受海和風的侵蝕，褪成灰色。

「這輛車沒有音響，」熱壽司說，「但沒有關係，我會為你唱首歌。」蜜雪兒翻個白眼，但熱壽司絲毫不感到畏怯。「你知道——你要上哪裡去嗎？——你喜歡你的人生嗎？——」

這吵醒了沙耶。他看起來不像是個精力旺盛的年輕人，反而像脾氣暴躁的小孩。「他在唱歌，」他喃喃抱怨，「他總是在唱歌。」

如此這般，我們在走調但活潑的〈Mahogany〉歌聲中，穿越起伏不定的山丘和佐渡的遲緩彎道。

**你知道你要上哪裡去嗎？**

## 3

佐渡島最有名的流放者之一是一個叫做世阿彌（Zeami）的男人，他生於一三六三年，死於一四四三年。世阿彌是日本的莎士比亞。世阿彌是位演員和戲劇作家，他將能劇藝術編纂成書，並融合傳統舞蹈和莊嚴樸素的禪宗哲學。他的美學中心是幽玄（yūgen），「潛伏在表面之下，隱藏但總是存在的事物，」一種模糊空泛又困難的概念。令人讚嘆的是，這個藝術理論非常先進，尤其是和當時歐洲宮廷的標準戲劇道德劇[1]來做比較。（「喔，不！惡魔在吃懶惰的小孩！只有貞潔的兒子和忠誠的女兒能解救他！」）

世阿彌在生前被讚譽為天才。他是一個戲劇性起伏劇烈的傳說人物。你要知道，世阿彌不但是位藝術天才，還是當時在位將軍足利義滿的同性戀愛人。確切地來說，世阿彌是靠美色攀登到頂峰。但當義滿將軍過世時，世阿彌失去了他的保護者，下一任將軍義持對世阿彌的藝術

1 morality play，中世紀的一種宗教劇——譯注。

不若義滿那般著迷。新的將軍認為這位傲慢的能劇大師將藝術秘密藏而不傳，更以此為藉口，將他流放到世界邊緣的島嶼上去。世阿彌的晚年沒沒無聞，孤單寂寞。世阿彌最後在佐渡過世，晚景淒涼無比。但他的藝術流傳了下來。能劇一直一直一直表演……如果你曾試著靜下心來看一場晚上的能劇，你就會了解我的意思。

能劇被形容成一種全面戲劇，因為它綜合了音樂、滑稽劇、舞蹈、詩歌吟頌、戴面具的戲服和音調吟唱。它也是一種壓抑嚴謹的戲劇。表演者通常戴著面具，以猶豫的滑步前進，場景開展速度緩慢，如同慢慢改變的靜止畫面——伴隨著尖銳的笛聲、突然的吶喊、任意的鼓聲和緩慢的悲嘆。能劇繚繞人心，使人感到不安，境界深沉——這些讚嘆大概只能維持十分鐘之久。在那之後，時間逐漸緩慢到幾乎靜止，動作彷彿是在水底進行。它超越催眠效果。它很無聊。一種深沉、精緻、存在性的**無聊**。

世阿彌寫的《風姿花傳》曾是一本劃時代和前衛的書籍，現在卻遭到能劇界的墨守成規。它是鬼魂的戲劇，一項博物館的展覽品。戲劇圍繞著因果報應和生與死的循環開展，演出我們對這個幻覺世界的渴望。理所當然地，演員們在台上以永恆的速度遲緩地移動。

我一位朋友在日本讀戲劇，他老試著要說服我說，其實我愛死能劇了。這位朋友當然是位英國人（英國人製造無聊的能力也很令人嘆為觀止），他拖著我去看巡迴演出，對仕手（主角）拿扇子的方式嘖嘖稱奇地喘不過氣來。「你看見了沒有！」他會說，「仕手**倒拿**著他的扇子。」我的朋友像大部分死忠的戲迷一般，對競爭感到輕蔑。「能劇遠比你從通俗劇或寫實主義所得到的精神淨化還要深沉。它不僅僅是場面，就連像歌舞伎這類過度和華奢的戲服跟它相比之下，都顯得低俗。但能劇……能劇引發深省。」

「還有催眠效果。」我說。

「但是，」他會堅持所有和經驗主義相反的法則，「它非常令人興奮。能劇有好幾種層面，它在表面之下有種幾乎令人難以忍受的緊張。」

「是喔。」

我的朋友生氣了。「我不知道我幹嘛花時間點醒你。聽著，」他會說，「艾茲拉．龐德[2]將能劇翻譯成英文；布萊希特[3]受能劇的影響很大；葉慈[4]認為它達到象徵藝術的新頂峰。」

「你儘管提名字好了，」我說，「但這不能改變事實，能劇就是能劇，那就像去觀賞歌劇或去看牙醫。你不欣賞它，你只是忍受它。」

我同意一點。能劇的面具相當莊嚴。特別是女性面具。（像歌舞伎一樣，能劇仍是男性主演的世界。）演員在表情之間擺姿勢，面具能傳達所有表情。我在能劇的表演中看過——雖然我絕對不會對我那位深愛能劇的朋友承認——演員如何藉著改變的姿勢和態度，讓面具在台上變換表情。

也許我的英國朋友是對的，也許能劇真的是日本社會的本質所在。擁有不可思議的深度的

---

2 Ezra Pound，一八八五—一九七二，英國詩人——譯注。

3 Brecht，一八九八—一九五六，德國作家和詩人——譯注。

4 W.B.Yeats，一八六五—一九三九，愛爾蘭劇作家和詩人——譯注。

面具，壓抑的感情，深沉的情緒，疼痛的安靜，突然的爆發，激烈的情感，懊悔的人生。或者，也許它只是一種非常古老而陳舊的藝術形式。但不管如何，即使拿一把槍指著我，我再也不會去觀賞能劇。

相反的是，我在佐渡島上花時間欣賞面具，並對滑雪教練和曬得黝黑的水肺潛水教練的性感和享樂主義的生活型態感到羨慕。

## 4

佐渡島如果不是流失在時間中，便是在其間飄浮。村莊像散置的木條板箱，為海景所環繞，四周都是丘陵。

我們在路上一個觀景點停下來喝咖啡，沙耶伸展四肢，哈欠連連，漫步走進觀光紀念品商店。沙耶什麼都要試，他在玩具部門壓擠喇叭，戴上帽子，玩鈕釦和吹塑膠横笛。然後，等我們一回到車上，他就像受到催眠師暗示般馬上沉沉睡去。努力發洩精力，然後小睡一會。

「他只是個孩子。」熱壽司贊成地說。

我們在尖閣灣（Senkaku Bay）停下來參觀一所水族館，裡面的魚無精打采，有著巨大變種的螃蟹，和容易受到驚嚇的鯊魚在轉著圈圈。海灣夾雜在崎嶇的巖石和繁盛的綠意之間，只是海中一個深青綠色的峽灣。我們走過一道狹窄的人行橋，直到蓋在一塊凸出的巖石上的瞭望台。

沙耶環顧四周，頗富哲學意味地說：「這是烤肉的好地方。」

我們往西邊的海岸繼續前進，經過一個標誌說：小心：注意美麗的女孩。

「下一個禮拜，」阿波向我保證，「下一個禮拜，海灘上會擠滿漂亮的女人。」

我的人生真無趣。

我們從尖閣灣轉往內陸，向一個稱為金山（Kinzan）的景點前進。這個名字一點也不誇張。在一六〇一年德川家康統一日本的時候，金山發現金礦。這個礦脈非常豐富，而且接近表面，很容易和床岩分隔開來。在德川領地邊緣發現的這個礦脈純粹是個偶然，而且，佐渡的金礦資助了德川一家的財庫，使得他們能掌權兩百五十年之久。佐渡的金礦甚至延續得比將軍他們還要久。它成為明治維新的財源，並幫助日本侵略中國。佐渡金礦資助了攻擊珍珠港的飛機和船隻，以及後來的神風特攻隊飛機。直到一九九〇年，佐渡的金礦才告衰竭。

在金礦熱的高峰時刻，主要礦脈的位置離熱鬧的相川（Aikawa）不遠，它是日本的克朗代克[5]。相川是個喧囂的小鎮，淘金者、武士藩主、外地來的妓女、富有的酒商、騙子和數以千計的奴隸勞工紛紛前來。它是個主要但曇花一現的都會。今天的相川很難看出昔日的繁榮光景。

當我們往內陸駛向老舊的金礦時，道遊之割戶（Doyu-no-Wareto）那座崎嶇綠色的山巔挺立在我們頭上。相傳，它是由一位貪心過度的淘金者所形成，他用槌頭和尖釘用力擊向山巔，

5 Klondike，一八九六年在此發現金礦，曾引發加拿大的淘金熱——譯注。

竟把山巔擊裂成了兩半。這座山頭是分成兩半，但不是任何神秘人物所造成的，而是數以千計的人不斷的挖礦行為讓山頭分裂。

金礦現在變成一種主題樂園，走道深深鑿進潮濕冷冽的深處。人體模型穿上襤褸不整的衣服，排列成迷你陳列室，讓人想起這是個辛苦的工作。金礦全靠奴隸勞工才能被挖掘使用。金礦通道現在是個觀光景點，它原本是個大型墳場。數以千計的奴隸死在礦坑之內，他們在抵達相川後的平均壽命不到四年。在此同時，在東京北部的本州本土上，屹立著日光那座巴洛克式、極盡奢華的東照宮，將軍的墓地。日光和相川礦坑，以及兩座墳墓之間的對比，簡直是南轅北轍。

在礦坑博物館外有個尷尬時刻，熱壽司將我拉到一邊，悄悄地對我說：「嘿，老兄。入場費是六百日幣。如果你付不起——我是說，如果你需要一些錢——」

「不，不用。」我揮手阻止他的好意。

蜜雪兒小心地打量著我們的交談。

離開金礦之後，熱壽司決定走沿著小島脊椎而行的佐渡天際公路，然後到兩津（Ryōtsu）這個港市。當熱壽司開始如獅子般打哈欠時，蜜雪兒不禁關心了起來。「你確定你不會開得太累嗎？」

「累？」熱壽司說，「誰——我？我從來不累。從來不累。」

蜜雪兒又試著抓住他的矛盾之處，但他再度躲閃過她的攻擊。「但昨天你跟我說你總是很想睡覺。」

「想睡覺沒錯，但從來不累。」

我喜歡熱壽司，我喜歡你永遠抓不到他語病的事實。他略帶諷刺的世界觀和善良仁慈，使我想起我家鄉的法國後裔阿卡迪亞人。他對英文的細節之了解也很令人讚嘆，累和想睡覺的確有差異。

空氣新鮮宜人。兩側的風光如此壯麗，我們甚至考慮將沙耶叫醒。最後，當我們往島上的東部海岸蜿蜒而下時，阿波將沙耶叫醒。

「是的，」他睡意深沉地說，用一隻眼睛窺著窗外，「這是佐渡沒錯。」

小城鎮如飄浮的貨物般散布在海岸。兩津就是如此，房舍用牛皮貼補、破爛不堪、向內傾塌，金屬波浪板屋頂生鏽，牆壁飽受海風摧殘。兩津的顏色和老舊廟宇與浮木的銀灰色相同。

我的車程來到尾聲。熱壽司在渡輪港口附近放我下車，並給我關島的太平洋島嶼俱樂部的手冊。「我在照片裡面，」他說，指指一個難以辨認的一點。熱壽司被縮減成電腦相片的幾點像素，只有他的微笑還認得出來，就像柴郡貓[6]的微笑一般，是他最後消失的五官。我祝福阿波，握握沙耶睡意深沉的手，然後給蜜雪兒一個在北美洲人間，廣泛流行的半擁抱／半握手的道別。我真覺得有點不自然。之後，他們四個人回到車內，出發去尋找經驗和永不停止的現在。老天，我真嫉妒他們。

6 Cheshire Cat，《愛麗絲夢遊仙境》中消失得只剩微笑的貓兒——譯注。

# 5

兩津和整個佐渡島都正在為春祭而熱鬧滾滾，祭典中有打鼓和穿著中古戰袍、騎著馬快速奔馳而過的馬上射箭。能劇的藝術面具在兩津港變得滑稽：一個四公尺大的面具被掛在塔樓上，作為觀光景點。「它慶祝世阿彌的人生，」旅遊中心的男人說，「我們在這島上有超過四十個能劇團，這使得佐渡成為日本的能劇中心。」

「你有去看能劇嗎？」我問。

「能劇在佐渡非常受到歡迎。」

「是的，」我說，「但是你自己有去看嗎？」

他壓低聲音，彷彿是異議分子在批評軍政體系。「能劇有點慢，」他說，然後展現一個開朗的微笑。「我喜歡職業摔角。你知道巨人馬場嗎？我見過他一次面。他人非常好。我很驚訝。」

「但職業摔角都是在演戲。」

「能劇也是。」他說。這是我所聽過，有關公眾娛樂最合理的解釋。

佐渡島也是國際知名的鼓童（Kodō）的家鄉。你也許聽說過他們。他們是穿著丁字褲的鼓手，肌肉在汗水中閃閃發光，身軀如洗衣板，前額上纏著扭曲的頭巾。他們槌出如戰爭般吶喊的鼓聲時，臉上帶著狂野的戰鬥表情。他們的鼓聲粗糙原始，直到你開始昏頭轉向，胸口抽緊，恍若一條外科止血帶綁住你的胸腔，緊得讓你往後站，頭著火般地旋轉。這就是鼓童。

佐渡島的鼓童成員將打鼓提升到一種激烈，甚至是崇拜的層次。鼓手們表演高速和重疊的節奏，而為了取得這類精神和鼓聲上的和諧一致，他們共同生活（大部分的鼓手都住在同一個地方）。如果這聽起來有點反文化和嬉皮，這是因為它的確是。鼓童運動的根源可以追溯到一九六〇年代，當時的日本年輕人運動選擇脫離主流消費社會，並尋求和過去重新聯繫的方式。加入鼓童就像加入海軍陸戰隊；它的訓練很嚴格：在清晨前起床，一早就跑十公里路，在下雪的隆冬中也近乎赤裸（長距離慢跑能讓你掌握身體的節奏。它也能增強精力）。

鼓童鼓手打到精疲力盡為止，精力是關鍵。他們常在表演中傾身，像做仰臥起坐做到一半的人，我看了總是覺得肌肉痠痛。他們能讓鼓聲顫抖著，如雨水輕柔地飄落在葉子上，或大聲地像滂沱大雨般宣洩爆發。鼓聲逐漸升高，如海浪般一波波襲來。鼓手打出冰雹般的鼓聲——無情、魯莽、不受壓抑——連連滾過觀眾，回音再度迴盪而來。最大的鼓是太鼓（Ōdai-ko），它重達半噸，在表演高潮時像神祇般被推出來。他們說，它大得足以淹沒一個男人。鼓手就位，身上只穿著腰際的纏布和頭帶，盡力仰起背部，揮舞著跟棒球棒大小相仿的鼓棒，敲出激勵人心的節奏，一陣咚—咚—咚的深沉迴響使得胸腔嘎嘎作響，並改變心跳。

在市政府聽完打鼓之後，我走過兩津深藍色的傍晚。整晚中，鼓聲的衝擊心跳在我的胸部中迴響。

我在海港旁一家破舊不堪的旅館租到一個房間。我花了半個小時和老闆娘爭論，最後她才終於同意租房間給一位外國人。她試著告訴我說，「旅館客滿了」，在日本，這是不讓外國人租房的常見手法，但也很容易被識破。日式旅館的玄關放著住客的鞋子，如果旅館真的客滿，玄關裡應該滿滿都是鞋子。在這家旅館中，我看不到一雙鞋子。當我指出這點時，她改變說法，告訴我我得睡在棉被上，而身為美國人的我最好是去住飯店才會比較舒服。

情況對我不利，我試著努力說服這位老闆娘收下我的錢，我最後得使出「表兄」那招。每當日式旅館的老闆不願意租我房間時——他們害怕發生誤解、洗澡不照程序、突然的暴力謀殺，這些都是可以了解的恐懼——我便直接了當地用以下這個方法介紹我自己：

「哈囉，我是（某個小鎮名字）高中外文老師的表兄。」

作為一位前交換老師，我可以作證，日本學校內充斥著外國人。每所高中和大部分的初中都有一位老外老師——不管他或她是來自澳洲、美國、紐西蘭、英國、愛爾蘭或加拿大。我們叫自己為GODS，也就是，「展示中的老外」（Gaijins On Display）的意思。鎮民們混合著恐懼和好感來看待我們。GODS的知名度很高，在小鎮中的每一個人，甚至那些沒有經過正式介紹的人，都會知道他們。所以，當我碰到日本人的外國人恐懼症的銅牆鐵壁時，我就乾脆使出這招。作為當地GODS的表兄，可以改變任何事情。常常，老闆的小孩聽到這後，會將它具體化。「你是史密斯先生的表兄？」他們興奮地問。「是的！是的！」我向他們保證。「好史密斯，他／她現在過得怎樣？」

這看來也許很賊，又爛，而且不誠實（因為它的確是），但你不妨這樣看好了；我從來沒有濫用我的職權。有好幾次，尤其是在事情非常順利時，我常想偷偷溜掉，然後將帳單留給史密斯先生。但我每次都拒絕這項誘惑。畢竟，我也許是位狡猾的旅人，但我絕對不是個一般的騙子。

## 6

從佐渡枯燥無味的傳統到威力強大的現代科技。從莊嚴到荒謬。從佐渡襤褸的城鎮和蕭條的稻田到高速的噴射水翼船。我喜歡。

噴射水翼船以水槳劃過水面，如剃刀般滑行。船假裝正在飛行——的確，搭乘佐渡的噴射水翼船是你最接近飛行，卻又沒有離開水面的體驗。出發時，船上廣播要我們繫好安全帶，船體從深處發出低沉的隆隆聲響，然後，該死，我們就以高速滑行，尖聲駛過海岸，像詹姆士·龐德電影中的壞蛋。海浪高捲想阻止我們，但我們破浪前行。越過天際，另一個暴風雨正在形成，天色暗藍，憤怒地攪拌著。我才不在乎。我正在搭乘噴射水翼船。我們耗資千萬日幣得到什麼？我們因而能飛得較快，翱翔地較高，在我們體內感覺到腎上腺激素高升。這經驗很值得。

「噴射水翼船，第一，」坐在我旁邊的男人帶著自鳴得意的微笑說。他是某個想展開一場對話的上班族。他的領帶打得太緊；他的頸部鼓起，像破皮的水煮香腸。我無力地對他微笑，希望顯得有禮貌，但是又頗有距離。

「日本科技，世界第一！」他說，他的微笑現在變成傲慢又沒安全感的咧嘴而笑。

我嘆口氣。當然，像大部分的國家主義者，他錯了。我剛好知道噴射水翼船的發明經過。它們是由發明電話的貝爾[7]，這位蘇格蘭裔美國人在加拿大的布里敦角島（Cape Breton Island）從一位早期義大利發明家的設計改良而成。水翼船不是日本人發明的；它們是蘇格蘭—美國—加拿大—義大利的產品。我考慮試著向我香腸脖子的朋友解釋，但有什麼用？他反正不會相信。

日本從未發明任何主要的先進科技。日本的科技從未改革全世界。**儘管如此**，日本針對消費者需求研發了許多非常具有創意的解決之道。想想美國的巨大音箱和未來派的隨身聽吧，或者是我們原本扛著的重得荒謬的攝影機和新力研發的手拿式攝影機。

「沒錯，日本人是比較聰明，」一位美國同事曾說，「但他們沒有創造力。」

他錯了。日本人有創造力，美國人也是，這完全仰賴你如何定義創造性。在日本，它是解決問題和解開老舊謎團的新方式。這類創造力仰仗團體努力和模糊不清的邏輯。對西方人來說，創造力是辛勤的個人汲汲努力地得到突然的發明靈感。前者是實際的創造力；後者是浪漫的典型。兩個觀點一樣平等，但一個總是被另一個觀點弄得困惑，或甚至感到不屑。

日本人批評美國人反覆無常而漫不經心；美國人則批評日本人只會模仿。這兩種批評都自有道理，但它們的方式不必然是壞的，它們實際上相益得彰。

「第一，」我的鄰座說，堅持他的邏輯觀。

「是的，是的，是的，」我嘆口氣，「日本第一。」

他聽到這很高興。「第一，」他說。

「是的，沒錯。日本是全世界，全宇宙第一的國家。沒人比日本強，日本是最棒的，日本是最偉大的，全球第一，沒人比日本棒，日本是神。」

他嚇呆了。「不，不，不，」他說，突然畏怯了起來。「日本是個非常貧窮的國家，非常小。」

「對喔，那麼，趕快決定好嗎？」我移動身體，轉離他的方向。

「我很抱歉。」他悄悄地說。

「算了。」

「我很抱歉。」

我沒有回答。過一陣子之後，他輕輕敲了我的手臂，要給我一些魚乾。我拒絕了。水翼船破浪前行，有那麼一會兒，船身輕微下降，像一座碰到氣穴的飛機。

電視機裡，正在播放著一群噘著嘴嬌嗔的少女，精神飽滿地到處跳躍，可愛地像所有活潑的青少女一般。這個樂團的名稱是Cry Babies，她們的頭髮高高鬈起，像將被吹飛的特大號蒲公英。她們精心打扮，輕巧地蹦跳，神氣十足地前後跳躍，到處移動，跳著應該是舞步的動作。但她們的移動和實際上的節奏之間，只有偶然的關聯。我看著這幕，突然有個想法，並為此得到解放：**這世界上的確有人比美國白人上層階級還要沒有節奏感**。

觀看年輕忸怩的日本大學生跳著既定的舞步——和正在播放的音樂完全沒有配合——是種

7 Alexander Graham Bell，一八四七—一九二二，美國發明家——譯注。

痛苦的體驗，諷刺的是，它讓我覺得很開心。不知怎麼地，主流日本音樂停頓在早期的七〇年代，沒有再多做進展。他們也許有讓心跳停止的太鼓，更大的霓虹燈和更快的水翼船，但老天在上，他們無法跳搖滾樂，或從一座癲癇診所裡搖出來。

我想著這令人開心的想法，定下心來，享受這段船程。

## 7

我想我到新潟（Niigata）的日子不對。每件事物看起來都如此陰沉憂鬱、骯髒和破爛不堪。甚至那些被漆上條紋，看起來像糖果的煙囪，都從工業煙霧中挺立而出，恍若從沙發墊底下挖出的烏黑糖果。

在經歷過佐渡稀疏的景觀之後，重新回到擁擠的大都會中，讓人感覺不適應。鬧區的街道上滿是移動的人潮。我在一家商務飯店登記住房，扔下背包，然後找到一家辣得嚇人的韓國餐廳來祭我的五臟廟。（嗆辣的泡菜在未來兩天內燃燒著我的直腸。難怪韓國人看起來總是在生氣。）

天氣顯著寒冷，我套上幾層T恤，但還是覺得趕不走那份刺骨的潮濕和寒冷。我為了尋找較暖和的衣物，在新潟車站地下像隧道般伸展的地下街穿廊中來回穿梭。我花了好一會兒才找到適合的衣物。一件附帽的套頭毛衣的袖子短了五吋，但我不得不買它。我穿起來的模樣就像是長臂的黑猩猩，讓女人覺得窩心。我買它還有一項額外的收穫。那件套頭毛衣的背後有大膽的日式英文字樣。那段文字有著確切的饒舌音樂節奏，在未來的數個禮拜之內，當我單獨站在鏡子前面時，我就會將它們高聲唸出（當然是帶著都市街道幫派的憤怒和不豫之色，以及適當的姿勢）。這段文字如此寫道：

逐漸地
我們不能出生特別
以我的力量
現在國際！
特選品自一九七六
打它！

這是在日本生活最超寫實的層面之一：看著你的語言被簡化成裝飾品，移開任何上下文或意義，變成一種玄想。現在我一想，發覺日本人處理語言的方式——還有大部分的事物——是無情的解構主義者。它不是一種模仿，而是一種重新詮釋。這在處理汽車、相機和鐘時非常有效率，但在面對有組織的語言時就很慘了。

我的日本學生決心將英文簡化為可以重新組合的數學因數。有一個用功的學生在上課時，拒絕和我說英文，他誠心誠意地說：「我只是討厭犯錯。我會先把英文學得流利，然後我就會說英文。」當我試著跟他解釋，學習語言是種過程，而犯錯是必要，甚至是合理的要素時，他禮貌地將我的建議打發為古怪。在錯誤中學習？荒謬。

這個結果產生一個文法流利、卻不善於開口說英文的國家。在這其中，主要的犧牲者就是英文語言本身。當我碰到我的高中學生穿著印有「享受我的兄弟！（Enjoy My Brother!）」的字樣的T恤時，我便要他解釋。我實際上是在和他打賭，如果他能翻譯這句話的話，我答應給他一萬日幣。這個年輕人是我們學校的資優生，可以進日本最優秀的大學，他信心十足地面對挑戰。「Enjoy是個動詞，」他說，「my是個所有格，而brother是個受詞。主詞是你，這使此句成為命令句。驚嘆號使得它更增添緊急意味。」他伸出手準備拿錢。「但這句話是什麼意思？」我說。他大惑不解地看著我說，「Enjoy是動詞，my是所有格，brother是——」不消說，我沒有給他一萬日幣，他至今對此仍舊耿耿於懷。在他的想法裡，他已經解釋了這句話，而我不付賭金。

英文句子的意義要大於它的每一部分，這概念很難在日本生根。我鄰居太太有件最愛的襯衫，上面寫著「色慾玩具」，我根本無法跟她解釋這兩個字眼。（她是真的有這件襯衫。也許她**真的是**個色慾玩具，而且還引以為榮。誰知道呢？）

擁有數百萬美金資源的日本公司竟然想不出任何合理的商標名稱。英文在日本是種專用標語，很像一度在美國蔚為風潮的法文，因此日本人無從拒絕引用英文，從飲料罐頭到政治海報之間的任何事物都要炫耀點英文才行。最著名的日本商標名稱包括一種叫Sweat（汗水，寶礦力水得）的運動飲料；叫Creap（雞皮疙瘩，森永出品）的咖啡奶精；叫做Colon（結腸）的圓形巧克力色棒；還有一種叫可爾必斯的優酪飲料，它總是使我想起牛的尿。（我有次寄了一箱可爾必斯給我在渥太華從事電腦動畫的朋友卡文．克里米，並附上一張字條。「真棒的策略，卡文！銷售你自己的尿！你會賺大錢。只要你能接觸到自來水，供應就永遠不會間斷。」）

一位從英國來的女性朋友有次讓我看日本衛生棉條盒內的說明書。使用說明是以日文書寫而成，但即使在這裡，製造商都覺得要加點英文讓氣氛輕鬆一下。在說明書上面有一道聳動的英文：Let's All Enjoy Tampon Life!（讓我們享受棉條的生活！）

更難理解的是，在日本的美國公司有著稀奇古怪的英文廣告口號：我感覺可樂！[8]說雲雀（Lark，一個香菸公司）！還有我很瘦（Slims，維珍妮）！這讓我很心煩意亂——畢竟，你會想美國公司應該會把英文搞對——後來，終於有一天，我領悟到，這些口號並不是針對我，而是針對日本顧客而發。日本顧客全都學過基本英文，而他們認得和記得的基本句型就是「我感覺——」，「我說——」，和「我是——」。實際上，口號合不合理並不重要。英文使得顧客和產品都能產生一種帥勁的都會氛圍。一旦我了解他們為什麼這麼做後，這些古怪的句子就不再是笑話，而是優秀的行銷策略。這是為什麼這麼多口號用「讓我們享受——」和它的變體的原因。這不是因為它是常用的英文（你在一般的英文會話中，有多常用到「讓我們享受」這個片語？），而是因為它是**教材**裡的英文，所以在日本「這是一支筆」也是種受歡迎的打招呼方式。

日式英文有專書討論。有些很古怪，有些在一種日本非直線性思考的邏輯中，還顯得很合

8 另意，我感覺毒品（Coke）——譯注。

理，有些甚至還有幾分詩意。我曾認識一位美國人，他最珍貴的寶物是一個古董小茶盒。在茶盒背面，用英文列舉著你喝茶所會得到的各種益處。此表如下：

**茶的益處：**

一、增進書寫記憶
二、強化詩意
三、平靜心靈
四、促進有涵養的對話
五、使心胸感到清新
六、促進胃部消化
七、增強身體的精子
八、驅逐孤獨的哀傷感
九、驅逐孤獨的邪惡

二話不說，我立即試著從這位美國人那兒買下這個茶盒，但不管我開價多高，他就是不肯割愛。那個茶盒也非常精緻，裝飾著龍和褪色的漢字，以及精巧的圖案。它還帶著淡淡的茶香。而我們在喝日本茶時，誰沒感覺到一股詩意被強化的效果呢？或是促進胃部消化？誰又沒有感到孤獨的哀傷感遭到驅逐呢？

# 8

我在一個灰色的早晨離開新潟，天色很適當，為烏雲所籠罩的天空似乎反映了我的鬱悶心情。將我付的飯店帳單、韓國大餐和酒吧公關小姐的敲詐整個算起來，我一晚就花了兩百美金——而且還沒有搞到脫得赤裸玩耍的程度。我的屁股也很痛，我是該痛；新潟大大地敲了我一筆。

那天是個悶熱到空氣似乎牢不可破的一天，行走的速度緩慢，更為潮濕。早上的車流突然展開，從轉角駛過來，像印地五百賽車開跑。但幸運的是，一輛卡車在車流吞噬我前，就在我身旁停下來。「謝謝，」我說。駕駛對著我打呵欠。

他是個看起來非常疲憊的漁夫，在我們駛出新潟時，累得似乎會隨時倒臥在方向盤上。他的頭緩緩地低下來，下巴幾乎碰到胸口，然後在驚駭的一股震動之後，他會直起身，抓緊方向盤，用力地凝視著前方路段。所以，你可以想像，我在這段車程中為何滔滔不絕地說著話。「老天，新潟！很棒的都市，不是嗎？」漁夫：「嗯？喔，是的，很棒。」然後他的眼皮會開始下垂，我的聲音便變得更為開心，實際上是掩飾沮喪。「那些魚怎麼樣？我敢賭你抓到了一大堆魚！跟我說魚的事。」

他讓我在市外阿賀野川（Agano）旁的單調無色平原下車。阿賀野川滿是淤泥，呈現濃稠的灰色，你可以在上面放銅板漂流。

我聽到身後傳來一陣低沉的車聲，便馬上轉身，看見一輛車接近，沿著交通中線慌亂地開來。我伸出大拇指，那輛車便開慢下來，好好打量我。裡面坐著兩位看起來很邋遢的年輕人。他們在經過時也伸出大拇指，用以嘲笑我。我氣得臉色發青地轉身，正準備給他們他媽的一個軍禮表示道別時，車子突然緊急煞車，踉踉蹌蹌地倒車過來。車子急速地向我這方向搖擺而來，我連忙跳進水溝裡，免得被撞到。

「幹你！」那位乘客說，傾身越過駕駛，對著我狂喊。「幹你幹你幹你。」

我什麼都沒說。我能說什麼呢？我站在那，看著他們咧嘴而笑的臉龐，直到最後，駕駛用日文問我：「你要上哪裡去？」

「北方。」

「我們也是！」他大叫，對這般奇怪的巧合感到大惑不解。我走在和他們方向相同的街道旁，我們要去的都是北方。真令人嘖嘖稱奇。

「上車！」他們叫著，「歡迎，歡迎。幹！」

他們並沒有惡意。他們只是一對衣服凌亂的建築工人，眼睛浮腫，穿著燈籠褲，跑出來參加酒會，現在要回家了。他們因嚴重缺乏睡眠，而使得眼睛模糊並布滿血絲，他們吐出的空氣中，瀰漫著深夜狂歡和寒酸酒吧的氣息。「我們昨晚沒有睡覺，」駕駛驕傲地說，「來！喝一罐啤酒。」這時，太陽都還沒露臉呢。

駕駛看起來不到十九歲，叫做小林森太郎。他的朋友叫他小林。他的上唇間有抹薄薄的骯髒毛髮，如果從適當的角度來看的話，會被誤認為鬍鬚。他有著精緻且小巧的五官。他的同伴和乘客是長谷川久夫。久夫——那個不斷說「幹你」的人——二十多歲，喝得比小林還要醉。他的五官較為粗獷，長著濃密的自然鬈頭髮。久夫是小林的工頭。他穿著在日本仍然很普遍的分開腳趾的塑膠靴子，這讓這兩位工人有股中世紀的氛圍。

小林開車沒有繫上安全帶，他的腳跨在座位上，一隻手裡拿著一罐啤酒，一隻手操控著方向盤。

他們整晚在酒吧裡廝混，最後在一家酒吧裡，讓美麗的年輕女孩（或是中年的歐巴桑——喝了那麼多酒後，誰能分辨得出來？）不斷替他們斟酒，並說著含有性暗示的笑話。這場吵鬧的工人慶祝晚會，到最後只剩下他們兩個人。「日本公關小姐，」久夫突然用英文說，「是全球第一！性感透頂！喔，耶！」

兩位男孩徹夜狂歡，但雖然他們可能有些毛手毛腳的小動作（其實，常常是公關小姐對顧客大伸安祿之手），卻沒有進妓院。我能分辨得出來，因為他們兩個身上的衣服亂七八糟，而且酒味很重。在日本，妓院叫「soaplands」，特點是小姐會將客戶全身抹上肥皂，並替客戶清洗身體。如果一位丈夫回家時，乾淨清新，又被洗得很乾淨的話，他的太太會勃然大怒，並開始吵鬧。如果他回家時，身上滿是便宜的香水味和菸味，她則會放心下來，知道他只是去玩玩天真的遊戲而已。我認識一個福岡男人，他很喜歡去soapland。每次他要回家前，他會用威士忌潑自己的臉，猛抽著香菸，然後將煙霧吐在他的衣服上。

在昨晚的某個時候，久夫沉沉睡去，小林沒辦法把他搖醒。清晨曙光乍現時，公關小姐拿光了他們皮夾子裡塞爆的日幣後，便不客氣地將久夫請出大門，把他倆扔在門前的階梯上。小林喝得比較沒那麼醉，所以他決定開車，送久夫回到他等待的女友身旁。我們坐的其實是久夫的車。他們雖然衣服邋遢，滿身臭味，車子倒是乾淨清潔。

我們不久就抵達他們的家鄉豐榮（Toyosaki）。「美國再見！」久夫跟我道別。他們停在便利商店前面，塞給我一大堆點心和飲料。就在我正要離開時，久夫突然充滿騎士精神，決定載我到市郊的公路上。一旦我們又坐上他的車時，他決定我真正想看的是他和小林現在正在做的工地。工地在稻田邊緣延伸，是個四層樓的家居建築。建築物還只是一棟框架，但沉重的屋頂已經蓋好了。（日本木匠做事的方式是從上而下。）他們在路邊停車，驕傲地指著停在前面的大型鏟土機車身上的公司標誌，並堅持要我和他們一起爬上鷹架。鷹架是由竹子和木板搭成的搖晃建築物，沒有用到一根鐵釘。這使得久夫和小林更有中古味道。久夫和小林在其間穿梭，穿著燈籠褲和綁得像浴衣（yukata）的棉製襯衫。久夫分隔腳趾的工作鞋更加深了中古況味。小林穿著粉紅色的塑膠拖鞋（顯然是意外從昨晚的公關小姐那拿過來的），拖鞋的尺寸太小，但雖然有這些障礙，小林還是在四層樓高的鷹架上來來去去。令人驚訝的是，他的手腳非常敏捷，手裡只有一罐啤酒和香菸來保持平衡，粉紅色的拖鞋提供些許抓力。他站在那裡，在空中蹣跚前行，我當時站在鷹架上——嗯，應該是死抓住鷹架才對。

「你從來不會害怕嗎？」我大叫。

「不會。」（他年輕到還體會不到死亡的威脅。）「你為什麼不出來點？」他說，揮著手要我加入，站到狹窄的椽上。我加以拒絕，但他堅持。

久夫也拒絕他。「醉得站不穩了，」他說，「也許會掉下去。」風從鷹架間吹過，並在四周打轉，聞起來有木屑和塵土的味道。我低頭看著地基，想像自己摔落在混凝土上，像撞到擋風玻璃的蟲子。然後，因為我是愚蠢的男人，我決定加入站在橫梁上的小林。我走出去，手臂平伸，然後停下來，將雙手放在臀部上，審視整個工地。我和死亡之間只隔著空氣和我這股大無畏的態度。「很好，」我說，「很好。」但我的聲音開始顫抖，膝蓋發軟，所以我又回到鷹架那邊，感覺自己很興奮、有男子氣概和愚蠢（這三種情緒的混合並不少見）。

「有人摔下去過嗎？」一等我們回到地面我就問。

「曾經有一次，」小林說，「在另一個工地。我上工的第一個禮拜。我看見一個男人滑倒，摔了下去。」他是真的感到困惑地問我：「你知道嗎？人類的身軀——它會彈跳。」然後，鼓起所有十九歲的少年所會感到的蠻勇，他說：「我們不能害怕死亡。」

久夫彷彿被這番話責備了一番，怏怏不樂地說：「我喝太多了。我可能會摔下去。」悲哀的是，這裡思想最清醒的人是喝得最醉的人。

＊＊＊

當我告訴小林和久夫我正在追逐日本的櫻花時，他們並沒有笑我是娘娘腔，反而還鼓勵我。「櫻花，」他們說，「好主意。」這兩位無賴，這兩位喝酒喝得很凶、吵鬧不休和猛追女孩的男孩很嚴肅地看待我的追尋櫻花之旅。

「櫻花今年開得比較晚，」小林一本正經地點點頭，久夫同意。「太糟糕了。我們連一次賞花派對都還沒去。」

因此他們決定幫我找到一些櫻花。某地的櫻樹一定已經開始開花了。於是，他們先載我到公路的下一個城鎮，新發田（Shibata）城的庭院，但那裡沒有櫻花，連一點粉紅色的蹤影都沒有。因此，小林聽從久夫的一個瘋狂點子，向內陸開去，進入山丘，直到一間廟宇。久夫記得小時候，「我爸總是帶我們來這。」

果然不出所料，在廟宇的庭院裡有一棵瘦長的樹開滿著花。小林和久夫驕傲地站在它旁邊，鼓勵我將這一刻捕捉在相片上。他們如此洋洋得意，我不忍心說不，因此，我拍了幾張他們在樹旁扮小丑和瞎鬧的幻燈片，直到最後，我不得不說些話。

我清清我的喉嚨。「啊，兩位？這是棵梅樹。」

他們在喧鬧中突然停止動作。「不可能，」他們說。但它是棵梅樹。這時，一位女士從廟宇中走出來，微笑著請我們不要騷擾她的樹，她的**梅樹**。梅樹在早春時節開花，通常開得比櫻花早，有時兩種樹的開花季會重疊，但這的確**不是**一棵櫻樹。

「這個，」久夫說，轉向那位女士，顯然很惱火。「那麼櫻花在哪裡？」聽起來彷彿今年櫻花前線來得這麼晚，都是她的錯一般。

她說：「有時候，山上的櫻花比平地開得還要早。」

這聽起來並不怎麼合理，但對小林和久夫來講，已經是足夠的鼓勵。我們再度上車，越來越遠離他們原先的目的地。原本只是短途開車回家，現在變成認真的尋花之旅。我們有要務在身。

「別擔心，」久夫說，「我們會找到櫻花的。」

那是一個超過一小時的長途車程。但我們唱著歌曲，並廣泛討論幾種話題：一、喝酒；二、女人；三、跟女人喝酒。我們熱烈地討論第三個話題。我們拚命地灌下啤酒，等太陽升到正午時，我已經酩酊大醉。

景觀蟠踞在平原上，山景越來越多。森林環繞著我們。公路變得狹窄，我們開始上山，開過迂迴前行和突然轉彎的小徑，恍若走著一道階梯到世界頂端一般。我的耳朵突然通了，然後又塞住，然後又通了。空氣寒冷而稀薄。

「你確定山上會有櫻花嗎？」

「當然！」久夫大叫。

「也許吧，」小林說。

一座神社俯覽整個風景。稀薄的大氣層使人頭痛，但啤酒和清新的空氣讓我們精力充沛，我們攀登上到主要建築的階梯。不出所料，庭院前方有棵櫻樹。

櫻樹染著一層淡淡的粉紅色。但我們還是不敢確定，因此，小林從樹幹上摘下一朵花苞，小心地將它剝開。裡面是精緻的花蕾，比一顆豌豆還小。「櫻花！」他們勝利地吶喊，我們站在樹旁，為它的美麗感到驚嘆。

久夫為勝利的心情感到興奮不已，他決定——小林也同意——我們現在該去溫泉泡湯，再喝更多的啤酒，然後找些漂亮的女孩子調情。我們該團結一致，群體出動！

「這條山路再開過去，有一處溫泉。溫泉對治療宿醉很有效。」久夫說，忘記我不是那個整晚喝酒的人。

「聽起來不錯。」我說。

但小林在此讓大家洩氣，他對久夫說：「你不是該先打電話問明子看看行不行嗎？」我推測，明子是久夫的女朋友。

「問？」久夫劈里啪啦地說。「問？我不問，我告訴她！」然後他又用起他單字極少的英文說著：「我是日本男人！日本男人很強壯！」

我們開到河邊的黑川村（Kurokawa），停下來讓久夫打電話。

「我要告訴她，我很晚才會回家。」他說，強調**告訴**這個字眼。「日本男人！很強悍！」

他打電話的時間比我們預期的還久。我們從車內，可以看見久夫像演義大利默劇般比手劃腳。他在十分鐘後還沒掛斷時，我們走出車外伸展手腳。小林點了一根菸，坐在引擎蓋上。

久夫回來時，一臉羞怯。「我很抱歉，」他說，沒辦法直視我的眼神。「我們得把你留在這裡。我得回家。」

日本男人不是第一嗎？我想問，但我沒有開口。久夫的自尊受到極大傷害，小林拚命忍著不大笑出來。

「但——」久夫突然高興地說，「我們會幫你找到便車。小林，不是嗎？」

「對，對，」小林說，「我們會幫忙。」

「你們真的不用。」

他們像尋找櫻花一般對搭便車熱忱。他們甚至試圖阻止車流來「幫助」我。他們在空中比劃著大拇指，跳來跳去，大笑尖叫，跳到彼此的背上。他們甚至衝到來往的車流前，比出大拇指，害得車輛急速轉彎。

「真的，兩位，」我說，「你們不用幫忙。」

「喔，不，我們不介意，對吧，小林？」

「實際上，」我說，在一台車接著一台車消失時變得緊張，許多駕駛在經過時，臉上帶著驚愕的表情，「日本駕駛會為外國人停下車來，但他們很少讓日本人搭便車。你瞧——」

久夫對我的抗議表示輕蔑。他們攪亂交通，玩得很愉快。他們的滑稽動作變得越來越蠢，但是沒有人停車。最後那股新鮮感磨消殆盡，久夫厭惡地說：「我道歉，日本人很壞。」

小林同意。「這真是糟糕。他們應該幫助像你這樣的外國人。你在我們這裡旅行。」

「這個——」我說，「我們試過了。你們可以走了。不用擔心我，我確定我搭得到——」

「但沒有人停車，」久夫幾乎是可憐地說，「你要怎麼辦？」他瞄瞄他的錶，想到明子，使他的表情一陣痛苦。

「我給你電話號碼好了，」小林說，「今天傍晚如果你還搭不到便車的話，打電話給我，我來接你。」

「對！」久夫說。這顯然是個顧全顏面的策略，以及計畫第二晚狂歡的機會。「打電話給我們，我們會帶你去喝酒！」

小林寫給我他的電話，久夫在我背上拍了一下，我的脊椎都要碎了。「我們去喝酒！」他說，「我們去看女孩子！我是日本男人！幹你！」

我溫和地抓住久夫的手。「也幹你。」我說。這真是感人的一刻。

在他們離開五分鐘內，我便搭到便車。

# 9

鶴岡（Tsuruoka）市原本是個城下町，但它現在是ＴＤＲ工廠的殖民地，那是個製造——誰知道它是做什麼的公司。我從來沒有搞清楚過，在試了第三次想搞清ＴＤＲ是製造什麼的公司之後，我便放棄了。也許是鞋帶，也許是鈕釦，或者也許是尋熱雷射導引飛彈。不管它是什麼，鶴岡在龐大的出羽三山（Dewa Sanzan）旁顯得渺小。出羽三山是北部的聖山。

我沒有進入鶴岡，而是搭便車從迅速經過的旁道繞過它，並越過赤川（Akagawa River），而進入酒田（Sakata）。酒田是鶴岡的姊妹市。兩者的大小和規畫相當，市容極度類似。

讓我搭便車的人是個眼神柔和、嘴唇很厚的男人，他叫做遠藤浩史。他用英文自我介紹，他是個基督教船員。我不能說我聽到浩史的信仰時，有感到高興。自我坦白的基督徒讓我緊張；他們總是太友善，並且過於興高采烈。他們用你來宣傳他們的信仰。他們不是真的想要成為你的朋友，他們只想成為你的改變信仰者。我總是發現，和基督教宣教者談話，很像和二手車的業務員聊天。他們也許讓人覺得很合得來又和藹，但他們看到你時，只是看到另一場銷售。（我曾在熊本市看過兩個信仰虔誠的美國年輕人的際遇。一個是摩門教徒，另一個是印度教黑天派教徒。當我經過時，他們正在禮貌但激烈地進行辯論。在我於三個小時後再回到原地時，他們仍在進行辯論。他們現在正對著彼此大叫，喊著和平與愛。「喔，是嗎？但你不在乎最終的真實嗎？」—「別跟我說最終的真實，我知道最終的真實是什麼。」）（那場面看起來很可笑。這讓我聯想到兩隻沙蟹交纏打鬥，蟹腳扭在一起，下巴冒出泡沫。就我所知，他們仍在那裡，唾沫橫飛，眼神狂野，全是以上帝之名。另一種情況是，沒有演變成衝突的話，就是他們兩人都成功了。摩門教徒變成印度教黑天派教徒，而印度教黑天派教徒變成摩門教。我說這番話的主要重點是：他們沒有干擾到我。如果想使人改變宗教信仰的人只找自己人的麻煩，而不來打擾我們，這世界會快樂一點。）

我不是很想和浩史交談。他很害羞，說話柔和，臉型圓潤，沒有稜角，彷彿他的五官有點腫脹。他會傾身向我，從嘴角說話，讓我覺得我們好像在做壞事。「鶴岡有兩座教堂，」他低語說，「兩座。」

我不確定他是在抱怨或自誇，因此，我回答了一個不置可否的「是嗎？」而不是恭喜或憐憫他。就我所知，兩座教堂是場勝利。

「你屬於哪一個教會？」他問。

當面對這般深入探查的問題時（「你今天準備花多少錢買車，弗格森先生？」），我通常輕率地回答說，便宜啤酒和狂野女人教會。但浩史這麼害羞，這般誠懇，所以我喃喃地說道，日本沒有長老教會。

遠藤先生是貨船上的電信員，看過全世界：澳洲、紐西蘭、北美洲東岸、東南亞的島嶼和海港。他剛好在那年退休，不是因為年紀，而是因為某些未說明的疾病。他現在在日本的北部，在從遙遠地方而來的一位加利利[9]木匠那邊尋找精神慰藉。這世界的確是個奇怪的地方，而宗教的潮流像洋流一般，圍著地球打轉，更是奇怪的事。宗教興起又隕落，褪去又交疊，從佛教先知到基督教水手，他們都在追求著——什麼？洞見？解救？戒律？花朵？

「我看過許多事物，」浩史說，「在菲律賓，我看見一個男人對大海唱歌；在澳洲，我看見籠子裡的袋鼠。」他的聲音相當小，彷彿他的車子被裝上了竊聽器，彷彿他的人生遭到監視。「我到過許多海港，但我浪擲青春，很晚才結婚。」（結果原來是三十一歲，還不算是老年人口，但在日本算是有點晚。）「我女兒現在是少女了，她長得很像她媽，但每個人都說她眼睛像我。」

「你太太也是基督徒嗎？」我問。

他停頓了好一陣子。他安靜地說，似乎只是對他自己說，「我自己上教堂。」然後他改變話題。「你呢？」

「我不上教堂。」

浩史在酒田的東部郊外放我下車。我在一道高架道路上，底下是一大片沼澤和泥濘而毫無生氣的河流。一隻白鷺從水面飛過，但是任何聲音都被單調的車流聲所隆隆掩過。在這，龐大的出羽三山仍然蟠踞著景觀。出羽三山是日本的聖山，即使從這裡都可以看得很清楚，滑雪跑道劃過聖山的山邊。它們看起來像冷凍的河流。

城市製造自己的地心引力。搭便車**進城**很容易；你只要放鬆，讓車子自己找上你。但搭便車**出城**有時是場夢魘。我想越過酒田的邊緣，用這城市的地心引力將我甩出去，一路甩到秋田

（Akita）。

這很困難。我不能期待在高架道路上的車流為我停下來。但我仍然伸出大拇指，希望能達成目標。

那是我被妖精抓住的時候。

## 10

他們是坐在小妖精車裡的一群小妖精，說著我聽不懂的妖精語言。他們有三個人，都不到五呎四吋高，全穿著整潔和燙得筆直的衣服。高橋先生相當友善，彎腰駝背，吐著香菸，臉部飽受風霜，但並不苦悶。坐在他身旁的是高橋太太，她是一位迷人的女士，非常拘謹，雙手小心地交疊在大腿上。坐在後座的是高橋先生的老母親，嬌小而瘦弱。

高橋先生常咧嘴而笑，不斷握手，和緊張地鞠躬。他的太太比較冷靜。她原封不動地坐著，彷彿琴線過度拉扯的豎琴。她的微笑從來沒有消失。顯然，她不高興他們停下來載人。我看到他們的小車子開過三次才終於停下來。這在日本相當常見，搭便車在這裡不是一種習慣，而駕駛和乘客在看到路邊有人伸出大拇指來時，總是快速而狂亂地討論一番，才做出決定。

「是母親決定的，」高橋先生有氣無力地說，「她說那是禮貌。她說我們得停下來，所以我

9 Galilee，古代巴勒斯坦北部地區，為猶太教主要中心——譯注。

們就停下來了。」

高橋先生是一家大型煉鐵廠的工業技工。他和別人輪流值班，而今天剛好是他的假日，因此他決定載他太太和母親出來兜兜風。

他母親很高興有人作伴，即使我龐大如熊般的身軀和古怪的背包——光背包就比她大，將她擠在車子的一角。她從塑膠袋裡拿出梅子和我分享。當我吃完時，她握住我的手，溫柔地輕拍它們，好像在拍睡夢中的嬰兒般。

這個女人不怕熊。她和我有著很棒的對話，若說有任何阻礙的話，那就是我和她都聽不懂彼此在說些什麼。她說著一種陰鬱的東北方言，沉悶地充滿著深沉的深夜和長長的冬季。（當我問一位東京友人如何說北方口音時，他說：「將你的嘴巴灌滿泥濘，子音全部咬不清楚。」）她指指鳥海山（Mount Chokai）。那是出羽的富士山，山巔上是冰藍色的水晶。她告訴我一個冗長但顯然是不對的故事，因為在某一個時刻，她的媳婦轉過身來說：「母親！妳知道那不是真的！』

但這位老太太只是抓緊我的手，柔和地輕笑，「喔，但它是真的，」她對我說，這是我聽得懂的幾句話之一。「那是真的。我就在那裡。」她大笑。

鳥海山上發生了什麼事，她在跟我分享什麼樣的醜聞或八卦，我完全不知道。但她的故事幫助打破緊張的氣氛，沒多久後，高橋太太就開始大笑，並溫和地責罵她的婆婆。老太太則繼續和我分享她像梅子一般多汁的故事。

＊＊＊

旅遊指南提供表面而膚淺的旅遊——沒有它們我會迷路——但若你想要接觸到核心，在鄉野地方閒蕩，真的進入僻靜的日本，你得和當地人一起旅遊。火車乘客，不管他們的旅遊有多獨立，仍然只是旁觀者。搭便車的人才是共同策畫旅程的旅人。

在酒田北方的路上，靠近山形和秋田縣界的邊緣，有一座石頭海岸。它是個迷你的山崖，被雕刻成佛教神祇和聖人。那裡有我所沒料到的驚人奇異景觀，而且它沒有被列在任何我所使用的旅遊指南裡：寂寞星球沒有，《日本之門》（*Gateway to Japan*）沒有，《新日本獨自逍遙遊》（*New Japan Solo*）也沒有。

這個地點是十六羅漢（Juroku Rakan），由附近一所廟宇裡的和尚經過數世紀雕刻而成，原意是要安撫在沿岸喪失性命的漁夫的亡魂。那些雕像的味道像較為流暢而溫和的拉什摩爾山[10]。將它與拉什摩爾山相較堪稱恰當。這兩者以數種有意義的方式形成對比：日本的雕刻較小、較為流暢，與旁邊的景觀融合成一片；而拉什摩爾山的大理石臉龐從岩床中裸露而出，顯得氣勢較為壯麗。

高橋先生將車停進停車場，我們往下走到十六羅漢之處。幾個觀光客在那喧譁吵鬧，拍照片，大笑著，指出奇怪之處或細節。

10 Mount Rushmore，位於美國南達科塔州，山頭上雕刻有華盛頓、林肯、傑佛遜和羅斯福的雕像——譯注。

神祇之山。我爬上巖石的一塊岩架，觀看另一方遠處的洶湧波濤，然後，我才突然了悟，我攀爬的巖石被雕刻成乞丐之神的臉龐。這座雕刻和日本的車子一般大小，也就是說，它實際上有點小。整個海岸邊都是雕像，像躲藏在雲間的臉龐，帶著一股夢幻色彩，看起來不像實際的景觀。在你仔細觀看時，神祇才從巖石間緩緩浮現。

「山是活的。」祖母以非常實際而不傷感的語調說。

再往北，在縣界之處，是一片綠色的丘陵斜坡和青草坪。我們在能俯覽海面的小圓丘上吃野餐，祖母嘗試著說標準日語。她對我說著話，她的聲音如煙霧般柔和，「我以前常和我先生在那邊野餐。我會做便當，然後我們就坐在那裡。」她用嬌小的指頭指向山邊。一對情侶現在躺在那裡，男孩的頭枕在女友的大腿上。「就在那裡，」她說，「就在那兩個人躺的地方。」

「你要喝飲料嗎？」高橋先生說，給我一些過甜的中國酒。這使我更下定決心要推動全球禁賣中國酒類產品。這個酒——應該說是糖漿——有某種不清爽的辛辣味，鮮明但又不明顯，可怕又倒人胃口。我認為每個國家都只該製造它們最擅長的產品。日本應該製造攝影相機，美國應該製造流行天王和電腦，中國則應該製造功夫影片和不耐煩的服務生。中國人還應該寫信向每個法國人和義大利人，為他們在酒類上所犯下的罪行道歉。我在此謝謝讀者的捧場。

當我們要告別時，高橋先生熱淚盈眶。「真好，」他說，「我們能相處得這麼好。」他太太輕輕擦走幾滴想像中的淚水，然後邀請我在路過時，到他們家作客，這使得每個人感到驚訝——包括她自己在內。「我們想再見到你。」是的，是的，祖母點點頭，「還有，不管你做什麼，千萬小心不要……」這時，她說起地方方言，指出幾個我聽不懂的地點，我聽完後有個模糊的感覺，好像我剛錯過了什麼很重要的事。

最後，他們就是狠不下心來。他們無法將我拋棄給命運，高橋先生開始在停車場內匆忙地巡視車牌，並主動接近陌生人。每當這件事情發生時，我總覺得非常不自在和尷尬。「抱歉，你是不是正要去北方？往秋田市？這個，我們有位美國人，他遭遇到一些麻煩，你瞧，如果——」

兩個輕盈的女士吃吃笑著，興奮地接受這項提議，咯咯嬌笑著願意載我一程，但在最後一分鐘反悔。一位先生原本答應了，但他太太投反對票，還給我們不贊同的惱怒臉色看。最後，一位穿著卡其棕色公司制服的年輕男人無所謂地聳聳肩說：「沒問題，我可以載他去秋田市。」

「你願意？」

「當然。」

「謝謝你，謝謝。」高橋先生說，抓住那個人的手臂。「非常感謝。」

「沒問題，」年輕人說，被拯救人這個角色所感動。「別擔心。我會照顧一切。」

高橋一家人揮手目送著我們遠遠離去；即使在他們退化成小小的一點時，我仍能看出祖母正在鞠躬，而高橋先生高高地舉高雙臂，像一個人打訊號給在天際的船隻。

## 11

大介是一位電腦工程師，而且，是的，某些刻板印象超越國界。他戴著厚重的眼鏡，身上有好幾支筆，並沉迷於電動遊戲。他所工作的鋼鐵廠屬於高橋先生所工作的同一家公司，只是他的辦公室在秋田，而高橋先生的辦公室在酒田。或者，至少這是我所了解的情況。日本公司所交織成的複雜脈絡，創造出互相聯繫的聯盟和延展的企業，讓我永遠無法理出頭緒。就我所知，在日本，每個人都受雇於每個人。

大介讓我搭便車其實是別有所求。「我希望你解釋一些東西。」他將瑪丹娜的卡帶放進音響，〈物質女孩〉的歌聲在車中迴盪。「她在說什麼？」大介有許多卡帶，裡面是他所喜歡的數百首流行歌曲，但他從來無法了解歌詞的意義。他急於知道他這幾年都在聽些什麼。

問題當然在於你如何翻譯「跟別人瞎搞，我需要被鞭打一番」。

「她，啊，希望有人不斷地打她的屁股，」我說，他深鎖眉頭，彷彿在沉思一個哲學概念。

還有怎麼翻譯「用你的愛之棍打我！」或是「過來騎我的小馬」。當你試著用另一種語言和某人解釋時，流行歌曲就變得很荒謬。大部分歌詞的最終意義不過是，讓我們在這個舞廳來場低俗和瘋狂的性愛。

我們聽了好幾首歌，直到我的額葉開始因為過度使用而頭痛起來。辣妹合唱團的歌曲還能更陳腐平凡嗎？還有布萊恩・亞當斯又怎麼樣？這傢伙能寫出更多的陳腔濫調嗎？在聽過亞當斯先生兩小時的音樂之後——我必須指出，這顯然違反了日內瓦公約[11]——我的耐心變得薄如紙片。布萊恩亞當斯所寫的每首歌都有gonna或wanna這兩個字眼。最終極的布萊恩亞當斯歌曲曲名可以叫做：「I'm gonna wanna gonna go」。

這趟開到秋田的車程很遠。大介顯然希望這趟車程過得更有深度，便找出賽門與葛芬柯的錄音帶，請我將〈Scarborough Fair〉翻譯成日文。

「我懂了，」他說，「所以它是購物清單。」

「基本上是的。」

在那之後，大介對翻譯流行歌曲失去興趣。他想要聊聊電腦工程，這是我完全不熟悉的領域。隨後，他試著聊一級方程式賽車大賽，情況反而更糟，對此，我根本沒有足夠的知識來假裝一場會話。他其實可以問我量子物理學或英文文法。唉，大介是個真正的賽車迷，像大部分的賽車迷一般，他可以談論上數小時的賽車，而不用喘口氣。

在對賽車和電腦話不投機之後，我們的對話變成沉默。大介在經過一家又一家的電動遊戲店時，表情變得越來越寂寞。「你玩電動遊戲嗎？」

「不怎麼玩——但如果你想停車，沒關係。」

「不，不，」他說，雖然他讓一個這麼無趣的人搭了便車，他還是勇敢地微笑。「啊，街頭打鬥第二集。」當我們經過另一家電動遊戲店時，他渴望地說。

這裡看不到九州的棕櫚樹，北方鄉野的路邊屹立著矮小和被風吹得彎曲的松樹。我們經過一排排松樹，像乞丐般彎曲地朝向路邊，它們背後是一片靛青色：寬闊海洋上的傍晚。當我們駛近**秋田**時，我發現我聽過這個字眼。此縣以產秋田狗而聞名，但還有一樣東西：**秋田美人**。

我進入日本傳說中出美女的地區。「是真的嗎？」我有點興奮地問。

11 Geneva Convention，簽署於一八六四年，有關戰俘等待遇和處理的相關協定——譯注。

「當然。」

這是我整趟車程的唯一高潮點。那就像發現大象的墓地或失落的特洛伊城[12]。為什麼秋田的女孩子那麼漂亮？「跟氣候有關，」大介以電腦工程師的熱忱解釋道，「豪雪，漫長的冬季，很少太陽。讓皮膚白皙。」

「還有呢？」

「她們有圓圓的臉。」

「圓圓的臉？」

「非常圓，」他驕傲地說，「而且蒼白。」

我的心下沉。蒼白的大餅臉，跟我的審美觀有些差距。

「是的，」他說，「她們的聲音也很尖銳，音調很高。你知道，性感十足。」

日本對美人的定義與西方不同，它對英俊的概念也有別於西方。大部分的日本女人偏愛乾淨俐落、短髮的傳教士典型。湯姆克魯斯在日本是個性感象徵，不是因為他很危險，而是因為他安分守己。日本女人愛死他那份溫和的英俊相貌。我試著對大介解釋這點，說我實際上喜歡女人高高的顴骨、豐滿的嘴唇、黝黑的膚色和低沉熱情的聲音。但他看我的表情彷彿我有點瘋狂。

這結束了聊男人話題的嘗試。我回頭翻譯歌詞。不久之後，一輛漆著黑漆的右翼廂型車隆隆駛過，紅色的太陽旗隨風飄揚，廣播器憤怒地大聲宣傳。「讚美天皇！外國鬼子滾出去！」像平常一樣，這輛廂型車由人駕駛——我在此引用人的最鬆散的意義——就是年輕、長滿痘痘的麥克維[13]典型。他們與麥克維唯一的不同點在於，他們不是主張純粹的亞利安種族，而是主張純粹的亞洲種族主義。他們對圓臉美人和高高的顴骨有何觀感，我不確定，而大介也不想攔下他們來問這個問題。

## 12

當我抵達秋田時，我在主要車站東方陳舊過時的區域內，找到夏威夷飯店住房。我在一張列表中選出這個名字；因為我在姬路住過夏威夷座艙飯店，我喜歡這份相互輝映的協調感。在我放下背包並和大介告別後，我出發去尋找食物和樂子。

秋田是個北方港市，素以有點狡猾而聞名，但我沒看到確定這點的事物。精煉廠和大洋航線的輪船停在遠離鬧區的海岸邊，而我所徘徊的都市帶著某種粗獷的邊境魅力。市區裡甚至還有幾個西式購物廣場——這在日本的小城市中仍很罕見——以及林立的高樓，讓它有表面的繁榮景觀。我出發的時間剛好也對；太陽低沉，散發出金黃色的光芒，將混凝土建築染上一層紅暈。好幾群女孩子匆匆從我身邊走過，像被秋風吹起的落葉。每一個都是秋田美人。

我在城市夕陽西下的暖和中漫步前行。我的胃部開始咕咕叫，我進了第一家我經過的餐

---

12 Troy，小亞細亞西北部古城——譯注。

13 Timothy McVeigh，美國激進民團主義者，曾用汽車炸彈炸毀奧克拉荷馬聯邦大樓——譯注。

廳。那是一家小咖啡店，菜單上最便宜的東西是披薩吐司。

我該解釋一下，披薩吐司是日本的一種特色餐。它不是披薩，也不是吐司——它違反完全形態[14]的所知定律——整體遠小於其組成部分的總和。我坐在那，咀嚼著和嘆息著（有時兩者同時進行），我想著，如果把這九塊美金花在一片鋪著蕃茄醬、起士和四片半透明的義大利香腸的話，我會有多**快樂**。（我叫它義大利香腸的本質——香腸能切得那麼薄。真是令人嘆賞的手藝。）我的銀行存款所剩不多。我從出發後，已經花了比預算中還要多三倍的錢。我現在在吃的披薩吐司也提醒了我這點。也就是說，我為接下來發生的事怪罪披薩吐司。

等我吃完我的「大餐」（注意引號的諷刺用法）時，夜幕已經低垂。燈光開始閃爍，我沿著一條往南的小河，進入鬧區的心臟地帶。即使就日本的夜生活標準而言，它也是個燈光特別明亮的地區。當地的口號是「精力危機？什麼精力危機？」秋田的霓虹燈不多，大都是燈泡，給它一種歌劇女主角演員的化妝室鏡子燈光打得太通明的感覺。

越過水面，燈光閃爍，傳來大笑的聲音。河流看起來比較像運河，河上有許多小橋橫跨而過，建築物依著河堤而蓋。我在人群中穿梭，跟著人群經過柏青哥和麵店，然後轉進一條狹窄的巷弄，直到抵達以燈泡照明的死巷。這裡確實是聲色場所。從旁門進入的酒吧和**soapland**在呼喚著。穿著便宜晚禮服的男人以掠奪的姿勢徘徊在門口邊招攬顧客，並等著第一批上班族流連而入。（再一次地，因為我一定感染了愛滋病，所以沒有人理我。）

無所謂。我回到主要街道，街上情侶成雙成對。群眾在突發和不明所以的大笑聲中遊走。華麗而庸俗的粉紅標誌滿是性暗示和虛假的承諾。一幅電影海報描寫一部年輕女士和吸塵器工人之間的愛情。另一個海報則刻畫著兩名嚇壞的上班族被揮著皮鞭的護士威脅的景象。

破爛的紅燈籠在風中飛舞。一群又一群的粉領族在大步走過街道時，吶喊著，並唱著歌曲。從另一個方向走過來的男人也是精力充沛。而街道就像一部慢動作的彈球戲機器，鐘聲、口哨和相機閃光燈的喀嚓聲在其間迴響。我這時已對秋田感到印象深刻，這城市有著漂亮的女人和燈火通明的夜晚。

我決定不回夏威夷飯店，準備要深入探索這個都市的夜生活——為了新聞報導的完整性。我想要親自訪問某些秋田的美麗女人。這會有點棘手；我需要別人的介紹，而且我將得為飲料、點心和卡拉OK付上一大筆錢。

這就是披薩吐司開始搗蛋的時候。我仍苦於我那份分量過小、索價過高的晚餐，於是我決定要少花點錢。我想探索這個俗麗的世界，我也絕對想認識一些美麗的女士。但同時，我又不想在這份冒險上投注一個月的薪水。我於是決定——也積極尋找——被綁架的機會。我尾隨著一個可能的目標：一群穿著深藍色西裝的男人蹣跚走向街尾。他們走進一家小酒吧。我在外面等了幾分鐘之後，安靜地進門。

＊＊＊

直到你看過一個日本的上班族唱出法蘭克．辛納屈的〈奪標〉（My Way）之後，你才算

14 gestalt，一種哲學概念，強調整體不是其組成部分的相加——譯注。

真正活過。那是個界定日本的基本哀傷場面之一。它是個奇特但平常的景觀：一個頭髮凌亂的上班族，過著鞠躬和令人窒息的服從生活，一個與公司結婚的男人，一個——每年都有數千人——為公司過勞死的男人，一個每天得低聲下氣和微笑的男人，一個推動著經濟引擎，卻不被認可，且常被公開嘲笑的男人。一個像這樣的男人站起來唱著動人心弦的英文：全世界都應該知道，他吃盡苦頭，並且以他的方式咬牙接受！這個場面令人難忘。

男人們擠坐在毛絲絨沙發上，用調過水的威士忌互相乾杯，興高采烈，以致忽略了他們在台上的同事。他正在台上顫聲唱著他如何勇敢地打落牙齒和血吞。羅德尼・丹格菲爾德[15]應該來日本巡迴演出。我毫不懷疑他會在上班族之間成為明星，當他拉扯那個普遍存在又具象徵意味的領帶，說「**沒有人尊敬我！沒有人尊敬！**」的時候，日本人一定會發出會心一笑。

當他們的同伴坐下來時，另一個男人起身，輕鬆地唱著，還會是什麼，〈黛安娜〉。「我如此年輕但你如此年老／我的達令，別人是這麼跟我說的。」

「他為他的保母寫的，」我對坐在離我最近的男人說。那個男人轉頭，看見我坐在他的隔壁，驚訝地將頭扭回去。他唯一能說的事是——或說他唯一能發出的聲音是——一個很長的「哇哇哇！」

很快地，他們全都注意到我，並歡迎我加入他們的行列，堅持要我坐在課長旁邊。我馬上察覺課長是這群人的老大，因此我不斷地和他聊天，當他使用幾個英文單字時，我便讚美他是位擁有國際觀的男人。就這麼簡單。我替自己掙來免費的啤酒和食物。

當然，依照習慣，我得唱歌才有得吃。但低聲輕哼著〈Love Me Tender〉與冰涼的札幌啤酒和免費的蝸牛比起來，不過是個小代價。

我的加入意味著話題的改變。從辦公室內的嫉妒競爭和誰無能誰又不無能等話題（像往常一樣，被批評為無可藥救的無能的人，總是恰好地不在現場），轉到討論美國的暴力。在日本，這是個大家都喜愛聊的話題。

課長是個愁眉苦臉的男人，童山濯濯，戴著一片假髮。他一直為我斟酒，然後是威士忌加水，這時他們換了熟悉的話題。

幾年前，一位年輕的日本交換學生因為走錯房子，而在美國遭到射殺。美國屋主看見這個男孩在他的庭院裡徘徊不去，拿著槍衝出來狂喊著「別動！（Freeze）」那個日本男孩顯然以為站在陰影中的男人在叫「Please！」於是又向前跨了一步，心臟被射中一槍。這個槍聲響遍全世界。這場殺戮在日本成為頭條新聞——大概在此同時，另一場殺戮也發生了。一位菲律賓公關小姐被她的日本雇主挾持，拳打腳踢致死。但這個殺害菲律賓女士的一級謀殺罪，還有隨後的大量追蹤報導，都沒有上日本的頭版。在此同時，一位年輕日本男孩的死亡——死因是悲劇性的誤解——卻引發示威活動、憤怒的抗議和男孩父母的公開請願。日本的虛偽罕少如此顯而易見，也莫此為甚。

我的秋田上班族圈子以一種類似閱讀色情書報的方式，也對美國的暴力感到關懷。他們對這件事情都有自己的特別理論，有些的確讓人覺得不可思議。就機智和洞見來說，這群人還比

15 Rodney Dangerfield，喜劇明星——譯注。

不上阿爾岡昆的印地安人。一個男人宣稱，問題在於所有的白人都是種族主義者——這個聲明荒謬地自我矛盾，以致我不知該如何反應。白人對黑人存著種族歧視，但日本人就沒有。為什麼？我在此引述一段令人難忘的聲明：因為「我們的皮膚比較暗，所以我們能了解白人和黑人兩方」。

另一個男人立即附加上一句：「那是為什麼黑人老挑晚上暴動的原因。那使得他們不容易被辨識。很聰明，不是嗎？」

在這般的機智問答之間，兩個男人抵達。從他們搖搖擺擺的姿勢和無法集中的眼神，不難看出他們已經醉了。他倆引發更多的介紹。一張濕冷的臉，一抹惡意的瞥視，以及醉醺醺的握手。他是副理，並以無上的謙卑將經理介紹給我。

經理顯然是這一桌最有出息的人，座位適當地重新安排，我坐在這兩個男人之間。「我聽過你不少事，」經理打著謎語說，「請保持你的良好表現。」

我向他保證我會，我們真心地握手。飲料彷彿放在輸送帶上一直送過來，沒多久後，房間就開始搖擺。

我想將話題轉到秋田美人身上，但沒有人有興趣。「那是個神話，」一個男人說。另一個雖不同意，但也沒有就這個話題多所發揮。相反地，話題在受歡迎的主題，如「美國和它的不是」打轉過後，如我預期般地轉向「日本和它的優點」。

「日本是個小國家。」一個男人說。全體同意。

「一個貧窮的國家。」全體同意。

「一個貧窮的小國家。」再度地，全體同意。

日本是個貧窮的小國家。從這裡，他們推論出，日本因此是「全世界第一的國家。日本公司很強大。日本產品全球最棒。」這是個奇怪的三段論法，尤其是從前提跳到結論的不合理推演。儘管如此，這卻是我的宴會主人們真心相信的世界觀。

「日本很獨特，」一個男人說，再度全體同意。「是的，是的，獨特。」他們以那種獨特的日本人方式，上下地點點頭，彷彿在說，「我同意」，然後他們拉直他們獨特的領帶，撫弄他們獨特的白色襯衫衣領，喝著獨特的威士忌加獨特的冰塊。這都很獨特。

說真的，日本在很多方面的確是個獨特的國家，但就像**知道**自己很美的女人或**知道**自己很帥的男人一般，在顧影自憐之下，日本人的態度有時很令人惱火。

一位歐吉桑用手肘推開別人，對我咧嘴而笑。他的牙齒。壞牙齒，像破碎的瓷器。「日本並不完美，」他說，但說服力不夠。「但你在這很好。日本呢，」他說，「問題在——你得了解的是——問題在——」他失去思考邏輯。他試著在對話中理出一個頭緒，然後突然聲明：「問題是——你永遠無法了解日本，永遠無法。你是個外國人，對不對？外國人永遠無法了解日本你無法，你就是無法。」

在你火氣很大的時候，當然是無法了。

「日本啤酒，」一個男人說，「全球第一！」這啟動了一連串無止境的名單。「日本相機，全球第一！日本汽車，全球第一！」等等等等。它迅速的使人感到厭煩。我在喝得很飽，又娛樂過這批軍團之後，站起身準備離去。一隻手用力握住我的肩膀，往下壓，我被推回座位。

「還沒結束呢。」

「是的，但是——」

這就像我碰到左拉的那幕。「看看他的雙頭肌，」他們吶喊，像擠壓新鮮麵包般，捏著我的手臂。「老外很強壯。你體重多少？你的血型是什麼型？」

我原本出發是要找秋田美人，但最後我卻被困在一群喝醉的上班族之間。今晚的發展遠遠偏離我的算計。現在的我連子音都發不清楚，只能愚蠢地說著「我得走了」這般的聲音，但大家都聽而不聞。

在這時，他們已經決定我是他們的新好友。（經理相信我也為他們的公司工作，這使得情況更糟。你要知道，他還答應要在明年調高我的薪水，讓我覺得很心動。）我們喝了更多的酒，唱了更多的歌，一直拍擊彼此的背部，拚命又沒重點地一直握手。我試著離開好幾次，但每次都被拉回座位，猛灌上更多的酒，又被搥好幾下。他們用大馬克杯喝啤酒，拚命抽菸，並試著拉開我的下巴，倒好幾加侖的威士忌進我的喉嚨。當我們離開時，我好像剛被拳打腳踢過地踉蹌走出，耳鳴大作，頭昏轉向，雙眼被香菸薰得都是血絲。

「嗯，」我一走出門就大力吸氣。「晚安——」

但這只是第一攤而已。他們抓住我的手臂，像抓到想逃跑的囚犯般，帶著我向街底走去。

「救命，」我微弱地向經過的人說，「看在上帝份上，救命。」

隨後，我的折磨者帶著我去好幾家酒吧，一家比一家更小和寒酸，直到我們擠在一家沒比衣櫃大上多少的店裡。店裡的卡拉ＯＫ當然有個麥克風和擴音器。更糟的是，因為先前的談話使得這群日本上班族的愛國心被激起，他們選擇的酒吧都是榻榻米地板加上低矮的桌子。如果你有空間伸展手腳，這倒不是什麼問題。問題在於，秋田半數的男性都跟我擠在同一個房間中，這使得我不得不收緊手肘和盤起腿，以8字形的姿勢坐著，彷彿是正在飛行的瑜伽術者。我真希望我能飄離此地。現在，他們在點日本琴酒、秋田清酒、北海道啤酒和山多利威士忌。這些酒混合在我的胃中，像道家的術士在尋找長生不死之藥，但幾乎可以確定的是，這是死藥。

在某個時刻，我的追尋成為他們熱烈討論的焦點。「你了解日本的真心，」一個男人說。他就是先前告訴我，身為一個外國人，我永遠無法了解日本的男人。

他們舉起酒杯。一個較年輕的人大聲地說：「這是——這是日本的真心！喝酒，唱歌，朋友。」大家立即有所反應：「不是這樣的。我們必須帶他到廟宇去，去看晚上盛開的梅花。」

沒多久，我們又回到戶外，站在某些不知名的街道上。他們決心讓我看看真正的日本。不幸的是，他們在這點上無法取得共識。一個男人堅持上空酒吧才是真正的日本，另一個男人頑固地要我參觀公共澡堂，另一個男人則提出我們該在星空下喝酒和寫俳句。這批人馬分成幾派辯論，而我在混亂中偷偷脫身。

我頭昏眼花地走在秋田的街道上，從一邊搖到另一邊，差點跌入讓日本酒鬼喪命的好幾尺深的排水溝中。最後，在令人疲憊的蹣跚前進之後，我發現自己他媽的不知身在何處。對我這個路痴來說，夏威夷飯店可能就遠在夏威夷。我盲目地在城市中徘徊，尋找某種拯救。

我看到眼前有一片水紫色和淡粉紅色的霓虹燈綠洲在夜晚中大放異彩。它的名字叫幽雅飯店，或情人飯店，或諸如此類的無聊名字。不管怎樣，我很高興看到它。那是家愛情賓館。

***

愛情賓館物超所值。對一起旅遊的伴侶來說，愛情賓館的價錢和商務飯店差不多，但是空間較大，又配備有娛樂設施。不需要先預定房間，雖然愛情賓館常不接納單獨的旅客（自慰顯然是唯一不被業者接受的性行為）。但我迷路了，今晚又過得很糟，於是我踉蹌走進賓館，決定試試我的運氣。

愛情賓館是為那些認為拉斯維加斯過於壓抑的人所設計的。房間寬敞豪華，大剌剌的低俗不已。租金是算鐘點費或過夜。當我和瑪麗安在日本一起旅行時，我成為愛情賓館的行家。我們在沖繩住進一家外型是戰艦的愛情賓館（附近有大型的美軍基地），而床是個太空艙。在床上面，用閃爍的字體寫的大寫命令句是：攻擊！攻擊！攻擊！在鹿兒島，我們住進米奇和米妮的房間，裡面充滿著有名人物的卡通肖像，這並無法引發持續性的肉體激情，如果你懂我的意思的話。在別府（Beppu），我們租了一間圓形的房間，裡面有一張海扇床，海星和美人魚的側影釘在牆上，想讓人有在海底探險的感覺。但它反而引發胸口緊縮和窒息的感受。我醒來好幾次，感覺我快淹死了。這個也不能引發持續性的肉體激情。

雖然房間有無止境的變化，飯店基本上只有三種型態，我暱稱為：汽車旅館、偷窺和詹姆士・龐德的秘密隱藏所。

**汽車旅館**風格的愛情賓館大都在公路上或城市的郊外。每個房間都有自己的入口和停車場。情侶開車進來，將車停在下面，走樓梯上去房間——這一段路上全部不用和人打照面，匿名是愛情賓館的主要吸引人處。一旦情侶進入房間，賓館會打電話進來，問他們是要過夜或只是「休息」，然後透過留有細長孔道的門付錢，很像芝加哥那些非法經營的酒店，不需要任何面對面的接觸。

**偷窺風格**的愛情賓館幾乎就像是真正的飯店。有些甚至有大廳，只是沒有人在那邊閒晃。偷窺風格的特色在於櫃臺，它用一片毛玻璃擋住，只看得見櫃臺人員的手，因此錢財的交換也是以匿名方式進行。這種賓館最容易趕走外國人，因為你伸進去的手很難不被察覺。

詹姆士．龐德的**秘密隱藏所**風格的愛情賓館最為常見，也最好玩。每件事情都是自動完成。當你走進時，一個電子聲音會歡迎你，並引導你到一個打燈的照片展示處。這些是不同房間的照片和價碼，房間從皮革枷鎖到小波比（Little Bo Peep Sheep Room）不一而足。沒有出租的房間被燈光打明。你選擇你要的房間，按下在照片下面的按鈕，然後前去你的愛巢。很容易便可看到你的房間；門上的燈會閃爍不定。

外國人最容易溜進汽車旅館式的愛情賓館，但詹姆士．龐德的秘密隱藏所較為有趣。我進入的飯店是詹姆士．龐德的秘密隱藏所風格。我蹣跚走進，在展示台上按下我所能找到最便宜的房間，然後搭電梯上樓。房間裡以天鵝絨裝飾，牆上貼著紫色壁紙，中間有張大圓床，使得我喝醉的頭更痛，聚酯纖維的床單用來代替真正的絲被。一個保險套像薄荷糖一般放在枕頭上。我往上看，沒錯，鏡子天花板，就是我睡覺時要看的東西：我，像梅西百貨公司遊行的氣球般懸掛在床上。

電話鈴響，當她問我我的打算時，我咕噥著「過夜」。在這個賓館，你不是透過秘密的門付錢，而是透過氣管，一道空氣和塑膠罐滑下來。我搖搖擺擺地走過去，拿出塑膠罐，放進我的錢，然後按下綠色的按鈕，咻！的一聲，它又飛走了。幾分鐘後，氣管又飛下來，裡面裝著找的錢和紀念鑰匙圈。

我在床上躺平，我的頭仍因喝了太多酒精而旋轉著。當我睜開眼睛時，我看見一個骯髒而臉色鐵灰的男人，穿著皺巴巴的襯衫，滿臉是汗。該死的鏡子天花板。我滾過身，像一隻找地方死去的海象，然後在床旁邊發現一本記事本和筆。每一頁上都有性愛寶鑑姿勢的漫畫和寫留言的地方。情侶在做的性愛姿勢上畫圈，然後留留言給往後住進房內的人們參考。我翻翻筆記本，發現最新的留言是在當天留的。房間一塵不染，消過毒，但用比喻來說，床單應該還是熱的。這些筆記本的用意在於引發性慾，它也的確有如此的效果，但我發覺這整個儀式有點古怪。這些留給陌生人的色情留言。對你們剛剛所做的事留下冷靜客觀、卡通式的描述。我搞不懂。每當我在愛情賓館時，我通常會用日式英文在筆記本上留下一些留言，只是要讓氣氛變得更為熱絡。我總在「許多次享受美國性愛遊戲！」的句子旁，留下留言。今晚，頭昏腦脹和想要嘔吐的我，沒有寫下任何東西。

櫃臺有提供性愛輔助器和震動性情趣玩具。它的目錄就小心翼翼地塞在床頭板後面。目錄的標題以優雅的英文書寫著：**愛情時間的情趣玩具**。但我甚至對這沒有興趣。我爬到床邊的儀表板，試著關上電燈，結果卻打開音樂，浪漫的曲調充滿整個房間，旋轉的迪斯可效果對我的頭昏毫無幫助。

我跌回床上，感覺非常鬱悶。不，沒有秋田美人陪在我身旁，喝著香檳，為我的機智而大笑。不，這裡沒有人陪我享受我的美國式快樂性愛遊戲。我在愛情賓館，單獨一個人。這的確是我人生的最低潮。

然後，就在我快睡著之際，我突然想到我所有的衣服和物品都還在夏威夷飯店。這可要花我不少錢，很多錢，超過兩萬日幣。原本的省錢之旅到最後變成花費超過兩百五十美金過夜：我為我自己和行李各租了一個房間。

我個人將這一切全怪罪於披薩吐司。

## 13

喔，老天。

我醒轉時，仍舊有嚴重的宿醉，並頭痛萬分。我以痛苦的步伐，疲憊不堪地走出愛情賓館，進入秋田早晨的蒼白街道。日本城市的早晨——特別是夜生活的鬧區——很像你在酒吧裡釣上的人旁邊醒來一般：在早晨無情的光芒下，難以逃脫，甚至面對。秋田就是如此。它是個難以離開的都市。我走了超過一個小時，沿著冒著藍色蒸汽的公路，經過陳腐的牆面和混凝土建築。

秋田的夜生活很刺激。但到了白天，它的活力就像被吸乾水分的檸檬。我的牙齒有許多齒垢，我的嘴巴則有昏睡在牙醫椅子上，嘴裡插著開到最大的吸水器的痲木之感。

我認真地發誓絕不再喝酒；或，至少，不再喝得過量；或，至少，不再喝得爛醉。這時加倍法則在我腦中迴盪，如果一份冰淇淋美味可口，那吃上一百份冰淇淋會美味可口上一百倍。我曾非常享受熱鬧歡樂的興奮，但在參加過超過一個月的酒醉派對之後，那份新鮮感已經不再。它幾乎變成一種試煉。我今早在愛情賓館醒來時，我知道有事不對勁，因為我聽到一個奇怪的窒息聲響。那是我的肺部的嗚咽聲。在這之後，我得去戒酒癮病房。我的血液變得稀薄，心臟抽著純粹的酒精。我決定，不再喝酒。不再喝酒。這個，也許等我抵達北海道時，我會再喝一次。但就是這樣而已。

我在吃早餐（一杯咖啡和五粒阿斯匹林）時，觀賞新聞報導，主播以毫不掩飾的開心宣布，櫻花前線終於來到海岸邊。主播說櫻花在近日就會抵達秋田，但我已對這都市感到疲憊，渴望走上開闊的道路。

秋田北部是八郎潟湖（Hachirōgata），形狀古怪像個甜甜圈。我對此感到著迷。它在地圖上看起來像個圍著大型島嶼的巨大護城河。我走近一看時，發現它只是圍著平坦農田的人造潟湖。我非常失望。

我沿著潟湖的東部邊緣前行，經過幾個單調無聊的小鎮。昭和（Showa）、飯田川町（Iitagawa）、八郎潟町（Hachirogata）和琴丘（Kortōka）：這些小鎮都長得很像，除了它們的名字不同以外。

我搭了幾趟短程便車，從一個鎮到下一個小鎮。一位可口可樂送貨員在能代（Noshiro）的郊外停車載我，十分鐘後，他放我下車時，我仍在能代的郊外。他想知道秋田的便車搭得怎麼樣。「很好吧？」他說，回答他自己的問題。「秋田人以慷慨好客而聞名。」

「這個，」我說，「很多人將車開慢下來看我——甚至發出大笑——但他們沒有停車。」

「他們害羞。」他解釋。

可口可樂送貨員載我到一家肯德基炸雞店前的能代周邊公路，放我下車。我進去喝了很久的咖啡，再出來面對馬路。肯德基炸雞店的馬桶有著電子溫熱坐墊，這就是我對能代市的所有印象。

外面，巨大的彈頭正在攪拌著天空。我很幸運，在下雨前攔到一輛車。擋風板上的大粒雨滴像子彈般紛紛落下。

「至少那不是雪，」駕駛說。他是位帶著微笑，笨拙的年輕人。他的名字叫伊藤典夫。（與我在路上碰到的其他伊藤先生沒有親戚關係，日本的姓氏少得可憐。）

典夫的車內一片凌亂。後座堆了一大堆箱子，到處都有麵粉。他的下巴上有麵粉，頭髮裡也沾了一堆，儀表板上全是麵粉。原來，典夫在製造蒟蒻（konnyaku），這個字讓長期住在日本的外國居民感到膽顫心驚。蒟蒻，適切地翻譯來說，是「魔鬼的舌頭」，它是種膠狀物質，以厚片烹煮，再切成小塊，然後像惡作劇般地隱藏在雞湯的豆腐和蛋之間。咬蒟蒻的感覺和吃大型的橡皮擦一般美味可口。它看起來像凝固的黏液——中間還有一點一點的東西——但卻沒有黏液所能提供的營養價值或風味。

典夫雖然只有二十幾歲（他看起來好像還沒到青春期），已經在掌管家族企業。「我家從以前就在製造蒟蒻，」他說，雖然我不確定那是該值得驕傲或懊悔的事。然後，突然地，他說：「等等！我有名片。我有。它們就在這裡。」於是他開始搜尋車上的抽屜夾層、幾個沾滿麵粉的箱子，甚至座位底下。他低著頭在儀表板下尋找很久，左手握著方向盤，彷彿將車子設定在自動導航的位置上。我們緩慢地駛過車道中線，然後他抬起頭來，將車子開回原先的線道，大聲宣布說，他找到他的名片。他的名片盒還沒有拆封。我不知道為什麼，但這個細節讓我覺得相當悲哀。他將塑膠紙撕掉，遞給我一張名片。名片上面寫道：伊藤典夫，蒟蒻製造商。「拿去，」他鼓勵說，「再拿幾張，你可以給你的朋友。」

典夫小心翼翼和花長時間解釋蒟蒻的製造過程，我假裝有興趣地傾聽著（就像我會對製造鼻屎乾有興趣一樣）。他後來甚至轉過頭去，拉出一包用錫箔紙包好的蒟蒻磚塊，遞給我。

「一份禮物。」他說。

「啊，謝謝，」然後我對自己想說，我該如何告訴他，在我常去的熊本搖滾氣球酒吧的廁所裡，有人塗鴉寫道：**蒟蒻是什麼？它是打哪來的，它想要什麼？**我該怎麼告訴他，那就是我寫的？

「蒟蒻裡面真的有動物骨灰來添加顏色嗎？」我問。

他輕笑了起來。「不，不，」他說，「不是動物骨灰，是動物的**膠質**。我們用的是木灰，跟馬鈴薯麵粉混合。」

「木灰？」

「是的，」他說，「為了讓顏色好看。現代公司試著實驗過人造色素，但真正的蒟蒻需要木灰。那是個困難又長時間的過程，你知道，手工蒟蒻的藝術正在凋零。」

「真可惜。」我說。

「做這生意很不容易養家。」

「你沒結婚？」我問。

「喔，還沒。」提到女人，他的臉整個紅了起來。「總有一天吧，但不是現在。我仍舊是單身。」

他人不錯。他常常發出輕笑，頭跟著上下搖晃。他在學校裡可能常被欺負，被擠進置物櫃之類的事情，但他人很好。我覺得自己好像是他的大哥。

雨下了起來。典夫和我聊著天，外面下著豪雨，雨刷左右地滑動。感覺起來好像我們被壞天氣所追逐一樣。在我們背後，一道烏雲如緩慢的海浪般下降，將景觀弄得一片模糊。

我們沿著公路駛過小湖上的島嶼神社，鳥居是以粗略的砍工製成。農舍違反地心引力般地滾上山坡。樹上的樹葉掉得精光，穀倉呈現骨髓的灰色。荒廢傾塌的建築只蓋到一半，早就為人所遺忘，看來我們經過的這些小鎮的工地，在老早以前就被淡忘殆盡。唯一的鮮豔色彩來自於兒童節時，於家家門口掛出的鯉魚旗，它們逆著風飛行，象徵日本特別的一種價值，叫做「我慢」（gaman），也就是「不屈不撓」。

大館市（Ōdate）是典夫的家。他原本該在那放我下車，但是他想載我到城市的郊外，這趟車程後來變成駛進青森縣高聳山巒的長途之旅。

我們試著開得比暴風雨快。太陽終於露臉，大雨放棄它的追逐。大館郊外有幾處沼澤、一些小木屋和繁茂的森林。

「處女。」他說。

「不必擔心，」我回答，「我確定你總有一天會碰到適合你的女孩——喔，你是指森林。」

「是的，」他說，「處女森林，從沒被砍伐過。這在日本很罕見。」

當我們穿越青森縣的縣界時，印入眼簾的是一層厚厚的雪毯。白色和純真的大雪延伸到山丘，一些房舍散布在路旁，鮮藍色襯著雪白，錫製波浪板屋頂的雪已經開始融化。這是個神秘的景觀：霧靄從公路和屋頂上紛紛冒出，彷彿景觀自己在驅趕鬼魂。

在我的提議下，典夫停下車來，讓我走進雪地中。這不像我抵達佐渡時的那種小雪，我已經超過五年沒有看過真正的雪了——深深的雪，不是一落下來就融化的雪。我自己是從雪國來的，因此看不到雪這事給我很大的失落感。我真誠而深沉地懷念雪地。因此，很自然地，我做的第一件事就是對著典夫丟雪球。

「得了，」他說，「別這樣。」

我又投中他。砰！他試著報復，追著我跑，雙手握著一團大雪，瘋狂地對著我丟過來，卻摔倒在地上。我跑進更深的雪中，對著典夫連發好幾個雪球，然後大笑。此時，太陽露出臉來，整個世界為之停止。萬籟俱寂。山上的空氣清新宜人，彷彿折成兩半的芹菜。我深呼吸，讓空氣充滿我的胸口。這就像回到家一樣，直到——砰！典夫用雪球打中我的耳朵。幾乎是同時，我腳下的雪變軟，我往下沉到腰部。我可以感覺到腳邊有流動的冰水。「救命！」

典夫踉踉蹌蹌地走過來解救我，這是個天大的錯誤，因為我的救命呼喚只是一種策略，我將他推入深雪中，滾動他的身軀，讓他往下坡滾去。他吐著唾液地起身，我則彎腰下去扶他起來，這時，他用雪往我臉上一拍，我滿臉是濕濕的雪。我往後退。

「這不好玩。」我說。

「喔，很好玩。」典夫說，將雪往我的臉和脖子裡塞進去。這使得我沒有心情再打雪仗下去。我用力踏步，走回停車處，我頭旁都是雪。典夫跟在我身後，咯咯輕笑，跑來跑去，並對著我的頭又丟了一大堆雪。

我喃喃抱怨他的行徑缺乏運動家的精神，爬回車內，鬧著彆扭。我們開始往下駛入青森縣的山谷。典夫在我身上塞的雪沒多久就變成冰冷的水，將我的襯衫染濕，流下我的背部，讓我那潮濕的慢跑鞋變得冰冷不堪。「我贏了！」他說。

「我們平手。」

「我們顯然用得是不同的計分系統，」他說，「就我算來，我勝利了。」

「平手。」我說，手臂交纏並看著前方。當你需要置物櫃時，它老是不在身邊。

## 14

如果秋田是個稻米之鄉，青森縣就是個蘋果國度——老天，他們還怕你忘記。每個籬笆、號誌和馬路轉彎處都是蘋果的標誌。當我們跨越縣界，進入青森時，景觀為之一變，從稻田變為蘋果。果園，無止境的果園，山丘和山谷裡滿是成排節節疤疤而扭曲的蘋果樹。我在閒暇時分，發展出森林性格的理論：櫻樹依依不捨，梅樹頗有玄思，香柏散發神秘氛圍，而蘋果樹脾氣乖戾。

我們往下駛進寬廣的弘前（Hirosaki）平原，在Z型彎道上迂迴前行，山坡陡地降落，讓我們的耳朵塞住。遠處的岩木山（Mount Iwaki）高聳，像緩緩爆發的火山。當我們切入主要幹道時，車流量開始變大。一個機器人在工地對著我們揮舞旗子。我們駛近弘前市，看到越來越多的彩色屋頂，像花紋棉被裡的方塊。

弘前——灰塵僕僕、富有歷史意味和破舊搖晃的弘前——是一個落後粗糙的京都。弘前是傳統日本的北方前哨站，是個城下町，禪宗的大本營和工藝品的倉儲。想像一下，一個都市以狹窄的巷道和整齊的街區作為格局，然後將整個都市搖晃幾下，讓它變得一片凌亂，並加上一層灰塵和一股歷史氛圍——這就是弘前。

弘前是我所知道最日本的都市。它不是最精緻、最漂亮或最古老的都市，而是最日本的都市。這個城市社區遍布，巷弄分歧。你可漫步走過、輕快潛入或尋找它最輝煌的景點。日本就是弘前，有著矛盾百出的格局和狹窄的巷道，不知所終的街道，突然出現的死巷和不斷地走回老路。

弘前的每件事物都有點歪斜——就像許多日本城鎮一般——但它有自己的內在邏輯。景觀線條的聚合和分歧，缺乏都市計畫的布局和迷宮般的角度。弘前不是一個美麗的城市，但它卻非常迷人。我是以此字的真實意味來說——它迷人不已。典夫放我下車後，我迅速迷失在弘前的紛雜建築之中。傳說，這個都市特意設計成一片混亂，好讓侵略者暈頭轉向。我相信這個說法。有好幾次，我都期待著碰到一群憔悴的武士，盲目地在巷弄間蹣跚前行，尋找著城堡。

我在找禪林街，我花了一整天才找到。禪林街是條寬廣的長街，兩旁林立著富有的禪寺（矛盾的名詞，不是嗎？）。這條街上就有三十三座禪寺，這是令人驚異的密集程度。另一條平行的小街道就在它的旁邊。兩條街道在長勝寺（Chōshōji）交會，它是最古老的禪寺。

我那晚在車站附近的座艙飯店過夜，翌晨一早我就到禪林街散步，每樣東西都塗上一抹水彩畫的色彩。禪僧在門前掃地，食物攤販開門，準備迎接觀光客，禪僧騎著腳踏車而過，按著鈴聲。我穿越木製大門，經過大鐘，進入長勝寺。大門建築於一六二九年，鐘則鑄造於一三〇六年。我想著：這個大門從莎士比亞時代便屹立在那，而這個鐘在哥倫布發現新大陸的一個多世紀前，就在敲響著人類的苦痛。

我走進曾經是廚房的涼爽陰暗所在。地板上到處是刮痕，讓人想起武士穿的尖釘草鞋。我停下來撫摸地板，在入口處收票的女士對著我微笑。「武士。」她說。

房間內被餐點和爐火的煙火和蒸汽熏得污跡斑斑。一只壺以文火正在煮著熱水，綠茶的香味如線香般凝重，飄浮在空中。我剛好趕上弘前的櫻祭，只有在這時候，長勝寺才會展示承祜的木乃伊。

「他在學校的庭院裡被挖掘出來，」那位坐在它——他？——它旁邊，矮小圓胖的女士說。「親王非常年輕，」她說，「他們懷疑他是被下毒。進口的桃子，你知道。非常悲劇性，但愛吃甜點的親王可能是因此才能保持屍身不壞。你知道，有點像由內而外地醃他。」

木乃伊在玻璃後面陳列著，還有在他棺材理發現的一些東西：一個紀念匾額、粗麻布和頭巾。在一百四十年後，年輕的親王看起來不可思議地精神充沛。乾燥但精神充沛。他的肌膚平滑緊實，光亮得像山毛櫸堅果，像莎草紙一樣脆弱。

我目瞪口呆地看著永遠年輕的木乃伊親王一陣子，然後漫步走進寺廟深處，經過佛像堂，走下一道夜鶯穿廊。這裡的地板木條緊緊地排列在一起，任何人經過時，都會發出尖銳的吱嘎聲，是種防範小偷侵入的警鈴，很富詩意。

在長勝寺之後的戶外有一個令人吃驚的視覺幻覺：整條禪林街看起來像是建築在低矮和平坦的地面上，但當你往外窺探時，你才發現它其實是蓋在俯覽弘前平原的峭壁上。事實上，長勝寺的土地原本是興建弘前城的首選，但當時禪僧的影響力之大，他們甚至使津輕藩主的這項策略遭到挫敗。為了對付這股強大的勢力，津輕藩主堅持將所有的禪寺遷往這條街道，如此他才能監視他們。很不幸的，這個作法反而讓禪僧的力量更為強大。我喜歡弘前；我喜歡在許多爾虞我詐的權謀和策略中，禪僧總是勝利的一方。即使在現在，它們仍是這地區最富有的廟宇。（它真的是種矛盾的名詞，對不對？）

我的第二夜是在廟宇中度過。它位於弘前的另一條寺廟街，新寺町，離弘前最常被拍攝和欣賞的五重塔只有一小段距離。那座廟宇的名稱叫遍照寺（Henshōji），從我窗口可以看到隱入都市中的佛教墓石。

那個景觀似乎總結了每一件事：融入都市的墓場。在弘前，過去與現在交合為一。弘前是個木乃伊親王；一個商人貧窮但禪僧富有的城市；一座墳墓的城市，甚至它那讓人激賞的五重塔，都是興建來安撫在戰爭中喪失生命的亡靈。我站著凝視這片鬼魂的都市，直到夜幕低垂，吃晚餐的時間到為止。

# 15

我的下一晚在弘前青年旅館中度過。它是個位於下町小巷中，無聊陳舊的建築。我的預算讓我不能再在廟宇中過夜，因此帶著某些恐懼感，我被迫移往青年旅館。旅館裡充斥著大學學生，還有說著「歡迎」的英文標語。但館內沒有會說英文的人。一對悶悶不樂的東印度人蜷縮在角落，低聲地說著話。他們似乎並不歡迎新朋友，因此我沒去打擾他們。

一個老太婆讓我登記住房，她的個子沒比玩偶大多少，又很可愛。她甚至帶我到外面去看她的鴨子。這些鴨子在旅館旁的小池塘裡過著養尊處優的生活。「牠們很快樂。」她說。一個人怎麼能知道鴨子快不快樂，加上鴨子的面部表情又很有限。但牠們看起來的確很滿足，四處滑動，撲通地鑽入水內，嘎嘎大叫。牠們顯然只是用來展示，或者只取牠們的蛋，因為當我建議來煮上一隻或兩隻鴨子時，老太婆給我個驚慌沮喪和不可置信的表情。

一群人正在組個團，要到鬧區內去聽津輕三味線（tsugaru shamisen）的表演。那是一種日本的斑鳩琴，在這一帶享譽盛名。「它很好聽，」在我對他們自我介紹之後，一位年輕女士說，「音樂節奏很快。很令人興奮。」

她的名字叫翠。她對著我微笑，一個美好又溫暖的微笑，一個讓你能烤軟糖的微笑。我突然間對津輕三味線感到很大的興趣。翠熱忱地談論著它，她有著美好的姿勢和大大的眼睛。我不記得她所說過的話，但我記得她的眼睛。

我和翠聊了很久，最後邀請她到一個有現場演奏的酒吧。那裡有當地的料理和熱鬧非凡的音樂。翠的一位朋友叫了計程車，我們擠進去。司機很好，沒說什麼，但我們顯然被間諜跟蹤，因為他轉了十幾個彎，在迷宮般的小巷弄間穿梭，直到他確定我們沒有再被跟蹤之後，他才隆隆駛進弘前的主要大道。這時已值夜晚，車流量擁擠不堪。每次車子轉個彎或踉蹌前行時，我的腿——剛開始是不小心，後來是故意的——總會摩擦到翠的大腿。當她沒有移動她的身軀時，我把它當成一個好現象，開始不經意地以非常誘惑調情的方式，用我的腿摩擦她的大腿。她轉身對我微笑，並沒有把腿移開，但等我們到酒吧裡時，她便坐得離我遠遠的。

我喝了一杯啤酒，正在吃晚餐時，一家樂師在台上拿出他們的津輕三味線。一位從東京來探訪弘前的音樂歷史教授很快地和我攀談起來。他是個好人，但他的眼睛並不大，也沒有水汪汪。

我的自我憐憫在音樂開始時立即結束——**開始**並不是很正確的字眼。它對我們猛撲而來，突然之間，爆裂開來。一分鐘前，屋內還全是低語聲和醬油與啤酒的味道。下一分鐘後，只有音樂迴盪。

青森縣的西半部是津輕文化的傲人家鄉，有著自己獨特的方言和音樂，弘前是它的心臟地帶。「你該去聽津輕三味線，」遍照寺的住持跟我說，「那是弘前的節奏。」

現在，我坐在這，被琴聲猛烈撞擊。它比佐渡的鼓聲還要狂野，更為歡樂、刺耳和瘋狂。從祖父到媳婦，一整個家族的樂師快速拍擊著節奏，像在製作糕餅酥皮一般。他們如何將簡單的三弦樂器，彈奏出這般複雜的反覆旋律和活潑的曲調，讓人嘖嘖稱奇。音樂持續了幾個小時，然後猛然停止。室內安靜了幾秒鐘，之後發出瘋狂喧鬧的鼓掌聲。

「謝謝，」祖父用手帕按著眉間時低語，「我們在櫃臺有賣CD和錄音帶。」然後，他介紹他的兒子，他是目前日本津輕三味線的冠軍。他那哀傷與淒涼交織的曲調中，混合了蘋果和高山空氣的況味。

我在一家小旅館找到房間後，便搬出青年旅館。我在小旅館付的錢比青年旅館還要少。這是我這麼多天來的第四個住處，象徵在但丁[16]式的煉獄中，我的情況每況愈下：首先是廟宇，然後是青年旅館，然後是發霉和失去夢想的民宿。這種地方是鬱鬱不得志的作家的棲居之所，他在此滿懷悲傷，對世界感到憤怒；帶著邪惡眼神的男人來此，在打開的琴酒旁，吹著煙圈。如果年輕的海明威或麥肯．勞瑞[17]有來過日本，這是他們會居住的地方。

一個女人帶我到我的房間，一床凹凸不平的墊被等著我的到來。我猜，床單曾經是白色的。壁紙也是。也許吧。但每件事都變得潮濕、褪色：像被香菸熏黃的手指，像長得如爪子一般硬的小腳趾的黃色指甲。由於長年未加使用和老化，牆壁無力地鬆弛。我認輸地將背包丟落在地上。

那位女士對我微笑。「這是我們這裡最好的房間。」她說。

16 Dante，一二六五—一三二一，義大利文藝復興先驅，著有《神曲》等書——譯注。

17 Malcolm Lowry，一九〇九—一九五七，英國作家，著有《在火山下》等書——譯注。

# 16

弘前擁有日本北方唯一現存的城堡，而且是唯一城牆仍屹立不搖的。它也是，我在此引述官方的旅遊手冊，「日本三大賞櫻景點之一」。不像大部分的城下町，弘前城並不主宰著天際線，而只是害羞地存在於森林公園裡，躲避眾人的視線。原始的城堡建築於一六一一年，聳立在平原之上，但（讓人吃驚、讓人吃驚地）遭到雷擊而燒毀，後來再興建的城堡尺寸小得多。現在的城堡可追溯到一八一〇年。它沒有高高聳立，而是緊密地形成三層樓高的建築，棲息在城牆的角落，在護城河上顯得搖搖擺擺，看起來比較像塔樓，而不像天守閣。

春天卯盡全力地抵達弘前。弘前城的庭院內，有超過五千株櫻樹，全數盛開時，反而帶著點巴洛克的奢華況味。我不是走進庭院，而是隨著人潮湧入，在掛在花環上的櫻花之下流連徘徊。在公園裡，街燈在花的噴泉之間閃閃發光。漩渦般的群眾經過，匆忙趕去參加賞花派對。些許櫻花已經開始凋零，像雪花般紛紛落在護城河中，吹過人行橋和石頭小徑。它們才剛剛抵達就已經要離開。科學家堅持，櫻花沒有香味。或，至少說，它們幾乎沒有香味。一朵櫻花的香味淡到一般人類的五官無法察覺。但一千朵櫻花綻放色彩，在風中飛揚，即若是再輕微，的確帶著淡淡的清香。

櫻花也有聲音——花見派對的深夜狂歡。在櫻祭期間，超過二百萬人造訪弘前城，而在今晚，似乎每個人都來了。城堡庭院中熱鬧喧嚷，歡慶吵雜。一群上班族比著誇張的手勢，揮手要我加入他們的行列，當我告訴他們，我正在追尋櫻花前線時，一個聲音吶喊著：「那是個好兆頭！好兆頭！」他們要我對櫻花乾杯，一個瓷杯立即出現，並傳過來給我。暖暖的清酒斟滿瓷杯，大家大笑後，力持保持嚴肅。「乾杯，為櫻花乾杯！也為你的旅程乾杯！」

這似乎是我整趟旅程的高潮點。

「跟我們聊聊你的旅行！」他們喊道。我能說些什麼呢？這在當時似乎是個好主意？我越花時間賞花，櫻花越顯得悲傷？我遇到數十位陌生人，交到數十位朋友，但我還是無可藥救地孤獨？我並不真的知道我在做什麼，而這樣做到底有沒有重點？可以說的事很多，但能說的事很少。我舉高我的杯子。他們身子往前傾，想聽聽我要說什麼。「敬櫻花，」我說，「希望我們永遠也無法了解它們。」

此舉被認為很有洞察力，群眾喧譁地鼓掌。「乾杯！」他們狂喊，這時，風吹過樹枝，櫻花輕柔地飄落在群眾身上。他們再度鼓掌。我正要將杯子放到我的唇邊時，我注意到一朵櫻花掉進清酒裡。它在清酒裡飄浮了一會兒，我正要將它取出時，坐在我隔壁的男人舉起一隻手，示意要群眾安靜下來。「那是個徵兆，」他說，「幸運的徵兆。是神明的旨意。」大家開心地大笑，但沒有人敢否認這句話。畢竟，如果它是神明的旨意，誰敢反駁呢？「喝下它！」群眾中有個聲音說。「是的，」另一個聲音說，「你必須喝下它。把花朵喝掉。」

我低頭看著，考慮這個我被要求執行的小型聖餐禮。然後，以誇飾的姿態，我仰頭一口吞下櫻花和清酒。這群上班族鼓掌又大笑。我驕傲地微笑著，真正要發表感言時，感覺到我的喉嚨間有個東西像潮濕的衛生紙般黏在上面，然後我開始哽塞。我不斷地咳嗽和作嘔直到我的臉漲得通紅。由於我咳了很久，其他人停止大笑而變得憂慮起來。一個男人開始用力拍擊我的背部，我則試著用手指將櫻花挖出，結果只是變得更糟。我開始嘔吐，直到最後，櫻花像毛球般被我吐出來。我的眼睛裡都是淚水，我環顧四周的臉，發現他們的表情有各種程度的擔憂和厭惡。「它——它差點害我沒命。」我喘著大氣說。

我為花朵而沉醉。我為櫻花而窒息。那晚，為了找到一個不再孤獨的據點，我從城堡庭院角落的電話亭打電話給照美。九州的櫻花早在幾週前就已經散落殆盡，雨季也快結束了。夏天的第一波熱浪正在侵襲九州。我跟她之間差了好幾個季節。「你錯失掉水俣的春天，」照美說，「你公寓後面的樹開得很漂亮。」

我們談話時，櫻花在電話亭邊打著漩渦，一陣疾風吹起粉紅色和白色的花瓣。我已經花了超過一個月被它們包圍，超越可能和自然的極限。那時，我突然想通，以一種深沉的不安感，發覺我做的事情基本上是場錯誤。櫻花原本就意味著轉瞬即逝和短暫一現，試著抓住它們就如同試著抓住青春的尾巴。追隨櫻花前線是否認時間、季節、甚至死亡。那就像在蓮花上噴灑天然漆。像在海市蜃樓上加上防腐劑。像試著停止時間。

回到旅館內，洗澡水微溫黃濁，鏡子讓我的肌膚看起來如蠟像般蒼黃。為了某種理由，我無法停止嘆息。我爬上樓梯到棉被等我的地方。百葉窗沒有關上，風正在我的房間裡打轉。外頭，月亮被雲朵遮蔽。我關上燈，輾轉許久才能入眠。

# 17

早晨傳來一陣霉臭潮濕的味道。空氣寒冷而濕黏。

我原本計畫在吃完早餐後便離開弘前，但是天空烏雲遍布，最後下起大雨。我坐在旅館內，透過對著街道敞開的大門，觀看雨勢。人們撐著雨傘經過，街道充滿著雨水，車輛如葬禮行列般緩慢駛過。大廳內只有我和來來去去的女服務生。電視的螢幕打開著，沒有聲音，動作瘋狂快速地閃過螢幕，就像做著滑稽動作的小孩知道正在失去別人的注意力。這種漫長灰暗的早晨似乎永無止境。

甚至連雨都無精打采，受到地心引力影響而紛紛飄落。沒有疾風或打著漩渦的強風，只是一場陰沉而不斷落下的雨。茶冷了，變得溫熱而苦澀。空氣聞起來有假牙和濕報紙的陰濕味道。電視畫面繼續閃爍，雨不斷下著。

雨直到傍晚時分才停止。當它停止時，我決定離開此地。我已經又付了一晚的錢，但在我以貧窮和無知來對老闆央求之後，老闆退了我一部分的錢，讓我退房。於是我迅速收拾行李，離開此地。

下過雨的弘前更顯得荒廢而破舊。我趁早晨研究鐵道地圖，發現在主要公路西方就有一個火車站。這條公路直通青森市。然後從那裡，我會搭往北海道的渡輪。

火車嘎嘎駛著，緩慢地往東然後轉北，越過平地，然後穿越尾上町（Onoe）農村，我在此下車。

如果我停留在幹道上，後來事情便不會錯得那麼離譜。在稻田邊緣的遠處，我可以看見沿著山區行駛的車流。我所要做的就是走過平原，往山區走向這條神秘的道路，然後在那攔車，直到我抵達公路。就這麼簡單。

我可以從稻田直走而去，但相反地，我決定走一條狹小的僻徑。我沒有走過田地，因為大雨將它們淋成泥濘。更重要的是，在日本，走過別人的土地是一種很大的禁忌。當我還住在天草列島時，我有次花整個傍晚以沉重的步伐，拿著相機和三角架在我鄰居的土地上踩來踩去，尋找拍攝夕陽的絕佳地點。我小心地避開稻子，但我的腳印卻留得到處都是。當我鄰居第二天出門時，他火冒三丈，叫了警察過來。他們量了腳印，推出結論，犯人是當地的大腳外國人。當他們在我房子的玄關發現沾滿泥土的鞋子之後，偵辦終結。我被帶去向屋主正式道歉。我後來才知道，那就像跳過某人的籬笆，然後在他的庭院到處留下泥濘一樣。

你可以走過田地，但只能沿著分隔稻田的田埂而行。這些田埂是某種「共同土地」，但揹著沉重的背包要在這些濕滑的田埂上行走並不容易。這是為什麼我選擇通過稻田的一條小徑的原因。

不幸的是，我很快便發現，這條路似乎沒有方向，沒有生命的目標，沒有存在的理由。它沒有銜接任何道路，只是在田間蜿蜒穿梭，像在購物中心的無精打采的青少年。它往山區方向前進，但卻轉個彎，繞過某些雜草長得很高的草地，直到一條小溪旁，並沿著它前行一陣子。然後小徑變成小橋，越過溪流，在另一邊蹣跚前進，再度進入寬闊的鄉野，恍若對生命感到厭倦。

我已走了超過一個小時，仍然位於一片龐大而慵懶的平原之中。我不悅地發著哼聲，決定走過田地，小心地走在分隔田地的田埂上，不踩進稻田之間。然後我看見一條蛇，就在田埂上。當我試著逃跑時，我在田埂上滑了一跤，起身時，一隻腳陷入泥濘中，深達膝蓋。在後來好幾天，那隻鞋子在走路時會壓出水，散發著堆肥的味道。總結來說，這不是度過下午的好方式。

當我終於抵達公路時，天空開始烏雲密布，天色暗了起來。我想到我在福井的遭遇，我開始瘋狂地對任何有輪子的東西揮舞著大拇指——我迅速地被一輛不明飛行物載走。呃，我並不確定那是否是一輛不明飛行物，但它看起來很像。它有著震動的紫色踏板，霓虹色的車牌和毛玻璃。它不只是一輛廂型車，它是有車輪的愛情賓館。駕駛是一位筋肉橫生的年輕人，頭髮燙得很鬈，戴著太陽眼鏡。他旁邊坐著他的女友。她有著一張圓胖的臉，年紀很輕，頭髮很短並染成橘色。（金色染料在日本人的頭髮上色效果並不好，但日本女人拒絕接受此點。）

我很感激能逃離即將來臨的暴風雨，爬進後座。那裡唯一可以坐的地方是一個天鵝絨床，在它旁邊——這是真的——有一座赤裸的天使雕像。我抬頭確定，沒錯，是真的愛情賓館風格，車頂上有鏡子天花板。該死，日本趕時髦的人。總算讓我碰到了！

那位年輕男人沉思地咬著一根牙籤，沒有說話。儘管如此，他的女友卻很興奮。她轉身對著我微笑，嘴唇上塗著深紅色的口紅。我以成熟世故而溫文有禮的微笑答禮，這個微笑可使我在四大洲間無往不利。不幸的是，她對我展現的興趣過於深厚，因此在二十分鐘內，我又回到公路上。那個男人沒有給我任何解釋；他只是停車。他的女友噘著嘴，手臂交纏，快快不樂。剛開始，我以為他們放我下車是因為他們抵達目的地，但不是如此，他們的廂型車在前方路段失去蹤跡，正好就是我要走的方向。這段經過是我這趟旅程中最奇怪的際遇。

我站在那思考著這一切時，雨開始下了起來。從天上降下大如子彈的雨，我則站在開闊的馬路上。這是福井的經驗再現。

我咒罵著踢踢我的背包，從秘密夾層裡好不容易地取出我小心存放的雨衣。我將雨衣套在身上，扣好到下巴的釦子時，雨便戛然停止，太陽則如一位女演員尋求喝采般地露臉。我氣得半死，嘴裡咒罵連連，扯下雨衣，並用腳用力踩它。（也許我早已適應日本，因為在我內心深處我是個泛靈論者；無生物是讓人詛咒、懲罰、訓誡和虐待的事物。我的背包和雨衣當然棲住著神祇──愚蠢的神祇──但是真的是神祇沒錯。）

下一趟載我的人是一位年輕母親，她正在學習英文會話。她羞怯地微笑，羞怯到我的心融成一灘奶油。當我爬進她車內時，夜晚已經快要降臨。我震驚地發現她的兩個小孩坐在車內；一個嬰兒坐在安全座椅上，兩歲的幼童則坐在她身邊。這位女士一路載我到青森的渡輪總站，離她的目的地有一小時車程遠。我不斷請求她不要這樣做。「妳真的不用如此。」

「不，不，」她說（用日文），「我想練習我的英文」（又用日文），「而且你在路旁看起來那麼悲傷（仍然是用日文）」。然後她驕傲地微笑說：「這是我第一次載搭便車的人。」

「我能給妳一些建議嗎？」

「是的？」

「不要。」

她聽不懂。

「別載搭便車的人，」我說，「不要這麼晚，而且妳孩子還在車上。」

「但你看起來——」

「不要。」我說。

她點點頭。「我懂了。」

「我很抱歉，」我說，「但那不是個好主意。」

「我了解。謝謝你。」她的聲音在這時幾乎變成低語。我奪走她冒險的樂趣。「只是你站在路旁時看起來那麼悲傷，而我一直想去旅行，並說點英文。」我差點以為她會哭出來。

「我很抱歉，」我說，「但妳真的不該載人。」

「我懂，」她說，「我很愚蠢。我總是很愚蠢。」她最後除了說再見外，沒有再說任何話。

# 18

夜間渡輪數小時後才要啟航。我將背包留在碼頭，漫步走進城內，穿越青森海灣大橋，經過火車軌道，進入市中心。從吹著狂風、懸掛在空中的大橋上觀看青森，非常美麗。它呈現幾何圖形安排的形狀——圓圈、正方形和三角形——使得這城市有日本最罕見的事物之一：那就是一條清晰的天際線。從ＡＳＰＡＭ的玻璃帷幕三角形建築到大橋的跨距本身，一直重複著Ａ

這個形狀，蘋果的A，青森的A。

我的心思浮游在想像的高度，往下走入青森，穿越靠近海港，以金屬板臨時搭蓋的一群小屋。青森市是個類似粗糙和急就章的地方，是個轉運站，而非終點。從遠處看是呈幾何圖形。但從近處看時，它正在褪色和塌陷。

我最後終於找到中央古川道，看到兩位日本耶和華見證人信徒站在路旁，他倆任憑路人走過身邊，平靜而毫無感情。他們正在散發日語版的《守望塔》（*Watchtower*），它們以見證人信徒在全球發行的風格印製而成。我停下來聊天，但他們臉上帶著一股堅定的信仰的晦暗的神情，於是我悄悄走開（這的確是個悲傷的一天，連耶和華見證人信徒都不肯和你說話）。

我還有一個小時的時間，在主要街道旁有座木製神社，神社旁邊就是一棟兩層樓高的西點麵包／咖啡店。它叫做紅蘋果咖啡店，裝飾非常具有日本風味。也就是說，它是法國農舍、瑞士阿爾卑斯山和美國風格的混雜體，室內充斥著暗色木頭和明亮的燈光。你知道，很日本式。

我喝了一杯咖啡，吃了一塊蘋果派。你在青森一定要品嚐蘋果派；那就像在格拉斯哥你一定得吃羊肉雜碎布丁[18]，在利物浦一定要吃炸魚和炸薯條，在舊金山一定要吃細麵拌飯（Rice-a-Roni）一樣。店裡的女士臉色粉紅，帶著微笑，在我用日文點菜時，臉漲得更加通紅。

「你的日文很好。」她說。

「謝謝。」

「我認為你了解日本的真心。」

「謝謝。」

「你很胖。」

「啊，謝謝。」

「還有你的鼻子，很大。」

「聽著，妳不用再讚美我了。」

讀者必須明白，讓我再說明一次，我不胖。我只是健康、結實而精力充沛，就像個橄欖球隊員。真的。

到北海道的渡輪是艘流動飯店，有著盆景和擦得光可鑑人的鏡子。它發出霧笛，駛離青森港口，經過拖網船和煉油廠的灰色側影。下北半島和津輕半島的鉗爪在兩旁堵住出路。我們輕巧地滑行而去，像一個掙脫擁抱的愛人。

我將兜帽拉下，站在甲板上，面對著風，聞著空氣中鹹水的味道。我本來可以在整趟船旅中，英勇地待在甲板上，但風很冷，我又得去小便。

船內只有引擎的震動和嗡嗡聲響，以及夜間渡輪那股令人窒息的安靜氛圍。乘客的身體以各種角度墜入沉睡中，恍若精神毒氣曾經掃過船艙。我在陌生人間穿梭前進，最後跟一位抽著菸、雙眼泛水的男人，以及一位皺著眉頭沉睡的女人共處一室。

---

18 Haggis，蘇格蘭傳統食物——譯注。

# 第五章

## 進入北方海域

### ——跨越北海道

# 跨越北海道

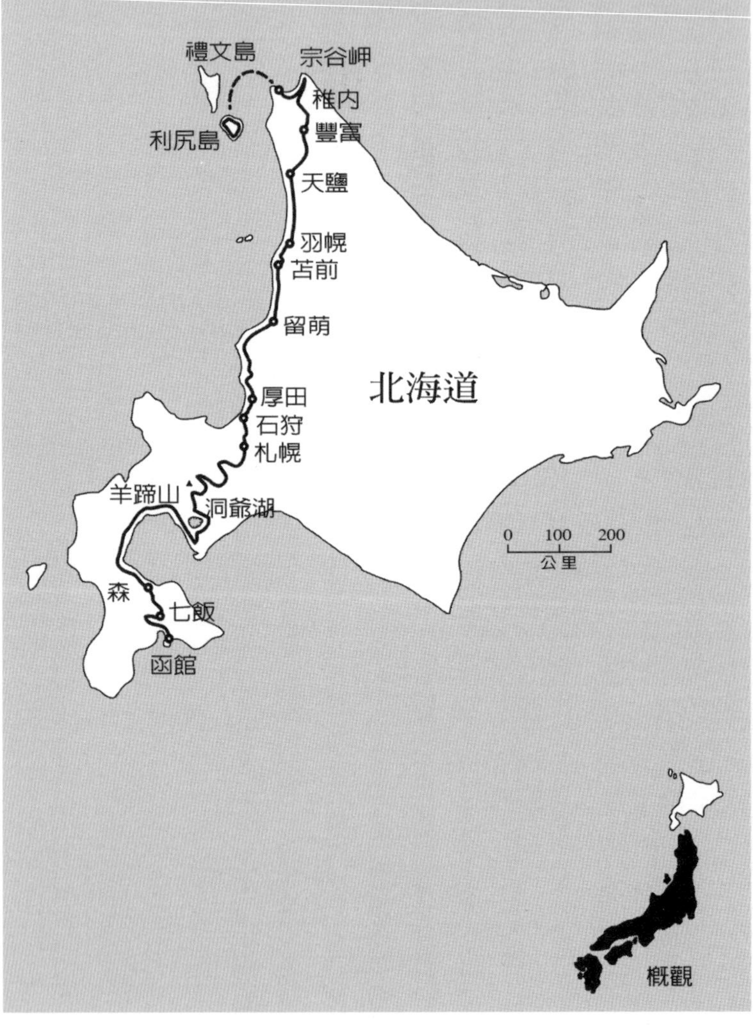
禮文島
宗谷岬
稚內
利尻島
豐富
天鹽
羽幌
苫前
留萌
北海道
厚田
石狩
札幌
羊蹄山
洞爺湖
0 100 200
公里
森
七飯
函館
概觀

# 1

北海道是個人口過稀的龐大島嶼，它的氣候類似奧斯陸，而與東京南轅北轍。夏短冬長；你在它的北方海岸可以看見流冰。

從許多方面來說，北海道是所有主要的島嶼中，最不「日本」的島嶼。它是德州和阿拉斯加的混合體，日本的最後邊境和盡頭。它在明治維新的一八六八年後，才正式開始殖民[1]，直到一八八〇年代移民者才逐漸湧入。在此同時，美國西部的開拓正值顛峰，韋特・艾波[2]和道格・哈樂德[3]正在OK Coral酒館和別人發生那場有名的槍戰。北海道甚至連看起來都像美國西部。

這是個以畜牧為主的大地，擁有起伏不定的田野，高聳的山巒，和德州風格的大都會。他們甚至擁有自己的被壓迫的少數原住民，愛奴人。愛奴人是船員、設置陷阱取毛皮者和獵人，雖然他們沒有書寫文字，但他們代代相傳著yukar，即口述史詩。他們崇拜熊靈，臉上刺著精緻圖案——幾乎是凱爾特式——的刺青，他們建築擋住鮭魚的複雜水堰，沿著北方河域居住在

1 日本政府於一八六九年設置北海道開拓使——譯注。
2 Wyatt Earp，一八四八——一九二九，堪薩斯州副警長——譯注。
3 Doc Holliday，一八五一——一八八七，南方醫師和槍手——譯注。

相互關聯的社區中。

愛奴的由來仍然成謎。學術界大致同意，他們是由西伯利亞的草原遷徙而來。他們的皮膚比大部分的亞洲人民蒼白許多，但他們不是——許多評論家也支持此項論點——高加索人。他們的毛髮也沒有特別濃密。（日本人描述愛奴是個毛髮濃密的民族——這常暗示著他們「體味很重」——這點闡明了日本人的偏見，遠勝於解釋愛奴人的實際人相學。）

雖然日本人從未正式征服愛奴人，但北方的愛奴人曾被早期的將軍討伐數次[4]。愛奴人於一六六九年展開一場廣泛的反抗，因而遭到日本無情的鎮壓，自此之後的兩百年間，他們成為俯首稱臣的臣民。直到十九世紀末期，日本政府才正式承認他們是一支民族和一座島嶼。愛奴人被剝奪他們祖先的權利，被迫搬入農田和遭到包圍的領地，並放棄他們的宗教和文化。他們的語言遭到禁止使用，他們被視為「非公民」。

直到一九九二年，愛奴人才被官方正式承認為日本公民。當討論愛奴人時，日本政府拒絕使用「**原住民**」這個字眼（如此才可避免承擔壓迫過愛奴人的責任，並在日漸高漲的要求中，逃避聲稱土地擁有權的和解金）。一個重要的關鍵在於：愛奴人從來沒有將土地割讓給日本人，或是認可日本政府當局，這使得他們成為在這世界上，從沒和侵略他們土地的外來者簽下合約的少數原住民之一。日本宣稱自己是個「種族和文化同質性高」的社會，在這樣的國家裡，愛奴人根本被排除在典範／神話之外。他們充其量只是種新鮮事物，娛樂的來源。而在最糟糕的情況下，他們如害蟲般擾人。

今天，兩萬四千人宣稱擁有愛奴血統，但只有少數是純種後代，而他們的語言已經死去。

這是日本政府無情和積極地推展同化運動的結果。愛奴人的影響力曾向南擴及本州中部——富士山的「富士」的語源來自愛奴——但他們現在只是廉價而俗麗的觀光秀。愛奴長者冷靜拘謹地坐著展示他們的刺青，像展示中的痲瘋病患，而日本觀光客則咯咯輕笑，在他們旁邊擺姿勢照相。這個人類動物園的場景很令人沮喪。這是我決定避開阿寒湖（Akan Lake）周邊一帶的觀光景點的原因之一。它曾經有一度是愛奴人的心臟地帶，現在早已不是。

愛奴文化的文藝復興運動最近開始生根，主要範圍是音樂、傳說和舞蹈，但整體而言，雖然來勢洶洶，它的前途卻相當黯淡。澳洲原住民、北美原住民和南美印地安人——殖民者的內心深處總對先前的擁有者感到焦躁不安。我們屈尊俯就、殘酷對待、忽視，並詩意化我們所取代的人民。我們從來沒將他們當成擁有相同價值的人類看待。

我帶著這些想法進入北海道，展開我旅程中的最後一段行程。

## 2

北海道的南端是一塊鉤狀土地，上面有一座休火山山巔。在此，在這個地理的不規則狀中，第一批來到北海道的日本人開始移民，形成這個大島上的帝國據點。俄羅斯人遠在一七四〇年，便將函館港當成登陸基地。在一八五四年，日本北上，阻止了俄羅斯的擴張。當帝國勢

4 西元八、九世紀之際——譯注。

力正在你爭我奪，而北方島嶼的命運懸而未決時，函館曾在一段短暫的時間內，成為一座不設防的城市。函館曾經暫時是謀略和勢力角力的中心。

今天，函館半沉睡著。它是一個陳腐過時而無精打采的城市。它是北海道少數不受美國影響的地區之一。主宰這裡的影響力是歐洲——東歐。俄羅斯式建築物到處可見，雖然居住在此的人民是日本人。

我很晚才抵達函館。我在一個叫做Niceday Inn的民宿找到一個房間。當我進門時，老闆興高采烈地以英文跟我說：「進來！進來！」

他的名字是齋藤滋人。「請叫我齋藤先生，」他氣量寬宏地說。他有一張見過太多比賽的拳擊手的臉，沉悶和悲慘的五官。（我不太確定「悲慘的五官」是什麼意思，但如果有人有這類五官，就是齋藤先生沒錯。）「歡迎來到我的小民宿。希望你住得舒服。」

「你的英文很好，」我說，「你學過英文嗎？」

「我教自己英文，」他說，「完全是自修的。」然後，他替我解答了下一個問題。「為什麼？為什麼講得這麼好？因為我從來不怕外國人。從來不怕。我沒有心結。大部分的日本人都怕。」

「害羞。」我說。

「害怕，」他堅持，「但在所有的人中，為什麼我就沒有心結？為什麼？」我們往後靠坐來思考這個問題。這顯然是個讓他迷惑很久的問題。「我有個理論，」在沉默一陣子後他說，「當我還是個小孩子時，俄羅斯水手常來港口。我父親在做生意，俄羅斯人常來我家。我的母親很緊張，她會躲到後面的房間去。但那些俄羅斯人喜歡我，我不過是個小男孩。也許他們在家鄉也有小孩。誰知道？他們常會把我抱起，然後和我說話。他們的手很大，聲音也很大。我那時還很小，但我記得非常清楚。我抬頭看著他們的臉，坐在他們的膝蓋上，聽著他們俄羅斯式的大笑。也許這就是原因。也許這是我從來沒有心結的原因。早期的經驗打破了障礙。」

我覺得那是個很好的理論，我們以日本伏特加乾杯。我的肺部又開始嗚咽，但管他去的，你有多少機會能在一片奪自愛奴人的日本土地的俄羅斯城鎮中，從齋藤先生這樣一位自修英文的民宿老闆處得到啟發？

齋藤太太加入我們，我們用日文聊了一會兒。齋藤先生在一旁仔細地聽著，一等他太太離開，他便傾身對我說——這可能是我的第二外語能力的第一個也是唯一的誠實評價——「你的日文糟透了。」

「嗯。」（我能說什麼呢？）

「你的口音很重，因為你住在九州的關係。」（他的意思是，我受到生活在拙劣的方言中的影響。）「在北海道，居民來自四方。我們迅速改掉我們不同的口音。因此在北海道，我們說標準日文。有人說我們的日文在日本是最棒的。你應該學學北海道的日文。還有你也應該學學——」我們從字典上查來正確的字眼——「介系詞。你知道，ga，wa，ni，de，no。我剛聽你說日文，你聽起來是隨意放置它們。」

該死，他說得很對，我痛恨日文的介系詞。我真的痛恨它們，我的確是隨意使用它們，像玩吃角子老虎一般，希望它們有時候會正確浮現。我對法文的陰性和陽性名詞也是套用這招，隨意地選擇 le 或 la，然後看會不會碰對。

「我想多學點日文，」我撒謊，「希望哪天能變得很流利。」

「流利？」他揚起一道眉毛。「不，不，不要流利。那是個嚴重的錯誤。我們日本人不信任日文說得完美的外國人。那讓我們緊張。你應該改善你的日文，但不用變得很流利。」

我跟他保證我不會。「但如果你堅持的話。」我說。

我被帶到我的房間。房間內是宿舍風格，有四張剛鋪好乾淨床單的臥鋪。那晚民宿內的另外一位住客是個眼睛很大、散發著悲傷光芒的大傻瓜。他不知為何來到函館，並對要和一個外國人同房過夜此事，感到不快。他擺出勇敢的表情，他甚至以哀傷和認命的方式對我微笑。但當他晚上要睡覺時，我注意到他小心地將背包擺在身邊，並將皮夾藏在枕頭底下。為了一別苗頭，我也將背包放在身邊——只是要讓他知道我很清楚發生了什麼事（這是戰爭的開始）。

旅遊的疲憊讓我發出一連串的哈欠和嘆息，我沉沉墜入夢鄉，像一個沉入井中的身體。那是個很甜很沉的睡眠，持續了——喔，大約十分鐘之久，直到我被海鷗被瘋狂的吹風笛人掐住喉嚨，掙扎窒息而死的聲音吵醒為止。那是我的室友，他正在打呼。震耳欲聾。他打呼打得如此大聲，連牆壁都好像隨著他的呼氣和吸氣膨脹和收縮。他在打呼之間，發出尖聲的嘎嘎聲響，讓我瀕臨崩潰邊緣。我將枕頭包住頭部，考慮我所能採取的行動——謀殺、瘋狂、失眠——後來那個男人停止呼吸。完全停止。我聽過睡眠窒息症，但這令人驚慌失措。它持續了很長一段時間，現在呢，該死，我反而因為安靜而無法入睡。（在你跟屍體睡在同一個房間時，要入睡很不容易。）幾分鐘後，他又開始呼吸，驚駭地喘著氣。我稍稍放下心來。他咕噥地發出一聲呻吟，轉個身，大聲地對著毯子放屁。

我做了可怕的惡夢，在太陽出來之前驚醒。我開始穿上衣服——剛開始很安靜，然後我想起我室友讓我歷經的試煉，於是便一路碰撞出許多噪音，還吹著口哨——之後走出門，進入城市。

# 3

函館的清晨，甚至連空氣都昏昏欲睡。我在磚造倉庫之間穿梭，黎明緩緩地充滿著各種聲音和味道；交通車流、電車的鈴聲和汽車的廢氣。最後我抵達函館的早市。那是一座天花板低矮的大型建築，裡面有許多攤販，氣味潮濕。你可以在函館早市買到你要的任何東西，只要它有鰓，或是用聚酯纖維做成。

一個穿著塑膠圍裙、塑膠手套、塑膠靴子——誰知道呢——和塑膠內衣的女人正對著一堆剛抓到的魚貨灌水。空氣中充滿著魚腥味。它填滿你的嘴巴，幾乎讓你窒息。那就像呼吸著鱈魚的肝臟。「很好吃呢！」一位老太婆在我背後說著，以貪婪的眼神審視著魚兒。

魚攤隔壁就是一個販賣甜點的攤位。如果這不是糟糕的市場安排，不然會是什麼？這有點像把一家香水工廠安置在污水處理廠的下風處。我在甜點商店喝了一杯綠茶，但它的味道像魚。

我越深入市場，群眾變得越多，攤販間的走道也變得越為狹窄。女人以行家的批評眼光檢視著搖搖擺擺的章魚。我看見各種想像得出的黏滑海洋生物在台面上噴出髒水，並被小心翼翼地鑑定。在錫製波浪板的屋頂下，聲音嘎嘎地迴盪，還有無止境的討價還價的聲音。我一路上與人們的身體擦撞而過。大體上而言，日本的市場很令人失望。它們太拘束、太有次序、太保守。但在這裡，在函館的喧鬧吵嚷之中，這個早市很值得一遊。它的精力充沛和不禮貌的態度幾乎使得它像是一座韓國市場。我像感官的偷窺者，漫步過氣味潮濕的空氣，看進景觀，聽著聲音，還有聞入瀰漫在空氣中的惡臭。

建築物太小，而早市的攤販過多，因而商店在它四周蔓延而出，像塞得太緊的枕頭迸出棉花般。我在後巷的隱匿處發現一家咖啡店，並以美食的理由決定在此用餐；也就是說，在櫃臺後方的女人很美麗。非常美麗。

能使你停下腳步的美麗力量永遠讓我感到驚奇。我們在此是完全的陌生人，她和我，但我的宇宙突然間圍繞著這位女士打轉。她的眼神遙遠神秘（我決定是哀傷地遙遠），她看起來就像她總是在想嘆氣的邊緣。她的頭髮是鬆散的鬈髮，想必燙很久了，而她的皮膚像溫暖的蜂蜜般平滑潔白。我看見我自己跳過櫃臺，將她擁入我的懷抱中，然後抓住憑空冒出、掛在這裡的藤蔓，抱著她盪向遠方。我們常常評論女性想要照顧男人的衝動。雖然一樣不切合實際，男性想要解救女性的衝動卻很少得到評論。我在這裡，不再是一位平凡而受公司雇用的英文老師，反而搖身變成要在這個骯髒的咖啡店中，正要英雄救美的艾洛・佛林。我正要，正要——

「你要點什麼？」她以大部分人看著垃圾的眼神看著我。

「妳們最便宜的東西是什麼？」我一開口，立即感到後悔。沒錯，我手頭很緊，但她沒有必要知道。「或最貴的，」我說，沮喪地想要挽回我的尊嚴。「兩個都可以。」

我點了披薩吐司。「妳這家店很棒，」我在她低頭做事時說。她沒有反應。我靠向櫃臺，大聲說道：「我說：『妳這家店很棒』——」

「我第一次就聽到了，拿去，」她砰地放下一盤不太像披薩，也不太像吐司的東西。「好好享受你的大餐。」（我假設她語帶諷刺。）

這個女人是作家所描述的「冰山美人」，也就是說，她很漂亮，但在我試著跟她調情時，沒有反應。

「這個，」我起身離去時說，「作為一個古怪的百萬富翁和湯姆・克魯斯的朋友，我想我該走了。」

但這不是我真正說的話。我只是嘟噥著一些客套話，然後離開。她連一次都沒有微笑，使我的心完全碎了。在剩餘的午後時間中，我一直打嗝，嘴裡滿是披薩的味道，它嚐起來很像魚。

## 4

函館的心臟地帶是歷史悠久和飽受時間摧殘的元町（Motomachi）地區，它圍繞在函館山的山腳下。旅館老闆齋藤先生堅持要我借他太太的腳踏車去瀏覽觀光景點，這的確是個好點子。老街的幅員廣大，真用走的會非常疲憊。

「你停放腳踏車時一定要記得鎖起來，今天俄羅斯人進港了。」

「俄羅斯人？」

「他們會偷腳踏車。他們把腳踏車帶回俄羅斯賣掉。有時候，他們甚至偷車子的輪胎。每當他們進城時，我們都要非常小心。」

老天。從熱核子超極強權淪落到腳踏車小偷；難怪俄羅斯的鷹派這麼火大。我跟齋藤先生保證，我一定會特別留意拿著螺絲扳鉗的邪惡俄羅斯人。之後，我便出發。

函館是個很棒的地方。鵝卵石街道；一座漂亮的希臘東正教教堂的洋蔥圓頂和尖塔高聳；迂迴曲折的小巷；褪色的輝煌過往。我到處閒晃，函館像穿著舊毛衣一般地呈現出它的過往風貌。更好的是，我有三段變速可以選擇：慢、很慢、非常慢。在我先前租腳踏車的經驗之後，這輛車能這樣就該偷笑了。

我騎著腳踏車進入景況蕭條的老碼頭，海的味道殘存在木頭上，房舍正要倒塌傾斜，窗子破裂，牆壁東補西貼。那看起來就像日本人整個搬進一座東歐的城市一樣。彷彿貝爾格勒遭到銀行取消贖回抵押品，而被賣給日本買主一般。我在小巷間來來去去。我停放好腳踏車，漫步走進巷弄。迷路。走回來。又迷路。那就像在跟自己玩捉迷藏。

一名俄羅斯男人正在一家商店，和日本店員交涉一項買賣。俄文不是國際語言，日文也不是——它們很少在超越國界時使用——於是這兩人被迫使用中間語言，也就是英文來溝通；或者是某種類似而會被誤解為英文的語言。

問：這兩個每個要賣多少？
答：那能給你好壓力。一次拿四個。
問：四個？我只要買兩個。
答：是的，是的。許多好給你。

我站在附近偷聽他們越來越超現實的談話，並試著決定誰說的英文比較爛，是那位俄羅斯水手還是日本店員？那很難判斷。這有點像在比較無限大和無限大加一。

函館的主要賞櫻地點是星形的五陵廓。在那裡，四千株櫻樹正在盛開。許多人熱心地要我加入他們，就像人們為他們的家鄉隊伍聲援一樣。「**函館的櫻花最棒！函館加油！**」

更好的是，從我出發以來，人們第一次沒有把我當成摩門教徒或美國人。在函館，每個人都將我誤認為俄羅斯人。我覺得這真是棒透了，為了幫助大家，我開始以**俄羅斯口音**來說日文，這可比你想像中的還要困難許多。商店的店主瞇著眼睛，猛問我問題，好解決他們心中的疑惑。

「你是水手嗎？」他們問。

「我是海參崴人，」我以一種我希望是適當的斯拉夫語調說著。

「來這裡做生意？」

「不，不，我是，該怎麼說——」我在此降低聲音，「——來此購物。」

「購物？」

「買腳踏車。」

這遊戲的娛樂性很強，我認為我還稍微對升高國際緊張局勢有點幫助，我感到很驕傲。

我擴大我的旅遊範圍，到城市邊緣的國際墓地一遊。有數個墓園可供選擇：一個保存良好的中國墓園、一個雜草漫生的俄羅斯墓園，還有一個雜亂的外國人亂葬崗。作為一個比利時水手或愛爾蘭傳教士，在此度過人生的最後歲月，還被丟在亂葬崗內，遭到歸類為「外人」，一定相當悲哀。通常，在一個下午去探訪三座墓園，會讓我思考人生、死亡和我自己的（神學上來說）必死命運。但我的心情很好，也不打算讓一群外國死人弄糟我的好心情，於是我騎著腳踏車回到市內，哼著快樂的歌曲。

我像得了老年痴呆症的貓兒，反覆再三地來回尋路。我經過希臘教堂好幾次。我有次在經過一個修復的磚造建築時，發現外面掛著個富麗堂皇的招牌，上面寫道：

生命設計商店

藍屋

與我的敏感共同生活。

我們有許多原創力

能幫助你享受人生的協調

我們，生命設計商店藍屋

幫助你的自我原則生活方式。

就我所能判斷的是，藍屋不是一間時尚顧問公司，就是一間某種新時代（New Age）的崇拜場所。不管怎樣，我決定我的生活方式已經夠有自我原則了，多謝雞婆，我不需要與別人的敏感共同生活。想到日本人和俄羅斯人共同擬出這份聲明，從一個語言翻譯到另一個語言，然後又翻譯回來，最後寫出這篇狗屁不通的頌賦此舉，還是挺窩心的。我踩著踏板離去，為這個想法而感到愉快。

整早在函館來來去去地觀光後，我餓壞了。我看到幾個地方宣稱它們自己是「自行車餐廳」（Biking Restaurants），我原本以為那是種奇怪的特餐：專門提供腳踏車騎士的烹調風格。等到我看過半打這類地方之後，我終於解開謎題。Biking是Viking的日文發音。原意是指維京人在滿是食物的桌上，吵鬧喧譁地吃著飯。因此，如果你遵循這個邏輯，「自行車」意味著大型自助餐式餐點。（有人還懷疑為什麼沒人聽得懂日本人究竟在說什麼嗎？）我發現一家叫做王中之王（暫且忽略它的神學隱喻）的「自行車餐廳」，便走了進去，在自助式肉台上狼吞虎嚥。沒錯，**自助式肉台**。而且他們竟然讓我進門。店內人們驚惶失措。經理和女服務生抖縮在角落，其他顧客逃離餐廳，廚師從廚房走出來，開始瘋狂地將肉片直接塞進我的嘴中。我在進食間時常停下來，彎著身體，大口乾掉麥酒，然後咆哮說：「再拿點肉過來！哈哈哈哈！**再拿點肉過來！**」他們顯然沒有親眼看過一位真正的維京人坐下來吃飯過。我在一小時後搖搖擺擺地出門，吃得撐得可以，並差點讓王中之王破產。

「歡迎再來。」女服務生們以顫抖的聲音說，害怕我會將這句話當真，但在禮貌上又非得說這句話不可。

「喔，我會的，」我說，我的嘴巴裡仍滿是肉片，正在咀嚼最後一批羊肉。「我一定會的。哈哈哈哈哈！」

# 5

函館纜車能將我沉重的身軀載上山頭，真是日本工程的壯舉。它所費不貲，但我累得沒辦法再走路。因此我取出一疊日幣，登上纜車。

當纜車在我的體重之下嗚咽時，我俯覽城市，傍晚的燈光開始閃爍。原來，函館的夜景被官方指定為「日本三大夜景之一」（另兩個夜景是神戶和長崎）。儘管如此，今早在函館觀光局的那個傢伙在一旁低聲跟我說：「函館的夜景是三景之中最棒的，跟全球比的話，只排在那不勒斯和香港後面。」他去過那不勒斯嗎？沒有。香港？沒有。但是他有看過照片。

不管怎樣，函館的夜景的確相當華麗，如果不是以範圍和燦爛來做標準，就是以它驚人的形狀來取勝。函館建築在土地的低矮頸部，其實是一道地峽，燈光在中間呈漏斗狀，像一個沙漏。兩側的海水都反映著閃爍的燈光。它看起來像燈光之河，像一杯滿溢的珠寶，像裝滿電子人造鑽石的酒杯，像——像一個女人的腰部。是的，我讓頭傾斜，並瞇上眼睛。（我用來觀賞成人影片的相同技巧。）沒錯，再對不過了。它看起來像個用寶石鑲嵌的女用束腹，從一個女人的身體上滑落，它看起來像——我停止胡思亂想，並清清我的喉嚨。

「那麼就是這樣了，」我轉身走開瞭望台時說著，我的心情愉快，哼著活潑的歌曲。「景觀真棒！」但那沒有用。在陰影中，在角落，在半朦朧的燈光中，我可以看見年輕而賀爾蒙高漲的情侶們偷偷摸摸地四肢交纏。在晚上，年輕日本情侶變成巴黎人。

函館夜景瞭望台有著看起來像是為觀星所設置的望遠鏡，但它卻不是用來觀望星象。觀看的人用它俯覽下面的城市，增加了偷窺的氣氛。我站在冷冽的空氣之中，看著夜色變得更為深沉，燈光變得更明亮，這時，一位年輕女人溜到我身邊。

她專心地望著城市的夜景。我默默地對她發送魅力電波，但她顯然將雷達轉向器收了起來。因此，我在心中數到三，轉身，以友善、富異國情調又美國人的方式說：「嗨，妳好！」

她像洩了氣的排球般回覆我的招呼，隨即離去，將我留在當地，在空曠的球場中，發球、跳躍和擋球。我下結論說，北海道的女人非常非常冷淡。

## 6

齋藤先生以興高采烈的「哈囉！」歡迎我回來。他的臉漲得通紅，一手抓著一瓶日本伏特加，一手拿著一杯酒杯。「我在喝酒，」他不必要地解釋。「來！」他叫著，「來吃一些螃蟹。我今天去釣魚時，釣到一些螃蟹。」他前面的托盤正在冒煙。「我根本沒有想要抓螃蟹，牠們自己鑽進我的桶子裡。你能相信這樣的運氣嗎？我很好運，螃蟹就很背了。」他大笑著，遞給我一盤螃蟹。

我討厭螃蟹。但他這麼慷慨，我實在想不出藉口拒絕他的提議。因此，我側著身體挨近桌邊，齋藤先生則以學者般的架勢，教我吃螃蟹的正確方式；如果吃法對的話，就會弄得可怕又亂七八糟，還有一點野蠻。首先，他將螃蟹的腳扭斷——**毛毛的腳**（你知道螃蟹有毛毛的腳嗎？）——然後示範如何將肉吸出來。之後，他將螃蟹的背部扒開，指導我如何適當地將（好在是）小腦部分舀起來，像舔餡餅般舔著你的手指。「但是我們不吃肺部，」他說著，撥開那兩小片東西，並把它們丟棄。為什麼不吃？那會很噁心。

我在吃任何類似巨型蟑螂的東西時，從來沒有感到自在過，但多虧我有足夠的伏特加將它們灌下喉嚨，我因此吃了大部分的螃蟹。然後，就像是整人的笑話一般，齋藤先生又拿出一盤。然後再一盤。舀起腦部和丟棄肺部的過程重新開始。

「喝吧！喝吧！」他鼓勵著。他將我的酒杯斟滿燒酎。那是一種很純的酒，有時會出現在日本人的桌子上。

「總有一天，」他威脅說，「我要將燒酎引進你的國家。」

幸運的是，我不用吃剩下的螃蟹，因為另一個住客來了。他是個瘦高而愛社交的美國人，叫做唐納。唐納錯過札幌的班機，當他試著在附近的旅館登記住房時，老闆瘋狂地將他打發給齋藤先生。齋藤先生的英文能力在這一帶很有名。

唐納是一位企業家。他的微笑清新寬廣，已和日本人做了四年的生意。「我不會說日文，」

他挖苦地說著俏皮話，「但我的確會說大聲的英文。」

唐納在吃過螃蟹和喝過燒酎之後，對我們傾訴他所遇到的各種內外銷生意的厄運。他有美國人所有的那種大剌剌的自信。「我的名片，」他說，然後就像一個在內華達酒吧的發牌人般拉出一疊名片，給我一張。「我有關係，很多關係。日本，」他說，「是很難搞的國家，很多繁文縟節。但值得一試，非常值得。利潤，利潤很高，利潤大得像——」他沒辦法想出夠大的隱喻。「大得像——反正，你知道。很多錢，非常多錢。你應該來做生意。教英文？收入太少。真正的利潤在內銷。」

他滔滔不絕地講著，像個自我成長的錄影帶。然後他突然宣布他累了（他好像是突然決定他要去睡覺），他走後，一片沉寂。在我內心深處——我很恨我得承認它——我喜歡美國人。

「告訴我，」齋藤先生在唐納走後說，「你覺得北海道怎樣？你有上山去嗎？去看了夜景嗎？」

我都做了。他聽到這些很高興。

「有一種理論，」齋藤先生說，「一種普遍的理論。我們可以從一個人怎麼看函館夜景，來了解他。」這有點像羅夏墨跡測試（Rorschach test）。「有人看到沙漏：那表示他們在思考人生，以及它的短暫和時光的流逝。有人看到打開的扇子：他們是文化水準很高的人。有人看到酒杯。有人看到河流。告訴我，威爾先生。你看到什麼？」

「我看到什麼？」

「是的，當你看到函館夜景時，你看到什麼？」

「啊，你說的，一條河流，一個酒杯，那之類的。」

他向我的好品味致敬。但當他試著要塞給我更多的螃蟹時，我找到藉口。「我在王中之王吃的東西還沒完全消化。」

王中之王？他很熟悉那個地方。他和老闆是朋友。當我告訴他我吃掉大量的肉時，齋藤先生大笑不已。「你沒有告訴他，你住在這裡吧？你有嗎？有嗎？」

「我也許有。」

「喔，糟了！」齋藤先生說，「我得買一頭牛來賠他！」他大笑了很久，他的臉變得更為通紅，幾乎是紫色。他笑得那麼久，笑到最後都忘記自己在笑什麼了。

燒酎和啤酒持續上桌，我們喝得越多，對話變得越來越片段和七零八落。不知怎麼地，我們最後談到戰爭。為什麼戰爭總是發生？再一次地，不知道是因為我的關係，還是在日本，任何促膝長談的對話最後總會引導到二次世界大戰。當戰爭開始時，我甚至還沒出生。所以我對二次大戰又能了解多少？

日本人在這方面的知識更為貧乏。在日本，廣島的轟炸被視為令人困惑和突如其來的攻擊。彷彿無辜的日本人只是坐著，管著自己的事，然後突然轟地一聲，美國人決定消滅他們。值此同時，在中國的南京大屠殺（日本辯護者斥之為「神話」）所死的人高於廣島，而日本軍隊是以相當殘酷的手法來進行。他們屠殺、折磨和強暴一個又一個的南京市民。

「我告訴你，為何美國人轟炸廣島和長崎，」齋藤先生說，「那是因為他們不將亞洲人當人類看待。那就是原因。他們絕對不會對一個白人國家下這種手。」

「他們不是不想。等原子彈被製造出來時，德國已經投降了。」

「那不是轟炸廣島和長崎的藉口。沒有正當理由！」他的聲音突然變成大聲叱罵，憤怒使得他酒醒過來。他以狂暴的憤怒看著我，眼神四射。人們不該在日本討論戰爭，這是會話的首要禁忌之一。每個家庭都有悲傷的祈禱文和戰死的親友，最常見的是在東南亞喪命。

我雖然知道這些，仍然繼續這個話題。齋藤先生和我爭論至深夜，為了爭論而爭論，像一對《塔木德經》[5]的專家辯論某些良好、密教和完全不相關的論點。我們那晚所說的話，完全沒有改變歷史。

# 7

我醒來時，聽到在我頭蓋骨演奏著熟悉的小手鼓聲響。因宿醉而死再一次地成為我優柔寡斷的命運中可能的結局。我的旅程就要接近尾聲了，但我並非神采奕奕，而是拖著跛行的雙腳前往終點線。我推測：抵達宗谷岬後，我需要在醫院躺上三個月輸血。

前晚，齋藤先生在不顧我的良好判斷和持續抗議之下，堅持要載我到青森渡輪抵達的函館港口。「大部分的乘客都要直接去札幌，」他推論，「如果你在船板前方搭便車，你絕對會找到一輛。」

5 Talmudic，猶太教中僅次於《聖經》的經典——譯注。

「但萬一沒搭上便車呢？我會被困在離市中心很遠的地方。」

「說得沒錯。你需要一個標語，」他邊說邊剪著一個硬紙板箱。「這個會幫助很大。」他伸手去拿毛筆。

「但我這一路搭便車都沒用到標語。在日本，標語只會降低你被載的機會。人們在想去你要去的確切方向時，才會停下車來。有次，我的一位日本朋友——」

「現在你要做的是，」他以世故成熟的口吻說著，「你必須，用英文怎麼說，你必須向駕駛保證。所以，我們先來寫你的名字，好讓他們知道你是誰——」他以寬大濃厚的英文字體寫道：**哈囉，各位！我是美國來的威爾**。

「然後，」他往後靠坐，考慮著下一句。他喝了不少酒，因此那些字看起來有些彎曲又擠成一堆，像是學童的筆跡。當我指出這點時，他一點也不覺得困擾。「那樣才會幫你，你瞧？因為他們會想是你自己寫的，很可愛。」

「現在我們必須讓他們知道你會說點日文。」所以，他寫上，我會說點日文。「我們必須讓他們知道你要去哪。」然後他加上，請載我到札幌。

他對此大皺眉頭，然後加上，我是個英文老師。還有，我從九州一路來此。停頓一下。真的，我是。

他最後以非常謝謝，我很抱歉打攪你，作為結束。然後他將牌子舉起來，讓我欣賞。

在這時，這張厚紙板已經寫滿了字，越接近紙板底端時，字變得越小也越擠，很像相撲錦標賽前貼出的名次排列。他在底端用很小的英文字寫道，讓我們成為國際性的朋友。

哈囉，各位！
我是美國來的威爾。
我會說點日文。
請載我到札幌。
我是個英文老師。
我從九州一路來此。
真的，我是。
非常謝謝。
我很抱歉打攪你。
讓我們成為國際性的朋友。

這不是一個標語，這是一篇短篇故事。在我喝醉時，它看起來已經是夠糟的了，但在隔天早上，當我發現它夾在我的背包中時，它看起來更是難以辨認和古怪。等齋藤先生一消失在我的視線之外時，我便把它丟了。

他對渡輪的車子去向講得很對。它們全都要前往札幌，但問題是沒人肯載我。當一輛又一輛的車子像被趕進畜欄的牛隻一般，轟隆隆地駛過船板，越過終點站的停車場，然後開上公路時，我在一旁看著，心往下沉，感到那股旅人被打亂計畫之後，所產生的熟悉的沮喪感。沒有人停下來，或甚至注意到我。也許我是該舉著齋藤先生所做的標語。也許我該變個戲法和跳舞才對。也許我該在頭髮上點火，並唱著〈聖母頌〉。但我懷疑這些會不會有幫助。我被困在工業區，離鐵軌有數哩之遠，在我想待的半島對面。我最後離開港口，走了好幾個小時。我走過漫長而無止境的人行道，經過同樣不知名的房舍，越過一連串長得很像的十字路口，沒有一個有日本風味、異國情調或值得回憶。景觀粗糙而凌亂。田野粗糙而凌亂。每件事情都是粗糙而凌亂。

在地圖上，我想抵達的公路看起來非常近，但實際上卻沒有那麼簡單。直到我第三次檢視我的地圖時，我才發現，我現在所走的第二二七號公路，並沒有和我想走的五號公路交叉，兩道公路是平行的，而我已經沿著五號公路旁走了數個小時。

我的嘴裡滔滔流出「幹！幹！幹！」的俏皮話，我切過某些凌亂而沒人照顧的田野，沒多久就抵達五號公路。我正在七飯町（Nanae）的郊區——這真是個有趣的巧合——我原先就計畫在此搭火車，後來齋藤先生說服我去渡輪港口。事實上，就在我抵達時，我要搭的那班火車正以高速駛離。

浪費整個早上常會使你心情大壞。我抵達大中山（Ōnakayama）車站時，剛好碰上一群穿著黑色西裝的初中學生對我喊著「哈落！」和「仄是一隻鼻」。

「滾開。」我咆哮著說。

進入七飯町的街道寬廣，兩旁林立著高聳和枝葉繁茂的樹木。凌亂的樹木。沿著馬路兩旁有腳踏車道，在此搭便車最為完美。它也確實如此。第十輛車停了下來。

裡面坐著一個年紀沒比我大多少的男人，穿著燈芯絨夾克，微笑非常輕鬆。他的頭髮有點凌亂。

我原本期望自己聽到：「我只是要到下一條街去，我能在下一棵樹旁放你下來嗎？」結果他說：「札幌？」

只有一趟便車。從函館一路到札幌，只有一趟便車。它幾乎彌補了我在貧瘠土地上那些漫無目的地亂走。我恭喜我自己是個如此機敏的世界旅人，然後爬進車內。

## 8

自我離開加拿大後，我還沒看過這般平直和寬廣的公路。我們像在風洞中的火箭，直直向前駛去。「你知道，」孝行驕傲地說，「北海道有全日本最高的交通死亡率。」

「真的？但這裡的公路又寬又直。」我說。

「正是如此。它使得駕駛很容易打瞌睡，或在轉彎處失去控制。它太快了，沒有什麼障礙物，駕駛變得放鬆。很多人死去。」

這可不是你在搭便車時，所想聽的話。

孝行在札幌北部的一家藥房做事。在自我介紹沒多久後，他便邀請我去他家認識他的家人。幾個禮拜前，我會接受這類邀請，但現在我的錢已剩不多，時間也不夠，我的最後目的地就在不遠處，這使得我無法接受，或說享受一段悠閒的繞路之旅。

我發覺，出田孝行是個完全正常的日本男人。他有一個太太、兩個小孩、一個房子和一輛車。他繫著領帶，喜歡棒球。「你很正常。」我說。

「是嗎？」

「普通。」

「是嗎？」

「你是載我的人中，第一個正常普通的男人。」

這使他感到困擾。「這個，我想我是很正常——但我不算那麼普通。」在剩下的車程中，他的眉頭深鎖。

五號公路是個很棒的旅遊路線。它沿著內浦灣（Uchura Bay）前進，我們可以看到它冷冽澄淨的水面。

枝葉繁茂和亂枝叢生的竹草蔓延成一片，搶盡其他植物的生機。它到處橫生，它在棄置的農田和道路的邊緣大量生長，它爬上電話杆，往上生長，並在電線杆旁垂下成為藤蔓。在北海道的南部，竹草的漫生使得土地看起來沒有那麼清晰。那就像一場雜草的瘟疫。那是放成慢動作的〈特利菲德的日子〉[6]。

我不能適應尺寸的變化。在地面上，每樣東西看起來都似乎那麼寬廣、遼闊和稀疏。北海道有呼吸的空間、人口並不擁擠，和一片望之開闊的景觀。視野中沒有侷促的障礙物，天空雄偉壯麗。空氣似乎也更乾淨——清澈冷冽。如果北海道是個瓶子，裡面裝的就是寒冷的冷飲。

社區像供給線般沿著海灣排開，小城鎮聚集在海岸。在沒有颱風的土地上，北海道的房舍蓋在海邊。在九州的話，它們會被海浪沖刷而去。

我們經過八雲（Yakumo）時，看見一面美國國旗隨風飄揚。我不記得我們身在何處；我的指涉範圍一直滑脫。我記下的筆記讀起來像我年輕時在丘陵開車兜風的感受：樺樹、紅色穀倉、圓形筒倉、起伏不定的田野、農場房舍、雞舍。男人穿著寬鬆的長褲。農夫們開著牽引機到馬路上，阻礙車流。我感覺回到家了。

＊＊＊

在洞爺湖（Lake Tōya）山巒的後側，有樣東西提醒我仍在日本；我仍然在一群形狀不一的群島上，一個沿著地殼分裂點而形成的島嶼上。洞爺湖有兩座活動非常頻繁的活火山，它們如鎚頭般高高聳立，咕噥、抱怨，有時還會咳嗽——一種深沉潮濕的咳嗽。在一九七七年，較大的一座有珠山（Usuzan）爆發，摧毀了一條纜車，火山碎屑的壤土像驟雨一般地落在湖泊、山谷和城鎮內。生水有幾個禮拜變得混濁，火山泥濘則沖刷到海岸邊。

兩座火山中較小的昭和新山（Shōwa-shinzan）是在一九四三年，於農田中冒出。那個冒著煙、吐著泡沫的洞口不斷擴大，燒毀農田，迫使住在那地區的居民遷離。今天的昭和新山有四百零二公尺高。洞爺湖則是史前火山爆發所形成的裂口。我那天經過時，洞爺湖正籠罩在一片迷霧中。

「這是個寒冷的國度，」孝行說，「但是人們很熱情。我有兩個小孩，真白和佐度利。我很

6 Day of the Triffids，科幻電影——譯注。

高興他們將在北海道長大。這裡比較自由，比較乾淨。」

我們往西駛進高地，休耕的田地像紡織布料的方塊延展而出：粗糙的帆布、沒經過整燙的棉布，還有厚重的毛氈。農舍高高蟠踞在小丘上，躋身在樹叢之間。孝行並不特別趕時間要到札幌，他載著我經過一片又一片的農田，小心翼翼地指出哪些是馬群，哪些是牛群。「牛，」他會說，「牛，牛，馬。」

從平坦的土地上屹立的是羊蹄山（Mount Yotei），北方的富士山。山巔消失在烏雲籠罩的天空中。

「真美。」我說，孝行驕傲地微笑著。「北方的富士山。」他對著自己說。

日本境內有數不清的「富士山」，我就看過半打。富士山的數量如此之多，我有次開玩笑說，水俣的小山丘，中尾山（Nakaoyama）是「水俣的富士山」。我的朋友竟然把我的話當真時，我非常吃驚。「是的，」一位說，「水俣的富士山。我想它是。」日本人根本無法體會諷刺。

在我所見過的幾座富士山中，唯一名副其實的山是在南鹿兒島，那座翠綠和呈現完整圓錐體的開聞山（Mount Kaimon）。開聞山的山巔高聳，綠色襯托著海面，繁密茂盛並完全對稱——與**真正的**富士山相去很遠。真正的富士山只是滿布著石塊的火山斷片，並為隆隆駛過的車流和聚集在山腳的工廠所環繞，因此顯得陰沉荒涼。你離富士山越遠，它的景致就越漂亮。我建議從火車遠遠觀望，或更棒的是，乾脆欣賞它的明信片。從飛機上看，它更是壯觀。（你要知道，我也許有偏見。我在霧中拖著沉重的腳步爬上富士山，那時山巔的景觀跟你將你的頭塞在一袋麵粉裡所看見的景致，並無二致。）

我們停下來買羊蹄山的礦泉水，它被存放在索價頗高的保特瓶中，上面標示著「恢復健康的水」，孝行並將車子加滿油。我做了一個我要付錢的輕微動作（手輕撫著口袋，彷彿要找出皮夾），但孝行拒絕我的提議。這也是件好事。在日本，你加油所付的油錢高到令人咋舌，你可以用這筆錢將你的油箱灌滿白蘭地或高級香水。

我們下山進入中央平原，札幌在遠處發著金光。

## 9

札幌是北方的東京，北海道心臟地帶的重要龐大都市。札幌是所有道路的集中點。我在黃昏時分抵達，在華盛頓飯店登記住房。房內沒有窗戶。然後我就到市內閒晃。我的心情很好：一個新的夜晚，一個不同的都會。札幌讓我想起我的一位家族朋友，吉姆·佐貝爾所遵守的格言：**如果你在一個有趣的地方，一個你從來沒去過的地方，就算你口袋裡只有二十塊——你也擁有全世界。**

札幌的夜景很美。玻璃帷幕的建築發出光芒，群眾輕快地經過，霓虹燈大放光明。這城市有一百七十萬人，但一點也不感覺擁擠。街道寬廣而筆直，地址合乎邏輯——這在日本很罕見。主要街道讓人聯想起別的城市，如布宜諾斯艾利斯、達拉斯、休士頓和卡加利（Calgary），總之，就是不是這裡。

這類的規畫有個理由。這個城市是由一位美國建築師所規劃。札幌很美國化，就像函館很俄羅斯一般。市內到處呈現美國風情，從寬廣的格局到高聳的建築，從低俗的USA柏青哥到引人注目的好萊塢商品店（「美國電影角色商品」），從玻璃和鋼鐵大樓到揹著印有星條旗的大手提袋的孩童。

因此，古怪但無可避免的是，札幌最著名的象徵是一座小計時台，隱藏在現代建築的後方。它是這個城市唯一保存下來的俄羅斯建築。我走去觀看這個地標時，並不感到特別驚奇，然後回到城市內惡名昭彰的薄野（Susukino）地區。

薄野是日本最大、最活躍的夜生活地區之一。它是家庭餐廳、青少年遊樂中心，喧譁的酒吧、過於昂貴的迪斯可和妓院的混合體，大家各取所需。我負擔不起另一場夜間冒險——不管是在經濟或體力上——但我可以隨意徘徊，並再度讚嘆日本都會夜生活的精彩。我在感官還覺得刺激萬分之下，回到我那沒窗戶的旅館房間。

那晚，我夢到佛陀。

祂站在公路旁，並高舉著一個標語。它上面寫道：**哈囉，各位，我是佛陀，請不要殺我。**然後，就在我快要碰觸到祂時，祂開著一小輛豐田汽車離去。

禪宗有個格言：「如果你在路上遇見佛陀，殺了祂！」這是為什麼我放棄禪宗的原因。這個聲明過於挑釁，似乎雕琢過甚，就像回答下列問題一般：「佛陀是什麼？」答案是「乾燥的糞便」。（禪僧的真實對話。）

**如果你在路上遇見佛陀，殺了祂。**大量評論書籍對此句話提出專論，大部分的爭論都是密教式的針頭上有多少天使的變體[7]。學者提出無數的詮釋，在語意學上大作文章，並展開激烈辯論。其中有個論點是說，佛陀在此不是指真正的人，而是一種心境，一種啟蒙的觸媒。如果你認為你遇見佛陀，其實你並沒有。你看見的佛陀並不是真正的佛陀；它是個幻覺。因此你該毀掉它。其他詮釋就比較沒有這類密教色彩：你在路上碰到的是佛陀，你必須殺了祂。為什麼？因為你得超越相反的範圍，超越你和我，超越主體和客體。甚至超越佛陀。

禪宗和大部分的東方啟蒙路徑讓我感到困惑的是，它們最後都回到原點。男孩去尋找他的牛。他找到了。世界消失……然後他回到市場，回到日常瑣碎事物之中。如果禪宗是關於日常瑣碎事物，那起先幹嘛要離開它呢？為什麼不乾脆享受進來和離開的各種人物，以及來去匆匆的時刻。

如果生命是種幻覺，這份幻覺也沒那麼糟。也許幻覺就是人生。也許解決之道並不在於突破，而在於收回，學會擁抱幻覺，學會接受我們四周轉瞬即逝的世界，學會在海市蜃樓中生活。如果這才是真理，禪宗就完全是浪費時間。

如果你在路上遇見佛陀，不要殺了祂。比出你的大拇指。誰知道呢？祂也許會載你一程。

7 中古時期，西方神學家爭論針頭上有多少天使等瑣碎神學觀念——譯注。

# 10

札幌自視為「世界三大釀酒城市之一」，另兩座城市是密爾瓦基和慕尼黑。你知道這是真的，因為北海道的觀光局這麼說，他們何必撒謊呢？

日本中部也許是清酒的天下，而日本南部是燒酎的領地，但北海道的心臟地帶為啤酒所統治。創建於一八七六年的札幌啤酒廠是日本最古老的啤酒廠。他們製造一種在舌頭上起泡的金黃色淡啤酒，並讓我相信上帝的存在。更棒的是，在你參觀時，釀酒廠會分發免費的樣本。免費的參觀，免費的啤酒，也就是說，我以基於對文化欣賞的興趣，決定去參觀釀酒廠。

我一點也聽不懂。廠內沒有英文解說，我跟著幾名東京人一道參觀。每次導遊打開她的嘴巴時，他們有種很惱人的習慣說：「是嗎？」「午安，我叫亞里子。」「是嗎？」

我不知道，也不想知道，日文的酵母、大麥、麥芽或發酵怎麼說。我想要的只有免費的樣本。一旦我們參觀過那極富歷史性的紅磚瓦房後，我們安坐在大廳之中，喝著數種免費的啤酒。「太棒了！」我說，「真是啟發！」

由於啤酒太棒了——日本製造了一些最棒的淡啤酒——我決定再參觀酒廠一次。這次一切都變得很熟悉。相同的銅製大桶，相同的長長穿廊，相同的導遊，相同的點頭，相同的「是嗎？」（sō desu ka?）還—有更多的啤酒。棒透了，棒得這麼沒有天理，我決定參觀第四次。但這次沒有別人排隊，當導遊看到我踉蹌前行時，對著我苦笑說：「又是你？」

「很有趣。」我回答，試著不要搖晃得太厲害。

她投給我一個斥責的眼神；那種男人自以為聰明，其實卻被女人看穿的眼神。她穿著一件整齊端莊的紅色運動衣，戴著空中小姐般的帽子，但她一點也沒有咯咯輕笑，或像個小女孩一樣。她的微笑很富於知性。「你真的還要參觀一次嗎？」她說，「那是你一直回來的原因嗎？」

「這個，」我說，「我們可以省略參觀那一部分。」

她低頭看看手錶。「我們走一趟，」她說，「我們可以談談。」

結果，我那天的大部分午後時光都跟她度過。她以為我一直回頭參觀酒廠，是因為我迷上了她，我還想小心翼翼地不讓她察覺。「我二十分鐘後就下班，」她說，「在大門口等我。」

現在，我實在是很想說，亞里子和我開著跑車奔馳過札幌，狂野的風吹亂我們的頭髮，香檳濺了出來。我們無拘無束地大笑著，然後回到我的飯店房間（它突然冒出一片景觀和一張有頂篷的大床），瘋狂而熱情地做了幾個小時的愛。但我們沒有，我們只是去喝咖啡。我們聊到傍晚，分享彼此的小秘密和比較我們人生的不同點。她去過澳洲，奧黛莉．赫本的電影全看過兩次，喜歡做導遊這份工作。她不是熱愛它，但做得還算開心。「過一陣子後，你就會對啤酒感到厭倦。」她說。這項聲明超越我的理解之外，在我心目中，那和對空氣感到厭煩一樣。

亞里子有個酒窩，在她皺眉頭或往背後靠坐思考問題時，才會出現。她當然非常美麗。但由於人們非常習慣於在日本看到美麗女人，過一陣子之後，她們不再那麼引人注目。我有個女性朋友對加州有類似的觀察。當她非常習慣看見曬得黝黑、整齊乾淨、頭髮散亂的男人之後，她就很難再對此心動。亞里子端詳著我，說她喜歡我的眼睛。那大概是我的五官中唯一吸引人的。「藍色，」她說，「像冰一樣。」

別人覺得我富有異國情調時，我總覺得很古怪。這的確是個奇怪的世界。我相當開心地回到我的房間，唱著我的新主題曲〈在愛的旅途上的搭便車者〉[8]。

我與亞里子那份中產階級式的田園牧歌好像注定會往好的方向發展——直到現實以它那膿包滿布、生著爛瘡、毀滅喜悅的姿態重新回到場景之際為止。亞里子和我約好在隔天見面（她邀我到她的公寓去聽聽愛奴音樂，不消說，我突然對愛奴音樂非常感興趣），但我的時間所剩不多。回到現實世界，這個非旅遊的世界，我被困在這場奇怪的安排中，同意花一整天做件單調和無聊至極點的事。另一方面，我也被一項事物所苦，也許你聽過這個概念；它叫做「工作」。我從來沒有真正抓住這個系統後面的邏輯，但我知道失去「工作」意味著失去食物和庇護所的悲慘後果。在此時，我已經用光有薪假期、大部分的病假，並取消兩個禮拜的公司課程。當我在那晚從札幌打電話給我的主任，希望能再延長幾天休假時——也就是說，好藉這機會釀造一段羅曼史時——他的反應不只是「冷」淡而已。我的耳朵直接從話筒裡長了凍瘡。「一個禮拜，」他告訴我，「如果再一個禮拜你還不回來上班的話，」——這裡就變得嚇人了——「我們將得重新考慮我們的選擇。」當一個日本公司說他們要重新考慮他們的選擇時，你唯一能做的事只有跪下來，請求憐憫和原諒。

一個禮拜。那是我僅有的時間。一個禮拜內，我要趕到宗谷岬去，然後及時回到札幌，搭飛機回到九州。但我拚命請求上帝，我有個機會可以跟亞里子上床。而且運氣好的話，等我回到札幌來時，櫻花應該盛開了（我的心思瘋狂地在我和亞里子於滿床的櫻花上，四肢交纏的畫面上打轉）。

我住的飯店內所有的房間都沒有窗口。我在飯店內，將幾張地圖在床上展開，計算著哩程。我的心沮喪地下沉。不可能辦得到。甚至連像我這樣勇於跟地圖挑戰的人都看得出來。我要能到宗谷岬都算是幸運了。事實上，我現在就得離開札幌！我吞下那份痛苦，打電話給亞里子，取消我們的約會。（更別提我耳朵裡的凍瘡。）這份諷刺值得艾拉妮絲．莫莉塞特[9]大書特書：它就像有機會狂歡一下，但你卻已經遲到了。這不是很諷刺嗎？就在每件事都那麼順利的時候，我卻得離開，證明了上帝在祂想要的時候，是個真正的混蛋。

我忿忿不平地離開札幌，搭乘地下鐵坐到終點站麻布（Azabu），然後走到二三一號公路。時間是晚上，我想在夜幕低垂時離開城市，抵達開闊的鄉野。

亞里子的氣很快地就消了。她甚至試著保持聯絡。我有好一陣子都收到她寄來的明信片和信件。她用小心翼翼的英文書寫著，a寫得像打字機打出來的模樣，上面有個小彎曲。亞里子的英文像是用隨意寫成的筆記串連而成，片語和語法形成長長的句子，偶爾才讓人搞得懂。

「請，許多次想到這個季節嗎？照顧炙熱的天氣。」

我沉溺在幻想中：我飛回札幌，穿著黑色披風，戴上蒙面俠蘇洛的面具，出現在她家門前，手裡拿著一瓶酒，和兩張飛到任何地方的機票。但亞里子並不需要我拯救她。這也許就是

8 巴比．克魯托拉（Bobby Crutolla）編寫，約於一九五九年——譯注。

9 Alanis Morissette，美國另類搖滾歌手——譯注。

問題的所在。她是個風趣、很有自信和頭腦冷靜的人。她喜歡她的生活，她並沒有在尋找脫身的機會。我則是在尋找：需要解救的某人。我想抱著某人，將她帶離困境。拯救某人。

我從來沒有回亞里子的信。

# 11

石狩（Ishikari）川灰暗地流入海洋。它的水流緩慢，淤泥堆積，漫無目的地穿越沙丘，在海口時暴露在風中，形成一片扇形的孤寂三角洲。紅白色條紋的燈塔聳立在沙丘和草坪遍地的山丘上。海浪拍岸，火紅的太陽低垂在天際線的邊緣。

「我喜歡這裡，」俵谷先生說，「它讓你心情平靜下來。」

俵谷先生是一位安靜年長的人，從公路上載我到石狩三角洲這邊。這裡是他最喜愛的地點。

我想，忘記禪宗吧。忘記那些愚蠢反覆的儀式，僧院和無聊的公案；人們需要的只是一個風勢盛大的岬角、孤獨和需要平靜的心靈。

我非常喜歡這個地點，因此，我決定今晚要在草坪山丘的防風林後側過夜。當我從後車廂拿出背包時，俵谷先生變得很固執。不，這樣子不行，在離最近的城鎮數哩遠之外露營。我們為此爭論了一會兒，當他開始引述想像中的天氣預報時，我變得不再那般堅持。「快下雨了，」他以舊約聖經的口吻說著，「豪雨。」他隱約暗示洪水、強風、螞蟻、蛇和——

「蛇？你說有蛇？」

我們開車沿著海岸往北，尋找旅館。俵谷先生在強風吹襲的石狩街道中繞了一圈，但這個地方非常荒涼，彷彿所有的居民都坐上篷車離開，留下在風中搖搖欲墜的標示，開著電視，將窗簾緊閉。這不是一個城鎮，這是一艘瑪麗．瑟勒斯特號[10]。為了某些理由，我倆低語著。

一位慢跑人士突然出現，衝刺而過，跑下石狩幽暗的街道，膝蓋在空中劈砍，手臂像節拍器般地搖擺。他的夾克背後，以活潑風雅的字體寫上：日本奧林匹克滑雪隊。

在我的驚恐之下，俵谷先生開車趕上他，將車窗搖下，慢慢地跟著他的速度開車，試著和他交談。「抱歉，但我的朋友正在找間房間，我在想——」

那位慢跑人士馬上生氣。「我不知道，」他說著，沮喪地不想失去他的節奏。

「是的，」俵谷先生說，「但你瞧，我們——」

「我不知道，」火冒三丈的年輕人說——我必須說，他看起來根本不像奧運選手。

「這個，」俵谷先生仍跟著他慢慢開車。「我們想你也許住在一個區域——」

「札幌，」那個男人說，呼吸更為急促，跑得更快。「我是札幌人。」

「這樣嗎？你從札幌一路跑過來的，抱歉打攪你，請全力以赴。」我們從他身邊快速開車離開，但太遲了，那位慢跑者搖晃了一下，失去他的步伐。我往後看，看見他邊走邊繞著圈圈，嘴裡詛咒連連。

10 Mary Celeste，一八七二年，被發現在葡萄牙西部海域飄浮的無人帆船——譯注。

這件事奇怪地讓我想起我的祖母。她是一位好心的老太婆，在我來日本的第一年時過世。我對她最強烈的記憶之一就是搭便車。我那時十四歲，祖母正要載我去皮斯里佛（Peace River）的脊椎指壓治療師那兒看病（我的後腦勺被來路不明的足球踢到，頸部痛得要命）。而加拿大北部的這段公路只有樹木、蚊子、沼澤和麋鹿。它和阿拉斯加的公路一樣寬廣，但車流較少。當我們開下一段陡峭的山丘時，路旁站著一位想搭便車的男人。他留著長髮，戴著頭巾，揹著一把吉他。這件事並不值得大驚小怪。加拿大北部散布著浪漫派的傻瓜，以為他們到了北部，就算不工作也能不愁吃穿。悲哀的是，這只是一方的一廂情願，要在北部混可沒他們想像地那麼簡單。這些嬉皮通常帶著抱怨和失望離開；北部不是盧梭[11]或烏托邦的天堂。

這位年輕人揮舞著大拇指，我非常吃驚地發現，祖母竟然停了下來。祖母從來不載搭便車的人。但她現在正打著右邊的方向燈，慢慢地轉入路邊。祖母每次要停車時，總需要至少四分之一哩的煞車線。她不用煞車，單純靠空氣阻力和逐漸減弱的動力來停車。如果下山的山丘有點彎曲，你可能需要煞車煞上幾個小時。對像我這樣的青少年來講，這種經驗很痛苦。我常常夢到的怪夢之一就是，我祖母那輛七二年份的福特車子後身被裝上了像減重高速汽車的降落傘。「需要停車嗎，祖母？沒問題」。轟！

反正，等到祖母終於慢慢地停下車來時，那位年輕人還只是遠遠的一個小點。我往後看，看見他對著我們興高采烈地跑過來，吉他在他的背部彈跳，他長長的金髮隨風飛揚。

「哇，祖母。你從來不載搭便車的人。」

「這個，」她說，「通常我是不載。但天色已經晚了，我不喜歡看到一個年輕小姐晚上還站在路邊。那不安全。」

「小姐？這不是一位女人。」

「不是？」

「不，他是一位嬉皮。」

「喔，我沒發覺到。」然後——幫助我吧，上帝——正在那位嬉皮喘著氣跑到我們車邊，咧嘴而笑時，她將車開走。他正要拉開把手。我們開走時，我跟他對看著。他的微笑凝固在臉上，眼神裡充滿著不解。我同情地給他一個「抱歉，但我們能怎麼辦？」的聳肩，祖母和我便把他拋在身後。

在遠方，我們可以看見他在原地尖叫、咆哮、丟著他的夾克，踢起石頭，並對著我們豎起中指。

「你看，」祖母輕蔑地說，「好在沒有載他，他是個瘋子。」

我愛我的祖母，我真的愛。但我們那天造了許多業障，那些業障可能要輪迴好幾次才能消失。現在，我自己身為搭便車的人，便正在慢慢地為此付出代價。

＊＊＊

俵谷先生最後終於幫我找到一個房間。我們開到下一個靠海的小城鎮厚田村（Atsuta），

---

11 Rousseau，一七一二—一七七八，法國思想家和文學家——譯注。

它看起來比石狩還要荒涼——如果還有城鎮能比石狩更荒涼的話。但村內有家民宿。它是那種小鎮中集各種事物於一身的商店：一個附早餐的民宿、一家餐廳、一個酒店和一家理髮院。

「不，不，他不是在做釣魚之旅。不，他不是賞鳥的人。他沒跟別人來。他自己一個人。」俵谷先生為我交涉了許久。在長期的停頓，嘴唇發出咂咂聲，幾次鞠躬，一連串不真誠的微笑後，老闆終於決定同意收我的錢。

我的名片幫助很大。「Nexus？」他們說，「非常好的公司。非常好。」我也把唐納的名片丟給他，讓他作為我的介紹人。（棒的是，身為美國人的唐納一定不會出我的糗。「我當然認識他，優秀的市民。他的名字叫什麼去了？」）

老闆和老闆娘以某種小心提防的尊敬來對待我，彷彿我是一隻馴服的美洲獅。我獨自坐在飯廳中，在手中轉著民宿的火柴盒。沒錯，火柴盒的三面各有不同的廣告：一個是民宿，一個是咖啡廳，一個是理髮院。這些全部由一家人經營。他們是厚田村的洛克斐勒。

我抵達此地的消息一定傳了出去，因為在吃晚餐時，一群小孩喧譁吵鬧地跑來，吶喊著：「是真的嗎？是真的！」他們在混凝土地面上像卡通人物般地突然停住。大家看得目瞪口呆。

「哈囉，」我說，他們做鳥獸散。我覺得疲憊，轉身向老闆說：「我應該不是第一個住在這裡的外國人。」

「這個，我們這裡的確住過另一個外國人，一個英國人。他在這裡住了一晚，日文說得非常流利。他從宗谷岬一路走路來的。」

我差點被烏賊噎到。「那是什麼時候的事？」

「喔，十五、十六年前了。也許更久。」

「一位英國人，」我說，「走路？」

「沒錯。」

在這片寂寞的海岸，離最近的大城鎮有數哩之遠，只可能是一個人：亞蘭·布斯。亞蘭走過全日本，並為此次旅程寫了一部經典旅遊書籍，叫做《縱走日本二千哩》。我一直想認識亞蘭，為了他身為作家而謝謝他，但他在一九九三年死於癌症。他才四十七歲。現在我在同樣一間民宿，也許坐在同一張餐桌旁，和他交談過的人談話。

「這位英國人，」老闆說，「你認識他嗎？」

「不。我是指，是的，我聽過他的名字，他的作品。他是一位作家。」

「是嗎？」老闆微笑著說，一口金牙。「那真是了不起。」

老闆娘在一旁聽到現在，忍不住插話。「他不是一位作家，他是個學生。」她說，「一位大學生，從美國來的。他不是用走路的，他騎腳踏車。」

「但是——」

「是個英國人，」老闆堅持說。他們最後得把他的叔叔叫來解決爭端。

「他是澳洲人，」叔叔說，「他不是騎腳踏車，他騎著摩托車。他正在橫越日本。」

像我的興奮迅速高漲一般，現在它消散殆盡。亞蘭·布斯住過這裡嗎？我知道他沿著這片海岸前進，但他曾在這個民宿過夜嗎？或者那是別人？這非常令人感到困惑。記憶就是有這種問題，它很容易變成神話。

# 12

一些有關人類大拇指的想法：

搭便車者的唯一工具是他或她的大拇指，一個單一指頭能促進文明和人類社會福祉的這個現象，讓我驚嘆不已。當我們比出我們的大拇指時，我們正在示範我們和其他動物的不同之處。因為是人類，我們以大拇指要求和期待仁慈的隨意行徑。當我們叫計程車時，我們使用食指——我是舉出食指的人，食指是商業和金錢的代表。但大拇指意味著免費的車程和大膽。往上舉起它，那還意味著肯定。「舉起大拇指！[12]」

這是個邏輯緊密、很棒的理論，我喜歡講給任何想聽的人說——沒有任何暗示或勉強（就那方面來說，我是個博愛主義者）。然後，我碰到一位劍橋教授，他若有所思地對著我的歸納邏輯點頭，隨後以單一的一擊，便刺破我那個像吹得過滿的海灘球。

「大拇指不是移動的象徵，」他說，「它是穩定的象徵，發明的象徵。沒有大拇指，我們無法建造複雜的工具，或學會播種或耕田或建築城市。大拇指是移民者、農夫和鎮民的象徵。重點是在**大腳趾**，它讓我們可以直立行走。這個大腳趾讓長途跋涉變為可能。因為我們有大腳趾，我們從草地中高高屹立。它使得人類遷徙這般令人驚嘆的行徑變為可能。我們到處**走動**，到世界的盡頭。因此，旅行者的象徵是大腳趾。而非大拇指。」

「那是大拇指對大腳趾嗎？」我問。

「沒錯。移民者對旅行者；農夫對游牧民族。我們兩種主要的衝動：築巢本能對遷徙本能；留在家中的人和遠離家園的人。」

我緩緩地呼出一口氣。大拇指是有力的羅馬象徵，強壯、肯定、驕傲——但是腳趾，大腳趾？這可不是我想尋找的浪漫景象。「抱歉，先生。我可以用腳趾跟你搭便車嗎？」這就是有說不出來的怪。

# 13

在留萌（Rumoi）港市，一群俄羅斯水手咆哮地走過，發著哈音和沉厚的低音。他們穿著真正的俄羅斯毛衣，臉上帶著適當的沉思表情。他們看起來像蘇聯電影中的臨時演員。「你好！」我在他們經過時打招呼，「你好。」但這些俄羅斯人顯然是未受教育的俄羅斯人，因為在我說他們的語言時，他們竟然無法聽懂。他們經過時，臉上顯示出不愉快的表情，沒有回答。

你碰到俄羅斯人時該說什麼呢？「冷戰已經結束了，你的國家真丟臉？」「最近有沒有偷到好的腳踏車？」「辯證唯物論究竟是出了什麼差錯？」

我搭便車到留萌。駕駛是一位理髮供應商的業務員，佐藤五十一。佐藤是個心地寬厚的男

12 意味很好——譯注。

人，強壯結實，頭髮直豎，有一個方正的下巴。他讓我想起一位和藹可親的高中體育老師。我暱稱他教練。我們相處地很好。但是他沿途從一間小理髮店到另一間理髮院的路徑，使得我的心臟開始覺得痛楚。我不確定是為什麼。但看到這麼多人生活在沒沒無聞之中，人們在褪色的建築物正面裡剪頭髮，理髮店外面的旋轉標誌彩柱被太陽曬到褪色，一點也不起眼——這些都讓人覺得很難受。一個中年女人有著整齊的髮型和衣服，出來跟坐在車內的我揮揮手。佐藤進到她店裡面，告訴她有關我的事。我可以看到在她身後的小理髮店中，有一面鏡子和空空如也的座位。她買了一小瓶護髮劑。

佐藤是個受歡迎的人，他的造訪顯然是他許多顧客一個禮拜內的高潮點。他不露鋒芒、友善、總是花時間聊天。他在一個禮拜內，慢慢沿著北海道的背部往上走，再往下走回來地推銷。他五十多歲，有兩個二十多歲的女兒，兩個現在都住在札幌。

我得很小心：我不想將他描繪成威利·勞曼[13]的形象。佐藤過著半游牧的生活，沒錯，但他比較像寅先生（Tora-san），《男人真命苦》電影中的流浪主角，而非亞瑟·米勒的推銷員。當我告訴佐藤我的想法時，他大笑。「但寅先生沒有小孩，沒有家。我的人生沒有像寅先生那麼悲哀。你」——他微笑著說——「你比較像寅先生。」

「但我有個家庭，我有個家。」我有點激動地說。

「你當然有。」他的口氣現在變得安撫，這只讓我感覺更糟。

佐藤在濱益村（Hamamasu）載我上車，此地只不過是地圖上的一個名字。公路在濱益村之上奔馳，擁抱著海岸，有時公路就是海岸。我們開上公路，繞過一大片高起的土地，海鳥在懸崖上築巢。

北濱益村出現（濱益村幾乎只是個地名），沿著海岸旁的小海灣中，幾座藍色屋頂聚集在一起。佐藤為了觀賞海景，開車走下一條扭曲的沙徑，穿越一座鬼城，城裡的房舍不是釘上木板，就是開始傾塌。

佐藤沿著海岸線往北開到留萌。留萌顯得有氣無力、發出惡臭、遲鈍腐朽，往這邊或那邊蔓延，是一個用深褐色照片拍攝的城市。遊樂場處處可見棕色的雜草，船隻在港口將鐵鏽流入海中。每一樣東西都需要再上一層漆。甚至天空，特別是天空。我很想抓住一罐鮮黃色的乳膠，然後到處跑著，瘋狂地將它塗刷到表面。它實在是個抑鬱而死氣沉沉的地方。如果函館展現的是俄羅斯的風格，留萌展現的就是俄羅斯的靈魂，連名字聽起來都很有俄羅斯味：留萌。

俄羅斯人是在鎮裡沒錯。他們早就不偷腳踏車這種小貨色，而改偷汽車。他們會趁著夜晚將車駛進船中，然後將它們載到西伯利亞，雖然這句話有幾分是真的很值得商榷。如果你要問我的意見的話，我會說那是都會傳說。

佐藤載著我到留萌的理髮院做不正式的拜訪。我們在灰塵僕僕的公路上上下下，每家店看起來都很悲傷，渴求顧客的造訪。這讓我看到更多陌生人的生活。大家排在公路旁微笑。在路上，我看見一個老頭用人力車分發報紙，是用一輛人力車。在留萌，問題不在於你是在哪個城

13 Willy Loman，美國劇作家亞瑟・米勒（Arthur Miller，一九一五—二〇〇五）的名劇《推銷員之死》中的主角——譯注。

市，而是在哪個世紀。

車子越過一條平坦而滿是泥濘、注入大海的河流，我在留萌北區下車。混凝土建造的海堤創造出一灘死水，帶著鹹味，呈現污水般的綠色。空氣中有沼氣的味道。我等不及要離開留萌。

從我站立處，我數到五座燈塔，它們圍著海港入口，分別屹立在各自的位置。這使得我百思不解。留萌不需要五座燈塔；它的海灣沒有那麼複雜。我忍不住想，它們的作用大概大於導航。它們是一種渴望的象徵，一種昭告世界的方式，說著我們仍在這裡，在一個北方島嶼的遙遠邊緣。燈塔的燈光像經輪般不停地轉著。說著**請來此地，請來此地，請來此地**。

# 14

我不確定為什麼，但在初山別村（Shosanbetsu）的郊外，我突然感到垂頭喪氣。它是個沒有特徵的小鎮，只是一群房舍而已，但我感到一股想停下來的不合理衝動。我想回頭。宗谷岬只在不到一天的車程之外；我知道我趕上了，我知道我**辦得到**。那還繼續走下去幹嘛？

我坐著一段又一段的車程沿著海岸北上，經過一個無名城鎮到另一個無名城鎮，而在此地，初山別村的北方，我的動力最後終於衰竭。

海洋瘋狂地將海浪推上公路的一旁。它們像砲彈一般，再次又再次地襲擊，卡車開著雨刷疾駛而過。在我上頭有個綠草如茵的山丘，屹立著一座孤獨的神社，面向海洋。我走上雜草漫生的表參道，丟擲了一個銅板，並祈禱了一下。鳥居的色彩因鹹水和時光而褪色，在它後面，經過一段下坡路，是一個小村莊。我坐在神社前的階梯休息。

一隻牛在鳥居的橫梁下徜徉。狂風吹過綠草，帶著塵土和稻草的味道。我可以聽到海洋衝上公路上的聲音，它迴響著，像遠方的戰爭殺戮聲。

某件事物移動，某件事物只在表面之下——像皮膚下的靜脈。

我們以圖表和上下震動的混亂心跳，來規劃我們的人生。我們在移動中過著人生，將像用閃光燈照的照片的影像，把以前的自我留在身後。雖然如此，移動的本質——我們存在的主要層面——仍然脫離我們的掌握之中。

透過一連串充滿矛盾的邏輯推論，在蘇格拉底之前的哲學家芝諾[14]證明，移動只是一種幻覺。但芝諾的邏輯才是種幻覺，並非移動。移動是自然的殘暴動力。相反地，哲學家赫拉克利克[15]以移動界定宇宙。「我們從來不踏進同樣的河流兩次，所有的事物都在移動。」

我們也在移動，踏進河流兩次的是不同的人。

在遙遠北方的依努伊特（Inuit）語中，依努伊特人在靜止的客體和移動的客體之間，做了

14 Zeno，西元前三三六——二六四，古希臘哲學家，認為存在是不動的——譯注。
15 Heraclitus，西元前五四〇——四七〇，古希臘唯物主義哲學家——譯注。

關鍵的區分。移動的客體將自己延伸至一片景觀。當它停止移動時，它變成一種不同的實體，不同的**物體**。移動並不形容客體，它**界定**它。當一隻熊在大塊浮冰上移動時，牠完全變成另外一種事物，並用不同的字眼來形容牠。

移動時，你的確將自己延展越過一片景觀。當然，危險在於它是一刀的兩刃；當旅行者停止移動時，他停止存在。

# 15

克也四十多歲，但他有一頭年輕蓬亂的頭髮。「我是位英文老師，」他說，「一位家教；我也賣教科書。來，我給你一張名片。」他從上衣的內側口袋中拿出一張。「你永遠不知道什麼時候會派上用場。」

他抽的香菸牌子是With Class，雖然我不抽菸，我也知道這個牌子。每包With Glass香菸的正面都用英文印著下列文字：

WITH CLASS：由時髦獨立的人們創造人生享樂的新習慣，並界定真實世故學術風味的表達方式和對平等的欣賞。

「你說你是位英文老師？」

「沒錯，」他抽起香菸，像大學生低頭嗑藥一般。「北海道還不錯，」他說，「我是東京人，但我已經習慣住在這裡了。這是個非常保守的地區，太保守了，這裡的人心態很守舊。」

「這個，」我說，「公路狀況不錯。自從我來到這裡之後，車速都開得很快。」

「你知道嗎？」他說，「北海道每年的車禍死亡率高居日本之冠？」

我給他一個溫和的微笑。「我聽說了。」

「我自己在七〇年代早期的一個夏天也搭過便車。那時正在打越戰。一位美國大兵在北海道跳船，我和我朋友花了一個夏天保護他，從一個城鎮搭便車到另一個城鎮，一直在移動。」他吐出一團藍色的煙霧，說，「大部分的人都不知道日本反越戰反得很厲害，官方得將學校關閉，有暴動，催淚瓦斯，塑膠子彈。」他想起這些事，溫和地微笑起來，緬懷過去的甜美滋味。「那很可怕——比美國校園還糟糕。」

「你參加過暴動嗎？催淚瓦斯，警棍這些事情？」

他給我一個政客般的微笑。「我現在是家庭教師。那是個非常受人尊重的行業。我不討論我過去的某些部分。」

「你的朋友後來怎麼樣了？那位美國人。擅離職守的那位。」

「他在日本非法居留了好幾年，但最後他回家了。他們簽了特赦令。他現在和日本老婆住在舊金山。」

克也也去過美國。「我在二十歲時結婚，那是一場錯誤。我們都太年輕了。我失去我的太太。我離婚後，去了西方——其實應該是東方。你知道的，要去西方你得往東走。我去了美國。我在日本的生活令我窒息，因此我想要去旅行。但我交上了壞朋友——我想，我太天真了——我最後破產，沒有簽證，困在美國的半路上。還不到半路上，猶他州。」

「猶他？」

「一個家庭收容我，一個摩門家庭。」

但他不是摩門教徒，他也沒興趣賣我任何東西。他不想賣我教科書，或跟我傳教。他只是簡單地說，「他們是很好的人。我總是記得他們幫了多大的忙，現在——」他咧嘴而笑，聳聳肩。「——我將這份善意傳下去。所以我停下車來載你，好把這份善意傳下去。」

「積德。」

「類似的事情。所以不要謝謝我載你。你應該謝謝在二十四年前，我碰到的摩門家庭。」

這份諷刺尖銳地讓人難以忍受。

我們開車經過隨興而成的村莊，房舍聚集在一起，像丟在閣樓裡的盒子。他停下車來分發教科書，訪問一個學生家庭和提領包裹。天色慢慢地暗了下來。

「告訴我，」我在我們往北開，駛進深紫色的黃昏時問，「日本人。在他們的內心深處，是傲慢還是缺乏安全感？」

「傲慢或缺乏安全感？或？」他看著我，彷彿在說那是你的問題。也許問題就在這個問題本身。「我們日本人，」他自信地說，「並不傲慢或缺乏安全感。我們是兩者皆是。你知道，你能非常缺乏安全感地傲慢——反之亦然。看看美國。我總覺得你們美國人以很聰明的方式愚蠢。非常聰明。」

「法國人以很愚蠢的方式聰明。」我說，抓住這個話題。

「沒錯。你得停止以對立方式思考。你得開始結合對立。」

「那英國人呢？」

我們左思右想了一會兒，最後想出「以粗魯的方式禮貌周到」。那很有趣。我喜歡標籤，特別是矛盾的標籤。

他放我下車時，太陽正西沉。他要轉回留萌，而我則得繼續往北走。他給我他的電話號碼，告訴我，如果我攔不到車時，就打電話給他。等他開走後，我才發現我離城鎮很遠，更別提有沒有電話亭了。

我獨自在一片寒冷土地上的空曠公路邊。夜幕低垂，半圓的月亮照在土地上，形成邪惡的陰影或形狀。我吞下一大口氣，告訴自己要做一個勇敢的男人。如果不成的話，至少要做個非常勇敢的小孩。風速越來越快。它帶著嘰嘰嘎嘎、嗚咽和各種奇怪的音效；這些聲響是由上方的神祇傳送下來，準備折磨我用的。我試著吹口哨，後來我一想，萬一口哨會吸引鬼魂過來怎麼辦？反正我永遠搞不清楚，所以不用庸人自擾。我還是吹著口哨，但是相當小聲。

我不確定我為什麼感到害怕。我在海灘、廟宇和森林裡露營過。但這次的情況稍微有所不同。這是一條公路，晚上，空曠的公路總是讓人心裡發毛。

我一直吹口哨，當一對車頭燈像探照燈一般掃視前方路段，終於接近時，我抓緊這個機會。我站到路中央，揮手叫他停車。他是個工廠經理，他叫做——這裡事情變得令人毛骨悚然和頗富象徵意味——櫻庭，或說是櫻花庭院先生。

「我自四月就開始追逐櫻花，」我有點過於開心地說，「最後！我找到你。」

這並沒有使得他感覺自在一點。

「那是個笑話。」我說。

「原來如此。」

櫻庭先生在猿仏（Sarafutsu）的魚工廠做事，那是在北海道東北部海岸的一個小村莊，那一帶甚至比我旅行經過的地區還要偏遠。「冰山巷（Iceberg alley），」我說，他點點頭。他的村莊是通往鄂霍次克海（Okhotsk Sea）的門戶，等同於銜接西北航道[16]的日本小鎮。櫻庭先生正運完一批貨，即將返回他的家，他的車程將直接載我到豐富（Toyotomi）這個溫泉小鎮，我抵達宗谷岬的最後一站。

「我們在猿仏的工廠裡有請俄羅斯人，」他說，「二十位俄羅斯婦女和一位俄羅斯男人。」

（腳踏車小偷和去除鮭魚內臟的工人；事情越來越樂觀。）

「今天我累壞了，」他說，「但我今晚得回到家。我答應我小孩，明早要將兒童節的鯉魚旗豎立起來。我有兩個兒子。」他說，在儀表板的光芒中，我看見他的臉色變得柔和。

公路在天鹽（Teshio）轉向內陸。

## 16

豐富的溫泉位於日本的最北處。溫泉區在離主要鎮區東方六公里處，它的中央公共浴池為一群旅館和居酒屋所包圍。夜晚，街道上炊煙裊裊，顯得潮濕，人們穿著踩不穩的木屐緩緩經過。住客們穿上棉製浴衣，低聲大笑。每個旅館都有自己的浴池和獨特風格的浴衣。從你穿的浴衣的花紋圖案，可以認出你投宿在哪家旅館。

我最後在一家旅館找到房間。旅館以黑色的木梁和白色灰泥建成，屋內是狹窄彎曲的走廊和奇怪的轉角。我在房間內打開地圖，用紅色色筆，循著我所走過的路線，在日本上面劃上一條粗線條。

明天我會抵達宗谷岬。然後，我要搭火車回札幌，花一個下午賞櫻（南方的櫻花聽說盛開了），就要回水俣了。這似乎值得好好慶祝一下，所以我出門散散步。

夜晚寒冷清澈，星星像暗色酒裡的冰塊般，掛在天幕。我發現在天空中倒轉的北斗七星，還有金星和北極星。

也許人生並不是個大型的柏青哥遊戲；在固定的形式內有無數的變化，而賭方總是贏家。也許人生沒有模式，也許有模式，但卻是我們自己投射的思考方式，就像在一群星海中的星座。啊，織女座，獵戶座，那是旅人星座。我記得小時觀測星象，指出各類星座的位置。它們在那時沒有意義，現在也沒有。

豐富溫泉幅員很小。只要走得夠遠，你遲早會抵達鎮上的公共浴池。室內陡然降低的溫度使得空氣凝結在空中。我用像刮鬍膏一樣厚重的泡沫將全身塗上肥皂，沖洗乾淨，然後緩緩進

---

16 Northwest Passage，北美大陸和北極之間的航道——譯注。

入池內。人們的形狀在迷霧中出現和消失。我試著看穿霧靄時，視野變得模糊。那就像試著在不斷的流動中聚焦一般。附近有個喝硫磺水的泉水，我喝了一小口。它有著鮮血和生鏽的味道。

有人說，洗澡是回到子宮之內，我對此毫不懷疑：一個再度在海洋狀態中飄浮的機會，骯髒、疲憊和憂慮都隨水流沖刷而去。你全身刷得通紅地冒出來，乾淨的皮膚奇癢無比，你頭昏眼花，腦部旋轉，幾乎要墜入水中，漂流而去。我在水中盡可能地坐了很久，當我起身時，蒸汽從我的身體滾滾冒出，硫磺的味道像愛人的香味，停留在我身上良久。

那晚，我躺著睜眼看著天花板，想著人們和地方。我想起我忘記好幾年的朋友。我試著讓我的旅程和我的過去，意義深重。但這些回憶都搞混在一起，就像一盒幻燈片掉在地上，然後毫無次序地排列回來。投射在螢幕上的影像沒有節奏或理由。景觀。臉龐。太陽西下。飛機機翼。觀光照片與花朵的靜物寫生混合成一團。

我來日本尋找某種新生活。一個新的開始。一個遊戲計畫。但不知怎麼地，隨著時光流逝，我變成瑣碎之事和記憶的蒐集者。這就像送給未來的自我明信片。我往後總會搞清楚這一切。

將判斷延遲到未來解決不了什麼問題，你手上所剩下的東西就是次序混亂的幻燈片，和廉價古怪的玩意的收藏。這裡一張臉，那裡一個落日。

# 17

我在冷冽灰暗的天色中醒轉。我在經過溫泉小鎮時，它仍然死氣沉沉，一些雪花隨風飄下。我不知道的是——我不可能知道——這是一道冷峰的來臨，它將席捲過整個北海道，並讓我在遠離北海道的小島上沒有船坐。

我搭上一位學校老師的便車，返回豐富小鎮。豐富有臨時電影場景的感覺。它是那種商店裡仍在販賣五〇年代貨品的地方，所謂的時尚是靠郵購目錄訂購而來。它是沒有那份沮喪的留萌，或說沒有港口。

在一家小商店外面，一個眼神嚴肅的六歲男孩跟我分享一些小秘密：他最喜歡的老師、最好的朋友、最會欺負人的小朋友，諸如此類的事情。「那很遠嗎？」他問，「你住的地方很遠嗎？」

「不，一點也不遠。」

他跟著我走到街底，目送我離去。「要小心喔，」他說，「要小心喔。再見。」我就此離開豐富，慢慢走出城鎮，走上緩緩上坡的山丘，六歲男孩的道別逐漸遠離。「再見，老外先生，再見。」

出發前往宗谷岬時，我沒有任何不祥的預感或預兆——只有伴隨著要結束任何一段旅程，心中混合的那股奇怪的失望和勝利感。現在回想起來，說那是預感可能比較恰當。

本田富男在豐富北方載我上車。他有那種粗獷、被太陽曬得滿臉皺紋和農夫的風貌。他是個友善的人。

「歡迎來到北海道！」他開車門時說。

他正要去一個鄉間俱樂部打高爾夫球。這不是什麼不尋常的事情。他沿著偏僻小路走著捷徑，穿越放羊的牧場和牛群。視野中沒有另外一輛車輛。

「你的職業是什麼？」我問。

他試著解釋，但我不認得那個字。「我是個老師。」我說。

富男咧嘴而笑，然後突然轉用英文。「牛！」他說，在我們經過時，指著一隻牛。

「牛。」我同意。

他又指指其他隻牛。「牛！」

「是的，」我說，「沒錯。牛。」

「性愛！」

「抱歉？」

「牛，」他說，「牛。性愛。牛的性愛！（cow sex）」他精神旺盛地指著一群牛群，咧嘴而笑。

原本我腦袋瓜內屬於合理思考的那一小部分，現在漲得龐大起來。我感到極度困惑。

「牛的性愛？」我說。

「是的，是的。我。我。我做牛的性愛。」他的露齒而笑現在變得有點魔鬼的意味。我慢慢地將手伸向把手。我們正要接近一個停止號誌，我的倖存本能現在全力發動，就像甦醒的隱性基因一般。快跑，它們低語。快跑。我將手滑向把手，準備跳車。（我腦中正在瘋狂地複習肩膀翻滾的基本動作，那是我在高中的體育課裡學的，我並痛罵自己當初沒用心聽講。）我按下門把。

門鎖住了。

「牛的性愛。」富男說，他的眼神裡閃著喜悅。

這個，你會高興聽到這個故事並不是以我戴著牛鈴，被迫在閒逸的生活中跳來跳去，高叫著「哞」，背景音樂還是《魔鬼集中營二》的主題曲，來做結局。我偷偷將車鎖打開，正準備要從移動中的車輛裡跳車時——在這千鈞一髮之際——我突然靈光乍現。我仔細打量他。

「你是個醫生嗎？」我問，「獸醫？」

「喔，不是。」他謙虛地否定這個問題。

「但你幫助動物生小孩。」

「是的，是的！牛。性愛。小寶寶。」

他是位人工授精者。「我的牛，」他說，指指一個牛群，又指指另外一個牛群。我幾乎開心地哭了。「你有小孩嗎？」我問。

「喔，有的。我有三個小孩。」

「你是，啊，自然讓你老婆懷孕的嗎？」

他爆笑。「當然，當然。」

緊張氣氛消失，我的肛門開始放鬆，我變得歇斯底里般地開心。富男和我處得很好，說到什麼都笑得樂不可支，並拍著彼此的肩膀（以嚴格的硬漢方式，你懂）。等我們抵達高爾夫球場時，他邀請我同去。

因為我從來沒打過高爾夫球，所以我們決定只留在高爾夫練球場。他將車停入停車場，從後車廂中拿出球桿。

「好地方。」我說。

「這是日本最北的高爾夫球場，」他說。但讓我們面對事實吧，這裡離宗谷岬只有十或十二公里，所以在這裡的任何事情都是最北的什麼，無足為怪。

「形式很重要，」富男將球放在球座上時說，「將左腳放在前方，轉你的臀部，下巴高起，伸直肩膀。右膝蓋旋轉四十二度，舉高左手肘兩吋，將重心放在你的骨盆下方。減低上升的速度，緩慢舉高你的右小指，左腳踏入，左腳踏出，然後轉身。這樣，」他說，「就是怎麼打高爾夫球的方式。」

真是愚蠢的運動。我對著球用力揮擊數次，但只成功地將沙揮到空中。我是個粗魯的加拿大人，我的技巧與其說是揮桿，還不如說是曲棍球式的擊射。我挖起一大片泥土，每次我用高爾夫球桿重重往下擊時，富男都會退縮一下，臉部抽搐。他的微笑顫抖著，上唇僵硬。

我全身冒汗，得把夾克脫掉。我對雙手吐口水（富男顯然沒有見過這種姿勢），再用盡全力揮桿。在讓我的擊射更臻完美之後，我開始練習我的手腕，我的臀部，和我高超、大鐮刀式的成吉思汗揮桿手法。我將球打向各個方向，右邊、左邊，和下一個球道。其他打高爾夫球的人遠遠地往後站，在旁觀看，以看著即將撞車的反胃心境，著迷地看著我打球。

大約半小時後，富男讚賞我的能力，並拿回他的球桿。它有點磨損，背後的金屬棍上還黏著價格標籤（在日本，高價物品的價格標籤通常不會被取下來）。上面寫道：**七萬日幣**。難怪他會臉部抽搐。「老天，」我說，「曲棍球桿頂多只要十塊，或二十塊美金。」

他對著我微笑，但眼裡充滿淚水。

「我們要再玩一輪嗎？」我問，「我想我開始掌握到訣竅了。」

「啊，不需要了。」他說。

# 18

富男載我到離他目的地很遠的地方，越過高爾夫球場，到公路和海岸形成T字形交叉口的地方。從這裡到宗谷岬只有短短的四公里路程。我可以看見宗谷岬，遠方一片低矮而緩慢彎曲的土地。「我從佐多岬一路前來，」我說，「就剩下這段路了。」

「希望你成功。」

我給了富男幾個暗示，（「那麼我下次遇到的人，就是最後載我的人。」）但富男沒有反應。

我們互道珍重。「下一次，」我說，「我會教你打冰上曲棍球。」

我若是用走路的，一小時內就能抵達宗谷岬，但為了自尊起見，我決定搭便車。

「你從佐多岬來的？」坐在前座的女人問，幾乎不敢置信。「今天嗎？」

我大笑。「不是今天。我今天是從豐富來的。」但甚至連那都讓她不可思議地喘著氣。

「但日本人從來不載搭便車的人。」

車內塞滿袋子和滑雪裝備。裡面有三位大學生，乾淨俐落，興高采烈，非常熱忱。我都不記得我在大學時代裡是否有這般熱忱。駕駛的姓是北島，意味著「北方的島嶼」。坐在後面的年輕人叫竹雪。坐在駕駛座旁的是田中洋子，是位非常可愛和聒噪的年輕女士，有著大大的微笑和酒窩。我很喜歡洋子。

我們抵達宗谷岬，拍了些蠢照片，吃了中飯，買了明信片，到處隨便晃晃。宗谷岬本身是次要的。它的位置很低，巖石沿著它排列，你可以走下岬谷，將你的手放進冷冽的北方海洋說：「我到了，日本的盡頭。」在宗谷岬你往後看，越過一個往沖繩而去、彎曲地像脊椎的群島，朝南方的佐多岬望去。

在《縱走日本二千哩》中，亞蘭・布斯認為，宗谷岬的景觀和佐多岬相當類似。他所描述的是一種到哪都改變不了多少的概念（在那點上，亞蘭相當悲觀）。但這不是真的。你可以直接開車到宗谷岬，然後在下面的海水裡閒晃。這裡沒有懸崖或崎嶇的巖石。這兩個岬谷——南方的佐多岬和北方的宗谷岬——南轅北轍。

宗谷岬有幾家商店，甚至還有一家旅館，但除此之外，就別無他物了。除了它是日本的最北點之外，沒有什麼理由讓人在宗谷岬多做停留。日本不是以驚嘆號作為句點，而是以省略號：佐多！到宗谷……

洋子跳著跑過來，笑得酒窩很深。她抓住我的手，緊握著它，高興萬分地說：「你成功了！你真的辦到了！」

## 19

那三位大學生載我回稚內市（Wakkanai）（「日本最北方的都市！」）。一位《讀賣新聞》的記者正在那等著我。《讀賣新聞》是日本一家報社。《讀賣新聞》有著全球最大的發行量，所以你想，我應該被請上一頓飯和飲料，但不是這麼回事，我們在飯店大廳進行採訪。

「你光靠著人們的善意，從盡頭旅行到盡頭，這是正確的嗎？」

「沒錯。」

「從來沒有人做過這件事？」

「就我所知，沒有。」

「你在跟隨櫻花前線。」

「這個，我在札幌時趕過它，但櫻花應該快盛開了。」

採訪對我來說是個新的經驗，我感覺像個名人，我感覺像亞蘭・布斯。我覺得我做了某件意義重大的事。我滑稽、機智又有深度。我甚至開玩笑說，我在四國將大拇指曬傷了。那位記者替我拍了各種低角度的英雄照片。我在照片中伸出大拇指。他還問了我各類值得省思的問題。我們聊了超過一個小時。

首先，我為什麼想做這樣的旅行？因為我想看看日本，我說，不是以一個旁觀者的姿態，而是以一位參與者。我想以個人的身分來體驗日本，而不是以隱姓埋名的方式來體會這趟旅程。

我的旅程與許多放逐者的路徑相當類似。在我來日本之前，我很尊敬日本人，但我並不怎麼喜歡他們。現在，在這個問題日益嚴重的古怪國家住了五年之後；在從盡頭到盡頭旅行之後；在與日本人工作、居住和玩耍之後；在看破刻板印象之後；在質疑過他們的執念和恐懼、缺乏安全感和傲慢、仁慈和弱點之後；在親身經歷過許多構成日本的矛盾之後，我發現我仍然尊敬日本人，而且我也變得更喜歡他們了。

記者問：「現在你完成旅程了，你要怎麼回去？你仍要一路搭便車回去嗎？」

「不，我要走回去——倒著走。」

他停頓了良久。「真的？」

「不。」

「原來如此。那是個笑話？」

「一個笑話。」

「我懂了。」

記者收拾他的公事包和相機，漫不經心地說了一句話：「說真的，宗谷岬根本不是日本的盡頭。」

我看著他，「它當然是。」

「它是北海道的最北點，」他說，「但是利尻島和禮文島——你可以從半島看見它們——才是真正的日本最北點。」他說完便離開了，留下我胃部痙攣地坐在當地。

這怎麼可能呢？我打開地圖審查。雖然很難判斷，但這兩個一個是圓形，一個是長形的島嶼，從位置上看起來，的確比宗谷岬更偏北。我的世界崩潰了。這趟旅程還沒結束。

我跑到渡輪碼頭，搭上最後一班渡輪。如果我能抵達禮文島的最北端，我就能跟自己說：「我辦到了。我去過沖繩的盡頭，我也去過禮文島的頂端。一切都結束了，我成功了，我橫跨過全日本。」

等渡輪抵達利尻島時，我已經下定決心。我只剩下一趟旅程，那就是到禮文島去，然後這趟旅程結束。我可以結束我人生中的一章。這將不是一趟發現之旅，而是一趟告別之旅。這是個悲哀但自由的想法。

# 第六章

# 在利尻島上

# 20

渡輪只抵達利尻島。要到禮文島去，我得搭兩天以後的另一艘船。

利尻島是掉落在北方海域的馬特洪峰（Matterhorn）。它像鋸齒狀的骨頭一般，從海水中直竄而起，山巔鋒利得似乎可以割開肉，讓人流血。我在綠色山丘青年旅館登記住房。那是一棟大型建築，蓋在一片高地之後，幫它擋住海風。這片高地高聳而起，然後突然落入海洋之中。懸崖上充滿著築巢海鳥的唧唧叫聲。它讓我想起佐多岬。它看起來像……像蘇格蘭。

我想著：這表示你旅行地太久了，每樣事物看起來都提醒你另一樣事物。

一條公路沿著利尻島的邊緣前進，繞著山脈的中央山巔而行。我決定搭便車，完成另一個小圈圈，但等了一個小時之後，才有人載我，而且只載了一小段路。於是我回到青年旅館，租了一輛腳踏車。

我經過像墓園一般悲哀沉靜的小鎮。窗戶被木板封住，庭院已經好久無人打掃整理，整個村莊毫無人跡。一路上沒有看到櫻花紛紛飄落的景致——只有沖刷過公路的海浪，它的浪花如櫻花般轉瞬即逝。

我騎車環島就花了一個下午和傍晚。在島的另一端，我在一間雜貨店停車，店內的物品上沾滿灰塵，有一半的貨物架是空的。老闆娘非常瘦。她的臉上有淤青，她說她已經好幾年沒離開過這個島了。她彷彿透過鐵絲網般地看著我，當她找我錢時，她的手指輕微地碰到我的手，我想將她抱入懷中說：「跟我走！這是我來此地的原因，這是我的目的，來拯救妳，來拯救我。」但那個衝動的時刻一下子便過去了，一把劍將迷霧劈開，留下漩渦和沉靜——什麼也沒改變。我回到腳踏車上，搖搖擺擺地騎開，形成一個荒謬的肖像。

晚上，青年旅館有若洞穴般寒冷，長長的走廊、冰冷的床單和衣櫃度過整個冬天。我在房內只靠一個小暖爐取暖，我整個晚上都畏縮在它前面。我到鎮上唯一一家有開的商店吃晚餐。一個瘦削憔悴的男人端給我一盤炒飯，並看著我低頭彎腰地坐著吃飯。

「櫻花可能死在樹枝上。」他說，柔和地微笑。

每個人都同意，冬天非常漫長。

那晚，暴風搖得窗戶嘎嘎作響。暴風在早上變成雪，下午變成暴風雪。晚上，這則成了橫跨日本的重大新聞。

禮文島像鯨魚般在迷霧中消失，到島上的渡輪取消。我試著回到北海道，但卻錯過了最後一班渡輪。隔天，一切都被取消。冬天大張旗鼓地直撲島嶼，我打電話給我的主任，告訴他我被困住了。他說：「我們得重新考慮我們的選擇。」

我在利尻島上，沒辦法到禮文島。結局遠在我的手所能觸及之外，撤退是不可能之舉。我不能往前走，也不能回頭。我的移動有效率地來到盡頭；我無心再旅行下去。

在佐多岬和宗谷岬時，我在日記裡寫上：**日本的盡頭**。但我永遠無法抵達日本的盡頭，因為日本的盡頭遙遠隱沒。我現在最希望的是有人來拯救我。狂風整日整夜地猛吹著我的窗戶。我坐著在暖爐前縮成一團，等著春天降臨。

MM1163

國家圖書館出版品預行編目（CIP）資料

北海道公路藍調：從九州南部到北海道宗谷岬，一路搭便車追尋日本櫻花前線之旅／威爾・弗格森（Will Ferguson）作；廖素珊譯. -- 二版. -- 臺北市：馬可孛羅文化出版：英屬蓋曼群島商家庭傳媒股份有限公司城邦分公司發行, 2025.02
面；　公分. --（當代名家旅行文學；MM1163）
譯自：Hokkaido Highway Blues: Hitchhiking Japan
ISBN 978-626-7520-49-9（平裝）

1. CST: 旅遊文學　2. CST: 日本北海道

731.7909　113018526

**北海道公路藍調**：從九州南部到北海道宗谷岬，一路搭便車追尋日本櫻花前線之旅
*Hokkaido Highway Blues: Hitchhiking Japan*

作　　者❖威爾・弗格森 Will Ferguson
譯　　者❖廖素珊
封面設計❖陳文德
內文排版❖張彩梅
校　　對❖魏秋綢
總 策 畫❖詹宏志
總 編 輯❖郭寶秀
行　　銷❖力宏勳

事業群總經理❖謝至平
發 行 人❖何飛鵬
出　　版❖馬可孛羅文化
台北市南港區昆陽街16號4樓
電話：886-2-2500-0888　傳真：886-2-2500-1951
發　　行❖英屬蓋曼群島商家庭傳媒股份有限公司城邦分公司
台北市南港區昆陽街16號8樓
客服專線：02-25007718；02-25007719
24小時傳真專線：02-25001990；02-25001991
服務時間：週一至週五上午09:30-12:00；下午13:30-17:00
劃撥帳號：19863813　戶名：書虫股份有限公司
讀者服務信箱：service@readingclub.com.tw
城邦網址：http://www.cite.com.tw
香港發行所❖城邦（香港）出版集團有限公司
香港九龍土瓜灣土瓜灣道86號順聯工業大廈6樓A室
電話：852-25086231　傳真：852-25789337
電子信箱：hkcite@biznetvigator.com
馬新發行所❖城邦（馬新）出版集團
Cite（M）Sdn. Bhd.（458372U）
41, Jalan Radin Anum, Bandar Baru Seri Petaling,
57000 Kuala Lumpur, Malaysia.
電話：+6(03)-90563833　傳真：+6(03)-90576622
電子信箱：services@cite.my

製版印刷❖中原造像股份有限公司
二版一刷❖2025年2月
定　　價❖560元（紙書）
定　　價❖392元（電子書）



ISBN：978-626-7520-49-9（平裝）
ISBN：9786267520505（EPUB）